新高考历史百日蝶变

建体系 提思维 重素养

主 编：匡仁玉
副主编（排名不分先后）：
吴 敏 涂冬逸 李春晖

广东高等教育出版社
Guangdong Higher Education Press
·广州·

图书在版编目（CIP）数据

新高考历史百日蝶变：建体系，提思维，重素养/匡仁玉主编. —广州：广东高等教育出版社，2021.12

ISBN 978－7－5361－7185－5

Ⅰ. ①新… Ⅱ. ①匡… Ⅲ. ①中学历史课－高中－升学参考资料 Ⅳ. ①G634.513

中国版本图书馆 CIP 数据核字（2021）第 257402 号

出版发行	广东高等教育出版社 地址：广州市天河区林和西横路 邮政编码：510500　电话：（020）87553335 http://www.gdgjs.com.cn
印　　刷	东莞市翔盈印务有限公司
开　　本	880 毫米×1 194 毫米　1/16
印　　张	15
字　　数	328 千
印　　数	2021 年 12 月第 1 版
版　　次	2021 年 12 月第 1 次印刷
定　　价	42.00 元

序　言

30 多年前，我读高中的时候，非常不喜欢历史课，历史老师总要我们背诵浩如烟海的史实，连教材的小字部分也要背，我在无数的人名、地名、历史事件之间焦头烂额，可成绩并未“背多分”，这让我很有挫败感。

命运总是捉弄人，高考我被调剂到历史专业，本科毕业后又继续攻读硕士研究生。正当我半夜三更被叫起来都能背出一堆历史的时候，导师却告诉我们，一定要忘掉书上的历史，才能有所发现和创新，这不正契合新高考命题学考分离的规律吗？跟着导师从事田野调查，我才真正找到学习历史的乐趣。书本上的历史与真实的历史有差距，我们要做的就是还原历史的真相。

从教高中历史二十余载，我中学时代背诵历史的恐怖记忆，我的学生们不需要经历了。他们有他们的烦恼，光背已经没有用，书本的知识总是与试题形成悖论，正如教育部考试中心前主任刘芃所说：“现在的考试不是考学生，而是考教师。在目前的课程标准的实施当中，薄弱环节不是学生，而是教师。考试与教学的距离越来越大。”因为新课标关注时空观念、家国情怀等学科素养的培养，高考试题变得越来越灵活了。目前高中历史教材一标多本，无论是岳麓版、人教版还是其他版本，大多按照专题排列，未按照通史的顺序，把历史“碎片化”了，而部编版教材《中外历史纲要》虽然在一定程度上弥补了这一缺憾，但知识点太细了，教师和学生的压力骤然增大。

问题根源找到了，我从 2011 年开始尝试改革，先学习别人的课改经验。如杜郎口中学课堂教学模式“以学生为主，教师少讲，学生多练”的经验，洋思中学“先学后教，让学生先学”的经验，东庐中学的学案导学“以导为主”的经验。可学来学去，我发现这些模式“水土不服”。直到 2012 年，我成为清远市首届历史名师工作室 6 名名师之一，在主持人孙凯老师的指引下，终于找到了解决问题的方式，那就是“基于建构主义理论的高中历史教学一体案模式”。所谓“建构”，是指在学习过程中，学生借助于原有知识、经验以及他人的帮助，自主构建学科知识体系。所谓“教学一体案”，就是克服教案和学案分离的弊端，把教案和学案融合为一体，师生共用，使教学一体化。

从 2012 年至今，我们引导每一届学生根据教材编排顺序构建了单课、单元知识体系。我们还按照通史的顺序，构建了二轮复习知识体系，这样就克服了教材的“碎片化”缺陷，培养了学生的时空观和通史意识，发挥了学生的自主性。我们编写的高中历史知识体系不仅通过了市级课题结题，还荣获了 2019 年广东省中小学教育创新科技成果奖二等奖。

建构知识体系，只是高考取胜的第一步，只有高考真题辅助知识体系以突破知识点，学生才能确定考点在知识体系中的坐标。《普通高中课程方案和课程标准（2017 年版）》中提出命题的主要原则：以课程标准为依据；以考查学科核心素养程度为目标；以新情境下的问题解决为重心。因此，我们把 2011—2021 年全国卷及部分省份自主命题的选择题按照通史顺序进行了梳理，在借鉴《中学历史教学园地》网站部分内容的基础上，每题后面附加了分析，让学生明确每一题考核过哪些知识点，并对考向进行了预测，这是对高考真题训练形式的创新。我们力求做到"人无我有，人有我新"，"想别人想不到的细节，做别人做不到的极致"，希望学生能从中受益。

本书着重从部编版教材《中外历史纲要（上、下册）》和选择性必修一《国家制度与社会治理》这三本书中捋出清晰的大脉络，并融合了岳麓版、人教版和新人教版教材的内容编订而成。不同教材依据各自的课程体系编写，可能造成知识真实性和完整性的结构性缺陷。例如，岳麓版在介绍辛亥革命的背景时比较全面，而人民版就略显单薄，甚至没有提及社会、政治等背景。而我们的知识体系恰恰在一定程度上做到了取长补短。

我们衷心地希望学生们通过此书形成清晰的历史脉络，并且反复重做真题，找到命题方向，赢得高考。我想本书对历史教师也是非常有用的。大部分复习资料都有教师做的思维导图，但缺乏像我们这样由学生自主构建的知识体系。真题到处都有，但缺乏像我们这样把每道题结合教学实践分析并预测到极致。

本书适用于高中各年级，尤其适用于高三历史百日冲刺阶段，既适用于全国卷，也适用于新高考广东卷。本书分为四大模块：高三历史二轮复习教学一体案、高考真题、中外历史大事年表、高中历史自主建构知识体系。

付梓之际，我要感谢广东高等教育出版社各位专家和学者给我全方位的帮助，使我历经了一场蝶变；对所有参与编写此书的老师和学生们，以及一直关心我的朋友们，都一并在此表示最诚挚的谢意。由于学识有限，难免出现错误，贻笑大方，不当之处，敬请斧正。

匡仁玉

2021 年 9 月 28 日

目 录

第一篇　高三历史二轮复习教学一体案

第二篇 高考真题
（2011—2021年全国卷及部分省份自主命题）

第三篇 中外历史大事年表

第四篇 高中历史自主建构知识体系
（部分优秀作品）

第一篇

高三历史二轮复习教学一体案

第1单元　先秦时期

一、教学目标、教学方法以及教学重难点（1分钟）

表1－1

教学内容	教学目标	教学方法	教学重难点
先秦时期	①建立时空观，准确理解先秦时期的阶段特征。 ②感悟先秦时期多元一体中华文化的萌生	1. 教学方法 ①运用比较法理清基本史实之间的联系。 ②运用唯物史观评价历史事件与人物。 ③采用表格形式梳理知识点。 2. 学习方法 ①学生填写表格，以天文、历法、科技、教育、医学、史学等栏目为经，以时间顺序为纬，梳理知识点。 ②小组合作	①理解分封制与井田制的关系。 ②理解分封制、宗法制和礼乐制度的关系。 ③运用唯物史观分析春秋战国时期的大变革时代特征的内在逻辑联系。 ④多角度认识小农经济的影响

二、教学第一环节：教学目标及重难点展示；自主学习（教师教给学生提取有效信息的方法，学生课前自主阅读教材、提出问题、构建知识体系。12分钟）

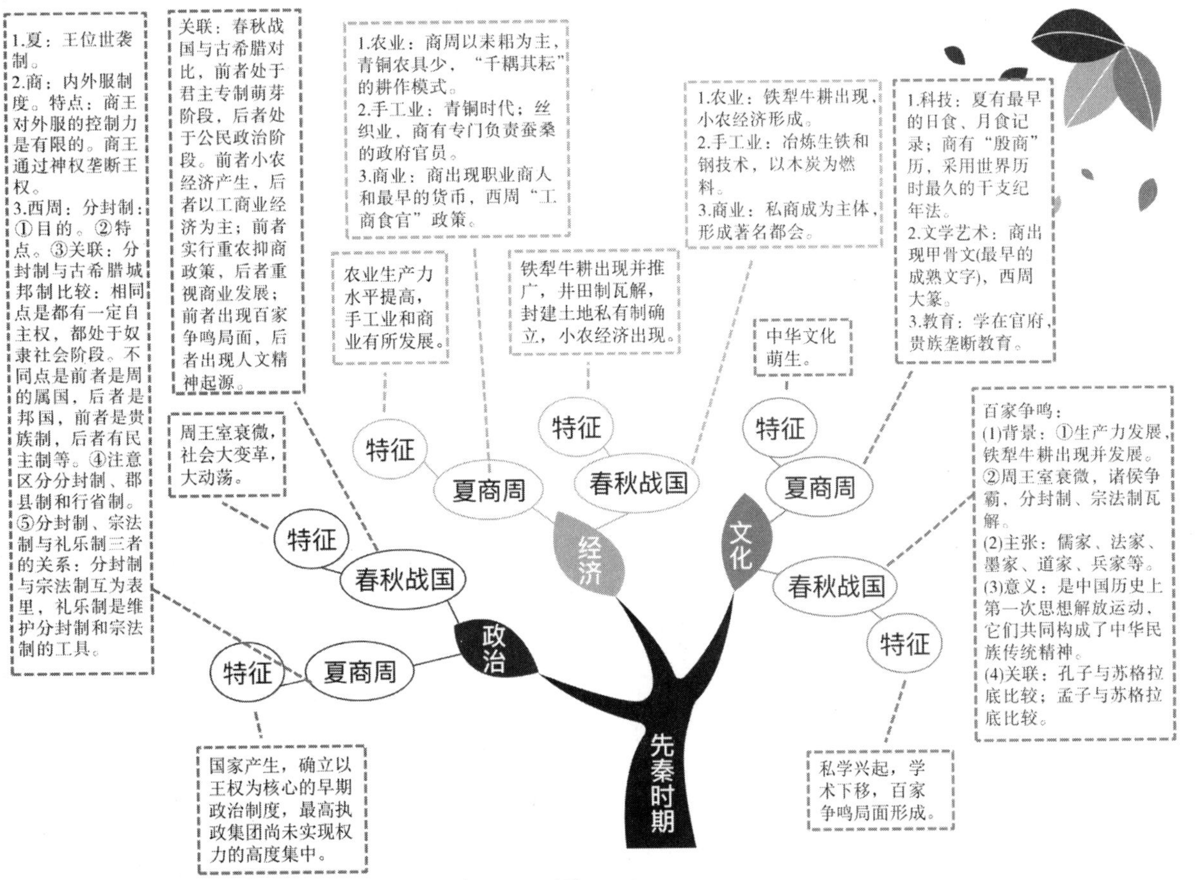

图1－1

三、教学第二环节：教师引领与学生解读（教师引领启发学生解决疑惑；学生解读知识体系、典型例题与教材之间的逻辑关系；利用典型真题提升学生的历史核心素养。10分钟）

（2020·全国Ⅲ卷）阅读材料，完成下列要求。(25分)

材料一 公元前11世纪下半叶，周公东征胜利后，在广阔的征服地域内分封其亲属子弟，拓殖建“城”，“国人”居于城内，“野人”居于城外，他们都享有一定的政治权利，国人政治身份高于野人，西周时期的“国”指天子诸侯之都城，其建设有一套理想化的标准模式。都城必置宗庙，立社稷，建高墙，是国家的象征，秦以后两千多年都城的修建往往继承了这种规划传统。

——摘编自白寿彝总主编《中国通史》等

材料二 公元前8世纪，希腊城邦兴起，为数众多的城邦一般都建在高地或山丘上，建有城墙等防御设施。城邦大多建立了大规模的神庙，是城邦的宗教中心，城市的中心广场即市政广场是城邦社会与政治活动中心。在许多城邦，人民凭着对土地的拥有权而获得公民权，可以参与城邦公共事务的讨论和执行，城邦一般以一个城市为中心，周围有大片的农村地区，这是城邦的主要经济基础。

——摘编自黄洋等主编《世界古代中世纪史》等

（1）根据材料并结合所学知识，分别概括西周时期的都城和古希腊城邦的特点。(12分)

（2）根据材料二并结合所学知识，概括古希腊城邦兴起的历史条件。(6分)

（3）根据材料并结合所学知识，分析西周政治制度对中华文明发展的影响。(7分)

四、教学第三环节：学生探究，教师点评（教师设计 1 ~2 个探究性问题交给学生分组当堂讨论，教师答疑，师生共同寻找解题规律，培养学生解读史料、历史解释等核心素养。15 分钟）

1. 如何理解宗法社会的显著特征“家国同构”?

2. 如何从生产力角度理解分封制与井田制的关系?

五、教学第四环节：教与学的双向反思与建议（2 分钟）

第②单元　秦汉及魏晋南北朝时期

一、教学目标、教学方法以及教学重难点（1 分钟）

表 1－2

教学内容	教学目标	教学方法	教学重难点
秦汉及魏晋南北朝时期	①建立时空观，准确理解秦汉及魏晋南北朝时期的阶段特征。 ②理清这一时期政治、经济和文化的联系，构建这一时期的知识体系。 ③体悟这一时期的文明，树立家国情怀	1. 教学方法 ①运用比较法理清政治、经济和文化之间的联系。 ②运用唯物史观评价历史事件与人物。 2. 学习方法 ①学生填写表格，梳理知识点。 ②真题训练，体悟这一时期的文明。 ③小组合作	①理解土地私有制与均田制的关系。 ②分析这一时期大变革时代特征的内在逻辑联系。 ③运用唯物史观理解社会变革与文化的关系。 ④了解北魏孝文帝改革

二、教学第一环节：教学目标及重难点展示；自主学习（教师教给学生提取有效信息的方法，学生课前自主阅读教材、提出问题、构建知识体系。12 分钟）

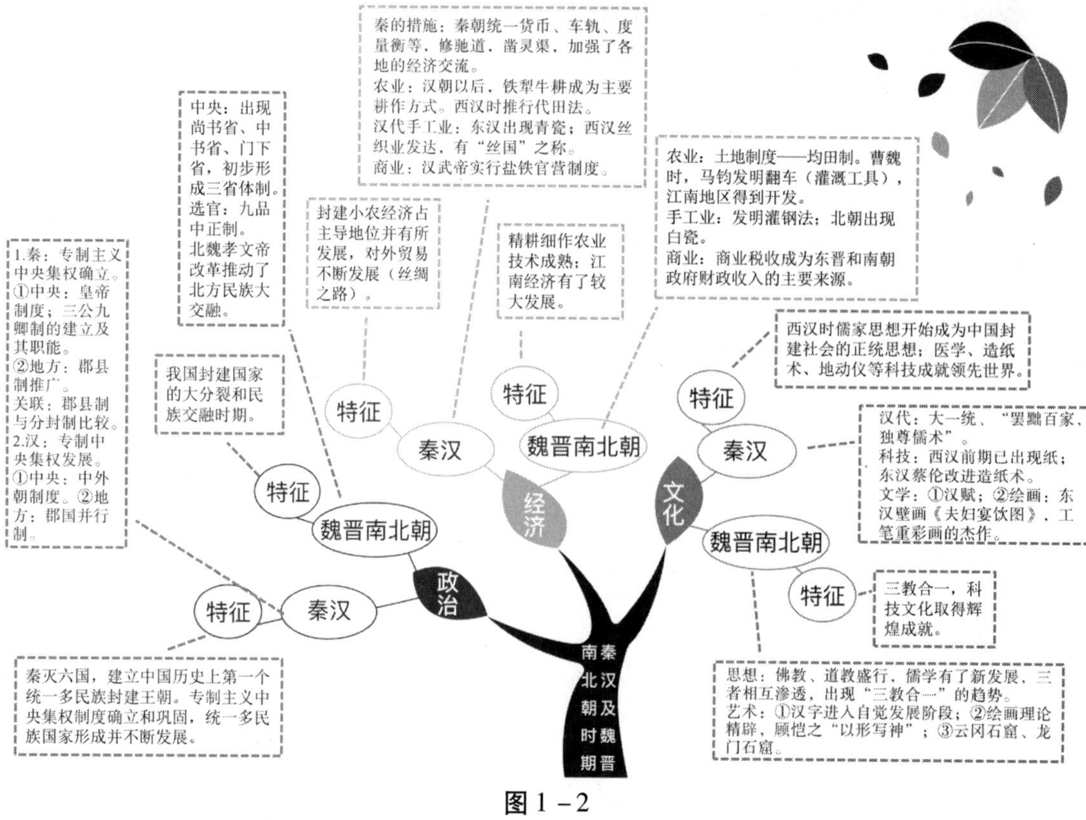

图 1－2

三、教学第二环节：教师引领与学生解读（教师引领启发学生解决疑惑；学生解读知识体系、典型例题与教材之间的逻辑关系；利用典型真题提升学生的历史核心素养。10 分钟）

（2021·广东卷）作为中国共产党思想路线的"实事求是"，植根于中国优秀的传统文化。阅读材料，完成下列要求。(14 分)

材料一　汉武帝时，广开献书之路。河间献王好儒学，从民间收集经过秦火保留下来的《尚书》《礼记》等古文先秦旧书，经考辨将正本献给朝廷。《汉书》评价献王"修学好古，实事求是"。唐代颜师古作注解释为："务得事实，每求真是也。"与之形成对比的是，淮南王亦好书，但"所招致率多浮辩"，故颜师古说他"言无实用耳"。

——摘编自《汉书》等

材料二　清代学者阮元批评宋明理学家"自遁于虚而争是非于不可究诘之境"，而清儒"束身修行，好古敏求，不立门户，不涉二氏（即佛、道），似有合于'实事求是'之教"。阮元进一步评论道，"实者，实事也。圣贤讲学，不在空言，实而已矣"。近人梁启超也认为清儒"以实事求是为学鹄，颇饶有科学的精神"。梁启超笔下的科学精神，是指"善怀疑，善寻间，不肯妄徇古人之成说与一己之臆见，而必力求真是真非之所存"等。

——摘编自梁启超《论中国学术思想变迁之大势》等

（1）结合材料一和所学知识，概括汉武帝"广开献书之路"的背景，并简析河间献王被评价为"实事求是"的原因。(6 分)

（2）结合材料一、二和所学知识，概括阮元批评宋明理学家的原因，并指出梁启超所述"实事求是"的新内涵。(8 分)

四、教学第三环节：学生探究，教师点评（教师设计 1 ~2 个探究性问题交给学生分组当堂讨论，教师答疑，师生共同寻找解题规律，培养学生解读史料、历史解释等核心素养。15 分钟）

1．阐述秦汉时期加强中央集权的措施。

2．阐述汉代儒学与先秦儒学的关系。

五、教学第四环节：教与学的双向反思与建议（2 分钟）

第3单元　隋唐时期

一、教学目标、教学方法以及教学重难点（1 分钟）

表 1－3

教学内容	教学目标	教学方法	教学重难点
隋唐时期	①建立时空观，准确理解隋唐时期的阶段特征及其表现。②通过史料分析，提高学生的历史分析能力	①列表格，按照时空顺序进行梳理。②构建隋唐时期的知识体系。③小组合作	①了解隋唐时期在中华文明发展史中的历史地位。②理解三省六部制的特点、影响，比较三省六部制与美国三权分立的异同。③掌握科举制、均田制等相关概念。④体悟民族交融，树立家国情怀

二、教学第一环节：教学目标及重难点展示；自主学习（教师教给学生提取有效信息的方法，学生课前自主阅读教材、提出问题、构建知识体系。12 分钟）

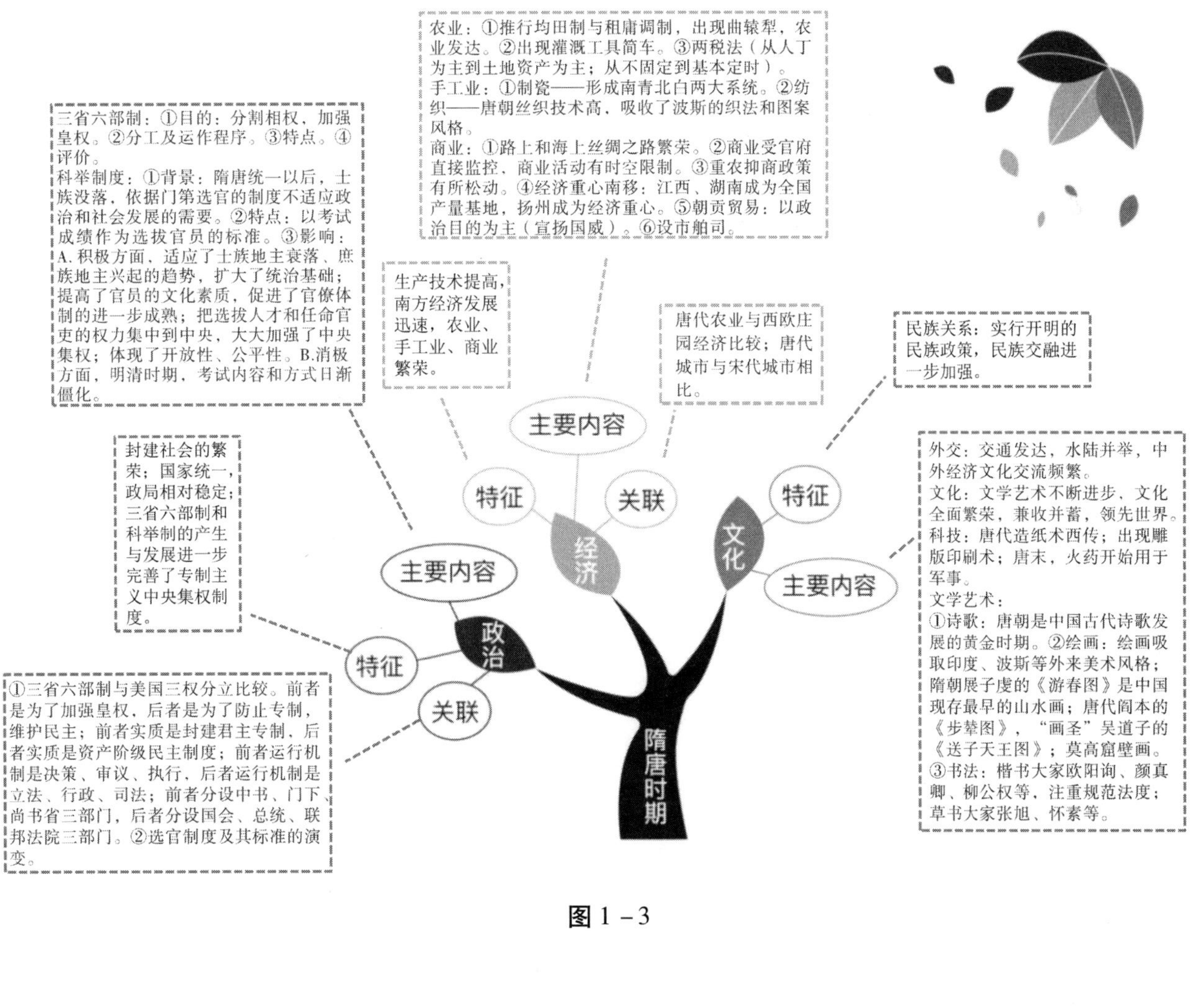

图 1－3

三、教学第二环节：教师引领与学生解读（教师引领启发学生解决疑惑；学生解读知识体系、典型例题与教材之间的逻辑关系；利用典型真题提升学生的历史核心素养。10 分钟）

（2013・全国Ⅰ卷）阅读材料，完成下列要求。（12 分）

历史地图包含了政治、经济、文化等多种信息。

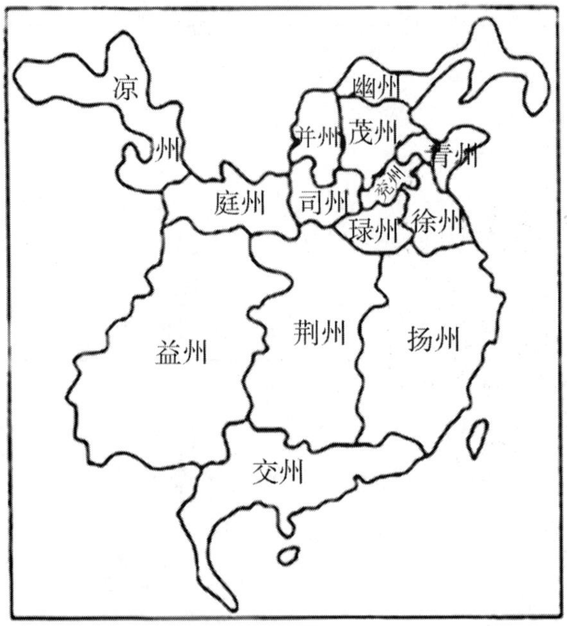

图 1－4 东汉十四州示意图

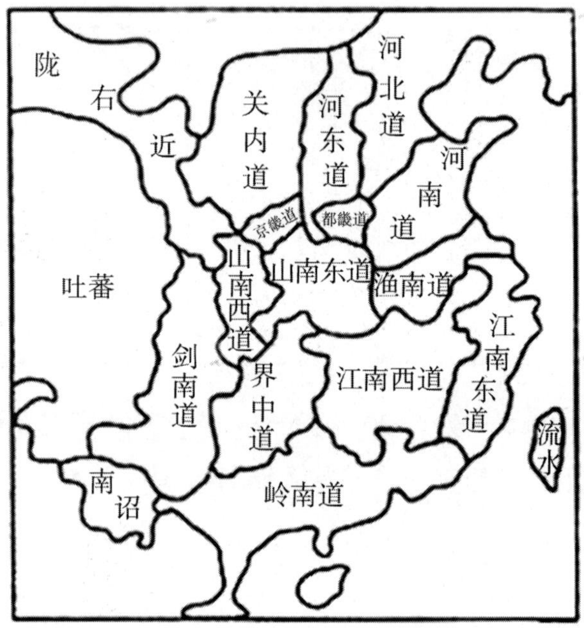

图 1－5 唐开元十五道示意图

比较图 1－4、图 1－5，提取两项有关汉唐间历史变迁的信息，并结合所学知识予以说明。

四、教学第三环节：学生探究，教师点评（教师设计1～2个探究性问题交给学生分组当堂讨论，教师答疑，师生共同寻找解题规律，培养学生解读史料、历史解释等核心素养。15分钟）

1. 阐述隋唐时期在统一多民族国家建设方面的制度创新。

2. 阐述隋唐时期中外文化交流的基本史实，并分析这一时期中外文化交流的特点及影响。

五、教学第四环节：教与学的双向反思与建议（2分钟）

第4单元　宋元时期

一、教学目标、教学方法以及教学重难点（1分钟）

表1-4

教学内容	教学目标	教学方法	教学重难点
宋元时期	①建立时空观，准确理解宋元时期的阶段特征。 ②列举宋元时期政治制度的演变，说明古代政治制度的特点。掌握宋元时期经济和科技的新特点，构建这一时期的知识体系	1. 教学方法 ①运用比较法理清政治、经济和文化之间的联系。 ②列表格，梳理知识点。 2. 学习方法 ①学生填写表格，梳理知识点。 ②真题训练，明确考什么。 ③小组合作	①理解宋元时期政治、经济、文化与科技之间的关系。 ②掌握宋明理学与古代科技的关系。 ③区分易混淆、易错知识点

二、教学第一环节：教学目标及重难点展示；自主学习（教师教给学生提取有效信息的方法，学生课前自主阅读教材、提出问题、构建知识体系。12分钟）

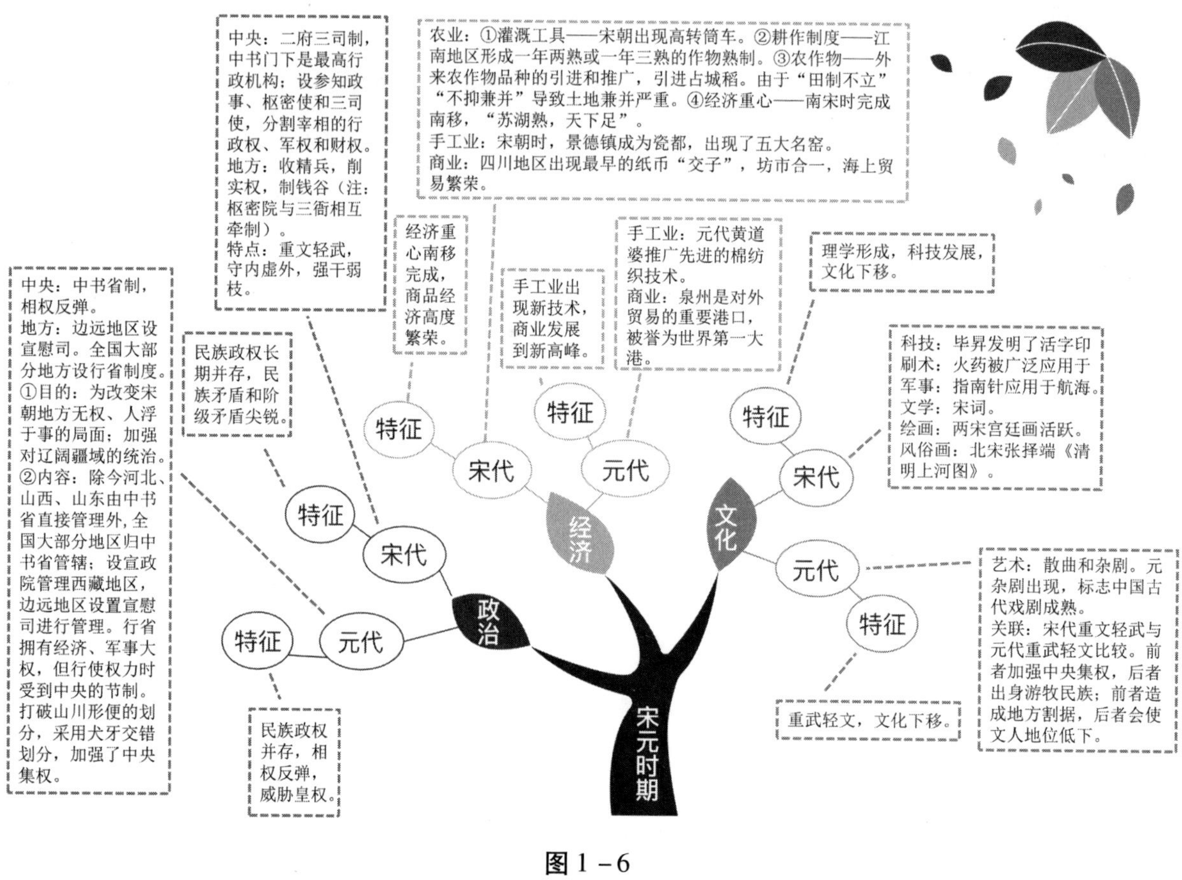

图1-6

三、教学第二环节：教师引领与学生解读（教师引领启发学生解决疑惑；学生解读知识体系、典型例题与教材之间的逻辑关系；利用典型真题提升学生的历史核心素养。10 分钟）

（2015・全国 I 卷）阅读材料，完成下列要求。（25 分）

材料一　在历史中，儒学一直在发展与创新。唐代韩愈以周公、孔子的继承者自居，排斥佛、道，鄙薄汉代以来的儒学，认为周公、孔子之道在孟子之后已经断绝。他在《原道》中说："吾所谓道也，非向（先前）所谓老与佛之道也。尧以是传之舜，舜以是传之禹，禹以是传之汤，汤以是传之文、武、周公，文、武、周公传之孔子，孔子传之孟轲。轲之死，不得其传焉。"他的这一主张被宋代儒者接受并发扬。当代学者认为韩愈开了宋代"新儒学"的先河。

——摘编自卞孝萱等《韩愈评传》

材料二　19 世纪末，康有为撰写《新学伪经考》《孔子改制考》二书，认为汉代以来儒者奉为经典的《周礼》《左传》等书，是汉代学者为王莽篡汉而伪造的，影响恶劣，导致"中国之民，遂二千年被（遭受）暴主夷狄之酷政"。他主张回归孔子所编定的《诗经》《礼记》等原典，理解真正的儒学精神。在他看来，孔子是一位伟大的改革家，《春秋》便是孔子为"改制"而创作的。他甚至用西学来解释《春秋》，认为《春秋公羊传》中的"三世"说为："始于据乱（世），立君主；中于升平（世），为立宪，君民共主；终至太平（世），为民主。"

——摘编自张海鹏等编《中国近代史》

（1）结合材料一及所学知识，指出汉代儒学与孔孟儒学的不同之处，并概括宋代理学在哪些方面对儒学有所发展。（10 分）

（2）根据材料一、二并结合所学知识，指出韩愈、康有为关于儒学认识的共通之处。（8 分）

（3）我们应当以什么样的态度对待孔子与儒学？（7分）

四、教学第三环节：学生探究，教师点评（教师设计1~2个探究性问题交给学生分组当堂讨论，教师答疑，师生共同寻找解题规律，培养学生解读史料、历史解释等核心素养。15分钟）

1. 余英时在《“君尊臣卑”下的君权与相权》一文中指出“传统相权的衰落，宋代是一关键时代”，请谈谈你对这一观点的理解。

2. 陈寅恪认为：“华夏民族之文化，历数千载之演进，造极于赵宋之世。”请用史实证明这一观点。

五、教学第四环节：教与学的双向反思与建议（2分钟）

第5单元　明清时期

一、教学目标、教学方法以及教学重难点（1 分钟）

表 1－5

教学内容	教学目标	教学方法	教学重难点
明清时期	①建立时空观，准确理解明清时期的阶段特征。 ②运用全球史观理解明清社会的发展，提高学生的历史理解和分析能力	1. 教学方法 ①列表格，按照时空顺序梳理阶段特征。 ②运用唯物史观评价历史事件与人物。 2. 学习方法 ①学生填写表格梳理知识点，理清政治、经济和文化之间的关系。 ②真题训练，明确考什么。 ③小组合作。 ④运用唯物史观理解明清“人性”的觉醒	①掌握明清政治制度的影响及演变趋势。 ②理解明清商品经济发展与人口发展的关系。 ③理解明清时期中西差异和中西易位的原因。 ④理解明清的人地矛盾和赋税政策

二、教学第一环节：教学目标及重难点展示；自主学习（教师教给学生提取有效信息的方法，学生课前自主阅读教材、提出问题、构建知识体系。12 分钟）

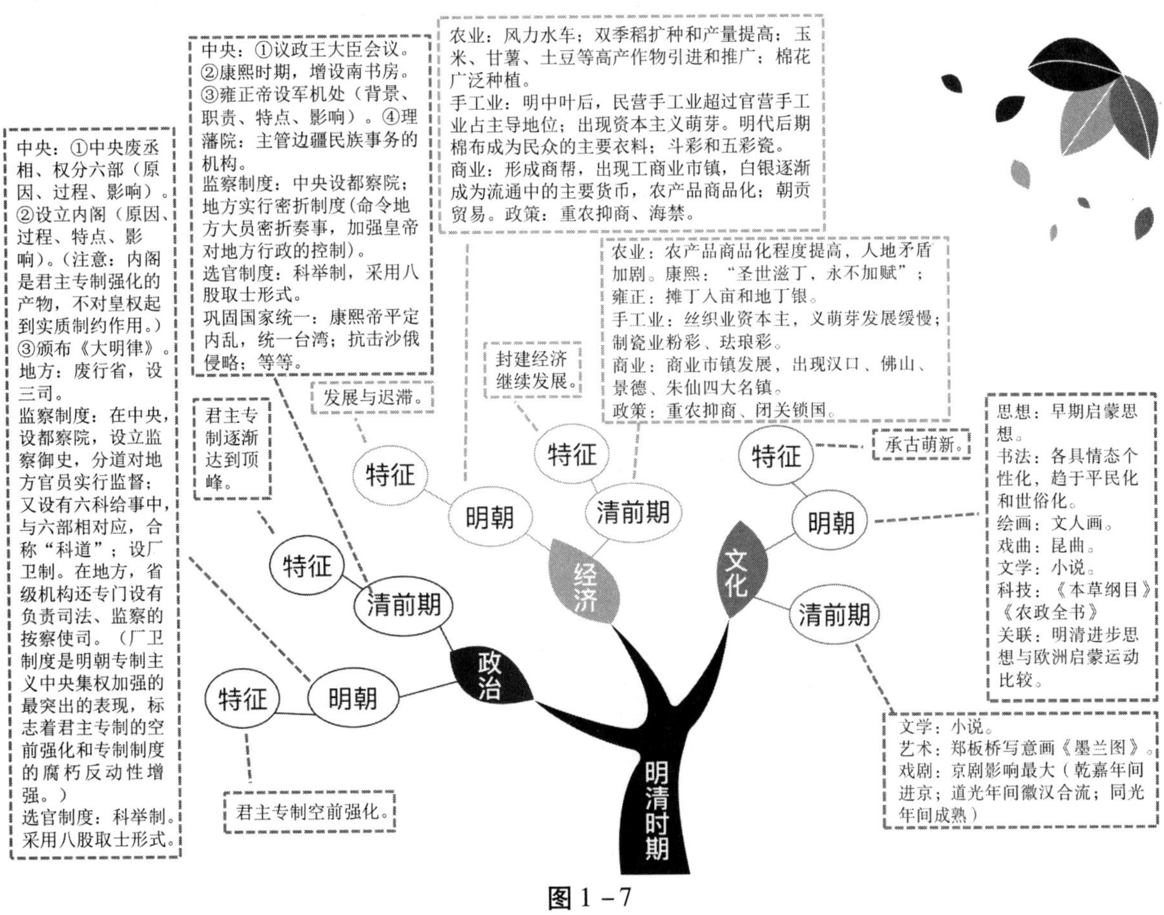

图 1－7

三、教学第二环节：教师引领与学生解读（教师引领启发学生解决疑惑；学生解读知识体系、典型例题与教材之间的逻辑关系；利用典型真题提升学生的历史核心素养。10分钟）

（2020·全国Ⅱ卷）阅读材料，完成下列要求。（25分）

材料一　永定河属海河水系，清初“水患频仍”。康熙三十七年（1698年），直隶巡抚主持治河，改行河道，并在两岸筑堤防系统。竣工后，康熙皇帝赐名“永定河”，下旨：“永定河工，照黄河岁修、抢修之例办理。”清廷设立永定河道，总理永定河事务，有近2 000名河兵常年修守。改名永定河后的40年内，下游浸溢、决口达20次。清中期以后，在永定河修建17处减水坝，各减水坝下均开挖有减水引河。一段时期内不再洪水泛滥，但河道淤积严重，到清末已成“墙上筑夹墙行水”的形势。

——据（清）《永定河续志》等

材料二　新中国成立后，中央在大江大河治理中把保证人民生命财产安全放在首位。1951年，开始在永定河上修建官厅水库，这是海河流域第一座大型水库。1957年，《海河流域规划》编制完成，其方针任务是：防止华北洪涝灾害，发展灌溉、航运、发电、工业城市给水。1963年11月，毛泽东发出“一定要根治海河”的号召。海河流域各地分别成立“根治海河”指挥部，在工程实施中采取了“集中力量打歼灭战”的方针。“根治海河”前期，每年用在水利建设上的劳动力达百万以上。骨干工程在用工与治理顺序上实现了各省市的团结协作。经不懈治理，海河流域的洪涝等自然灾害得到有效控制，“十年九荒”的历史彻底改变。

——据《海河志》等

（1）根据材料一并结合所学知识，概括清代治理永定河的措施及其效果。（10分）

（2）根据材料并结合所学知识，分析新中国成立后治理海河的特点及其意义。（15分）

四、教学第三环节：学生探究，教师点评（教师设计 1 ~2 个探究性问题交给学生分组当堂讨论，教师答疑，师生共同寻找解题规律，培养学生解读史料、历史解释等核心素养。15 分钟）

1. 明清内阁与军机处有何相同之处?

2. 明清时期是“繁荣”还是“悲歌”? 谈谈你的观点并说明理由。

五、教学第四环节：教与学的双向反思与建议（2 分钟）

第6单元　古希腊古罗马时期

一、教学目标、教学方法以及教学重难点（1 分钟）

表 1－6

教学内容	教学目标	教学方法	教学重难点
古希腊 古罗马时期	①掌握古希腊民主、人文精神，古罗马法的内容及其对后世的影响。 ②构建这一时期的知识体系，理清这一时期政治、经济和文化的相互关系。 ③从政治、经济、文化等角度，比较古希腊罗马时期与中国春秋战国时期阶段特征的异同	1．教学方法 ①列表格，按照时空顺序梳理阶段特征。 ②运用唯物史观评价历史事件与人物。 2．学习方法 ①学生填写表格，梳理知识点，理清政治、经济和文化之间的关系。 ②真题训练，明确考什么。 ③小组合作构建知识体系，讨论问题	①掌握雅典民主政治、罗马法和人文主义等主干知识。 ②对比古今中外民主法治的内涵，认识古希腊罗马文明对于现代文明的深刻影响

二、教学第一环节：教学目标及重难点展示；自主学习（教师教给学生提取有效信息的方法，学生课前自主阅读教材、提出问题、构建知识体系。12 分钟）

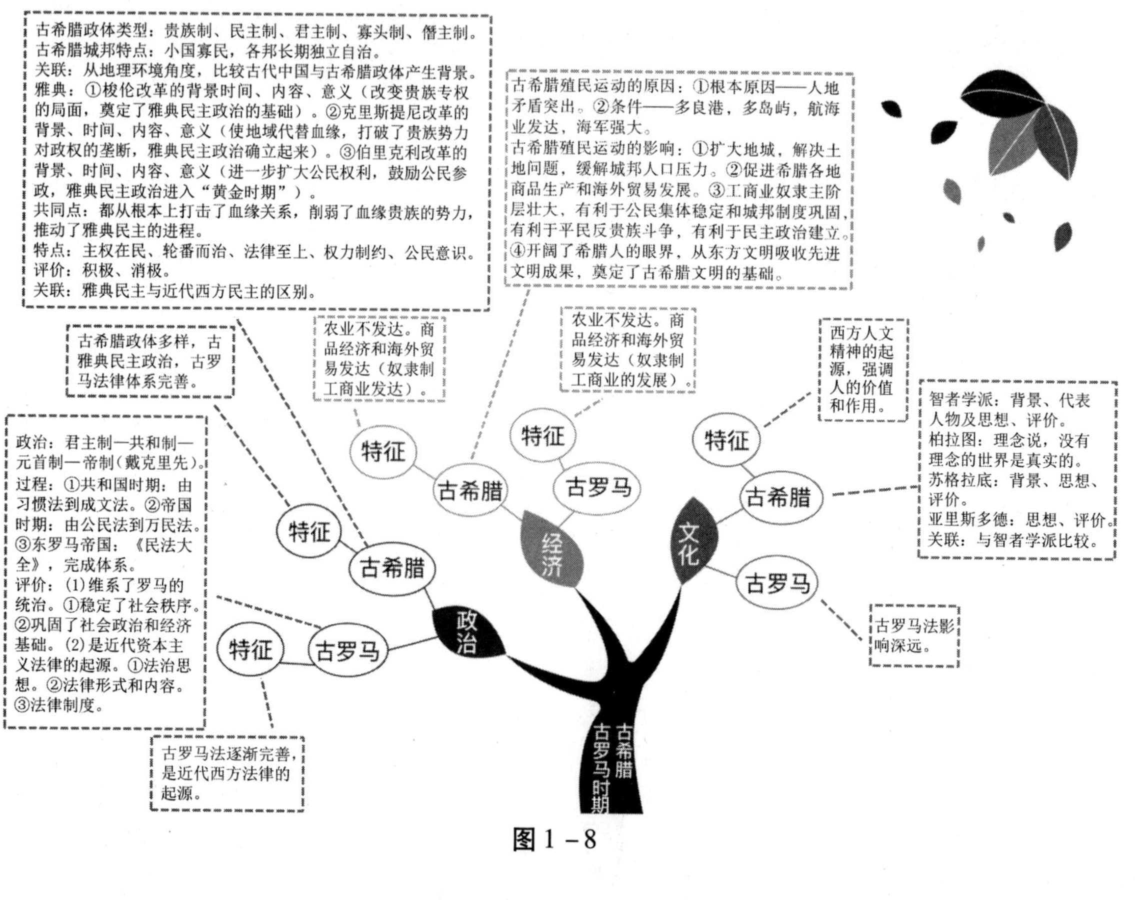

图 1－8

三、教学第二环节：教师引领与学生解读（教师引领启发学生解决疑惑；学生解读知识体系、典型例题与教材之间的逻辑关系；利用典型真题提升学生的历史核心素养。10 分钟）

（2019·全国Ⅲ卷）阅读材料，完成下列要求。（25 分）

材料一　从公元前 1 世纪建立，到公元 4 世纪末分裂，罗马帝国地跨欧、亚、非三大洲，设置行省管理意大利半岛之外的地区。罗马民族在政治上处于主导地位，意大利以外的人（希腊人除外）被称为“蛮族”。什么是罗马民族呢，那就是罗马人和意大利人，他们在语言、经济和文化上关系密切，也是共同打下帝国天下的核心力量。据一种比较适中的估计，整个帝国人口约 5 400 万，意大利约有人口 600 万。行省拥有不同程度的自治权。不断成熟的罗马法通行于帝国全境，但整个帝国的罗马化程度很浅，罗马人使用的拉丁语，在帝国东部只在政府机关和城市中通行，广大农村则仍是各自语言的世界。

——摘编自刘家和、王敦书《世界史》（古代史编上卷）

材料二　汉武帝强化中央集权，至东汉末，全国百余郡，实施统一制度、法令。通过察举制度的实施，构建起研习儒经、崇尚教化、执行统一政策的士大夫官僚队伍。汉朝盛时“编户齐民”有 5 900 多万人，儒家倡导的忠义孝悌等伦理，成为民众日常行为的规范。汉朝境内的百姓，不复以“燕人”“齐人”“秦人”相区别，而是“某郡某县”人，他们虽方言有异，却使用着统一的不因语言差异而改变的文字。经历两汉四个多世纪的统治，统一的观念深入人心，“书同文、车同轨、人同伦”，在先秦以来华夏融合的基础上，汉朝境内的人们逐渐被称为“汉人”。

——据《汉书》《后汉书》等

（1）根据材料并结合所学知识，概括罗马帝国与汉朝在国家治理上的异同。（16 分）

（2）根据材料并结合所学知识，简析汉朝国家治理对中国历史的意义。（9 分）

四、教学第三环节：学生探究，教师点评（教师设计1～2个探究性问题交给学生分组当堂讨论，教师答疑，师生共同寻找解题规律，培养学生解读史料、历史解释等核心素养。15分钟）

1. 如何理解古今民主和法制概念的不同内涵?

2. 从社会发展的角度，分析古代中西方政治文明的不同走向及原因。

五、教学第四环节：教与学的双向反思与建议（2分钟）

第7单元　资本主义萌芽时期

一、教学目标、教学方法以及教学重难点（1分钟）

表1-7

教学内容	教学目标	教学方法	教学重难点
资本主义萌芽时期	①构建资本主义萌芽时期的知识体系，准确理解这一时期的历史阶段特征。 ②理清这一时期政治、经济和文化的相互关系。 ③掌握文艺复兴、宗教改革、新航路开辟、早期殖民扩张等历史概念的内涵与外延	1. 教学方法 ①列表格，按照时空顺序梳理阶段特征。 ②运用多元史观分析新航路开辟与早期殖民扩张的影响。 2. 学习方法 ①学生填写表格梳理知识点，理清政治、经济和文化之间的关系。 ②真题训练，明确考什么。 ③小组合作构建知识体系，讨论问题。 ④运用全球史观分析这一时期的史实	①掌握新航路开辟与殖民扩张的关系。 ②理解文艺复兴与宗教改革的关系。 ③梳理资本主义萌芽时期大变革时代特征的内在逻辑联系。 ④多角度认识早期殖民扩张的影响

二、教学第一环节：教学目标及重难点展示；自主学习（教师教给学生提取有效信息的方法，学生课前自主阅读教材、提出问题、构建知识体系。12分钟）

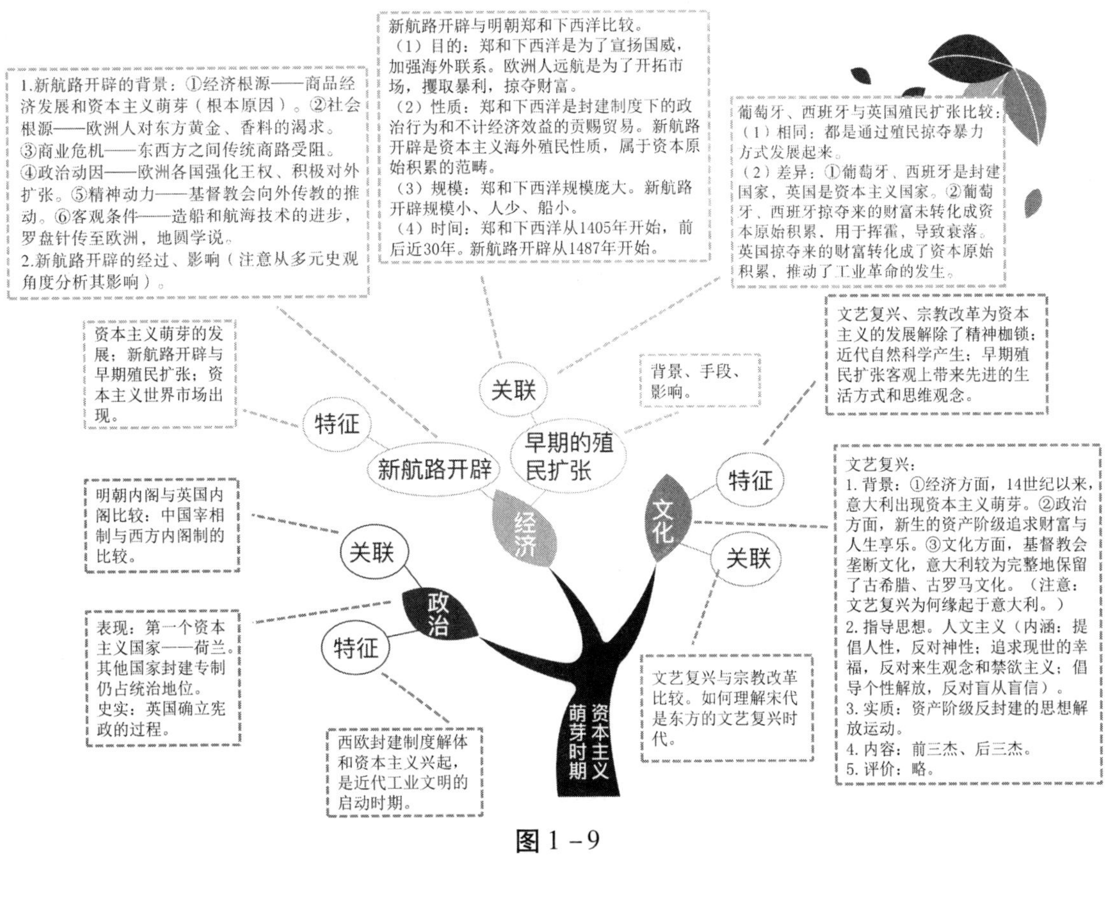

图1-9

三、教学第二环节：教师引领与学生解读（教师引领启发学生解决疑惑；学生解读知识体系、典型例题与教材之间的逻辑关系；利用典型真题提升学生的历史核心素养。10 分钟）

（2017·全国Ⅲ卷）阅读材料，完成下列要求。(25 分)

材料 1602 年，荷兰东印度公司成立以后，荷兰人曾先后进攻澳门、台湾，遭到明朝官民的坚决抵抗而失败。1608 年，荷兰东印度公司董事会发出指示："我们必须用一切可能来增进对外贸易，首要目的是取得生丝，因为生丝利润优厚。"1621 年，荷兰人得知西班牙人也计划占领台湾，遂于次年再次侵占澎湖，并于 1624 年侵占台湾南部。1642 年，其势力扩张到台湾北部。

1661 年，郑成功进军台湾，并正告荷兰驻军，台湾和澎湖列岛应由中国政府管辖，岛屿上的居民都是中国人，"他们自古以来占有并耕种这一土地"。荷兰人试图以赔款的方式换取郑成功退兵，被拒绝。

郑成功收复台湾后，台湾根据郡县制，设立一府二县；兴建孔庙，建立学院、府学、社学等完整的学校体系；开科取士，"三年两试，照科、岁例开试儒童"；许多文人学士随之入台，写下了台湾第一批文学作品；大量移民涌入，台湾的人口迅速增加。

——摘编自陈孔立主编《台湾历史纲要》

（1）根据材料并结合所学知识，概括荷兰侵占中国台湾与澎湖的历史背景和目的。(15 分)

（2）根据材料并结合所学知识，简析台湾的收复在哪些方面促进了国家的统一。(10 分)

四、教学第三环节：学生探究，教师点评（教师设计1～2个探究性问题交给学生分组当堂讨论，教师答疑，师生共同寻找解题规律，培养学生解读史料、历史解释等核心素养。15分钟）

1. 如何理解资本主义世界市场的形成及其对全球各地带来的影响?

2. 运用唯物史观，分析资本主义萌芽时期政治、经济和文化之间的内在逻辑联系。

五、教学第四环节：教与学的双向反思与建议（2分钟）

第8单元　工场手工业时期

一、教学目标、教学方法以及教学重难点（1分钟）

表1－8

教学内容	教学目标	教学方法	教学重难点
工场手工业时期	①构建工场手工业时期的知识体系，准确理解这一时期的历史阶段特征。 ②理清这一时期政治、经济和文化的相互关系。 ③掌握启蒙运动、殖民扩张等历史概念的内涵与外延	1. 教学方法 ①列表格，引导学生按照时空顺序梳理阶段特征。 ②比较西方启蒙运动与明清进步思潮的异同。 2. 学习方法 ①学生填写表格，梳理知识点，理清工场手工业时期政治、经济和文化之间的关系。 ②真题训练，明确考什么。 ③小组合作构建知识体系，讨论问题。 ④运用多元史观分析这一时期史实的影响	①掌握工场手工业时期政治、经济和文化的发展特征。 ②掌握早期殖民扩张中殖民霸主先后崛起的史实。 ③掌握启蒙运动时期人文主义的内涵。 ④了解资本主义世界市场的形成过程

二、教学第一环节：教学目标及重难点展示；自主学习（教师教给学生提取有效信息的方法，学生课前自主阅读教材、提出问题、构建知识体系。12分钟）

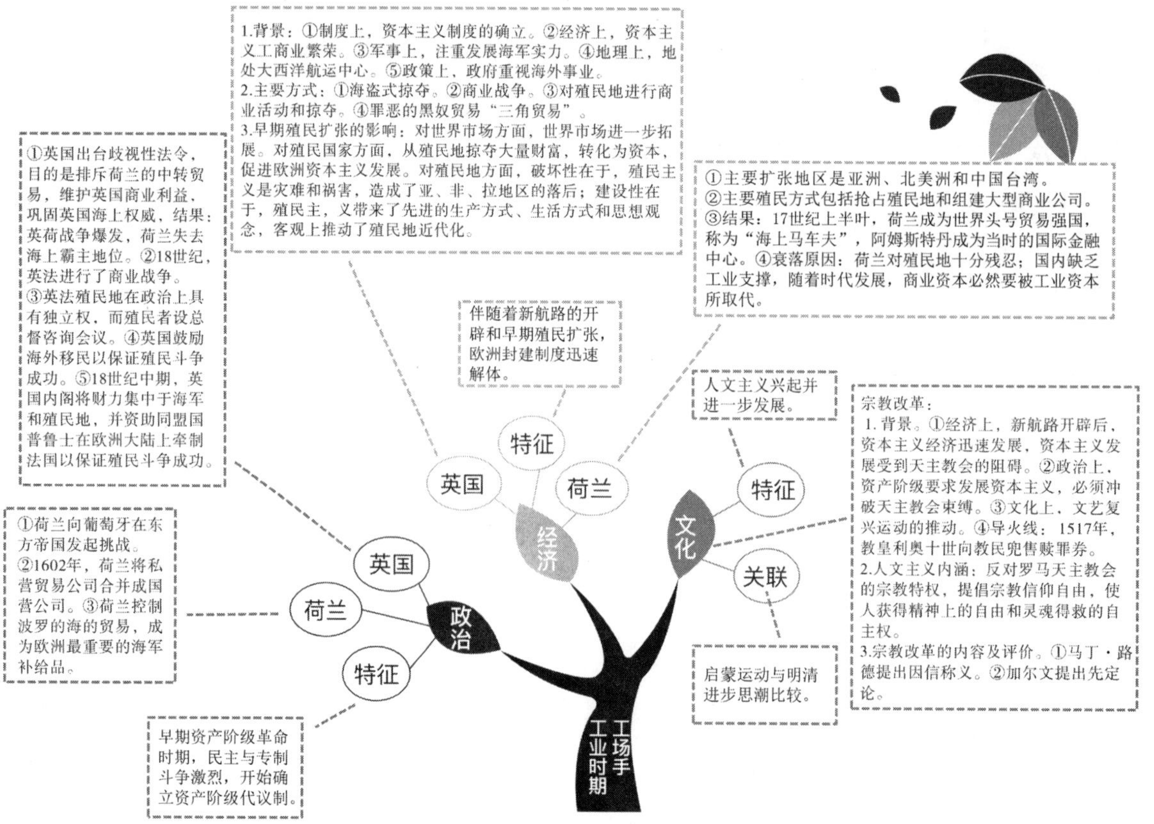

图1－10

三、教学第二环节：教师引领与学生解读（教师引领启发学生解决疑惑；学生解读知识体系、典型例题与教材之间的逻辑关系；利用典型真题提升学生的历史核心素养。10分钟）

（2014·全国Ⅱ卷）阅读下列材料，完成下列要求。（12分）

材料　世界近代史教材目录对比（节选）

表1－9

目录A	目录B
第一章　17世纪英国资产阶级革命 第一节　革命的社会经济前提 第二节　斯图亚特王朝的专制统治　革命形势的成熟 第三节　革命的开始　第一和第二次内战共和国的建立 第四节　共和国时期的阶级斗争 第五节　克伦威尔的独裁统治 第六节　斯图亚特王朝复辟和1688年政变 第二章　（略） ——摘编自《世界历史·近代部分》，1972年版	第一章　16世纪资本主义曙光下的西方·同一时期东方中国和日本 第一节　世界地区隔绝状态的突破·商业革命 第二节　文艺复兴 第三节　宗教改革 第四节　欧洲诸国专制制度的形成·尼德兰革命 第五节　16世纪的中国与日本 第二章　17世纪迄工业革命前的东西方世界 第一节　17世纪英国革命·1689—1742年的英国 第二节　（略） ——摘编自《世界史：近代史编》，2011年版

比较两份目录并结合所学知识，指出其中一处不同，并分析出现这种不同的原因。（所指出的不同之处明确清楚；原因可从一个或多个角度进行分析，观点明确，合理充分。）

四、教学第三环节：学生探究，教师点评（教师设计1～2个探究性问题交给学生分组当堂讨论，教师答疑，师生共同寻找解题规律，培养学生解读史料、历史解释等核心素养。15分钟）

1. 结合史实，比较16世纪至18世纪中西方社会转型的不同趋势并分析其原因。

2. 分析启蒙运动对欧洲社会和中国带来的深刻影响。

五、教学第四环节：教与学的双向反思与建议（2分钟）

第⑨单元　工业革命时期

一、教学目标、教学方法以及教学重难点（1 分钟）

表 1－10

教学内容	教学目标	教学方法	教学重难点
工业革命时期	①构建工业革命时期的知识体系，准确理解这一时期的阶段特征。 ②理清这一时期政治、经济和文化的相互关系。 ③掌握工业革命的发展与世界市场的初步形成	1．教学方法 ①列表格，引导学生按照时空顺序梳理阶段特征。 ②中西比较，运用比较法理清史实之间的联系。 2．学习方法 ①学生填写表格，梳理知识点，理清政治、经济和文化之间的关系。 ②真题训练，明确考什么。 ③小组合作构建知识体系，讨论问题。 ④运用多元史观分析工业革命的影响	①掌握英美代议制不断发展和完善的史实及其之间的联系。 ②多角度分析工业革命的背景和影响。 ③理解近代自然科学的发展以及技术的运用。 ④梳理工业革命时期政治、经济和文化之间的内在逻辑联系

二、教学第一环节：教学目标及重难点展示；自主学习（教师教给学生提取有效信息的方法，学生课前自主阅读教材、提出问题、构建知识体系。12 分钟）

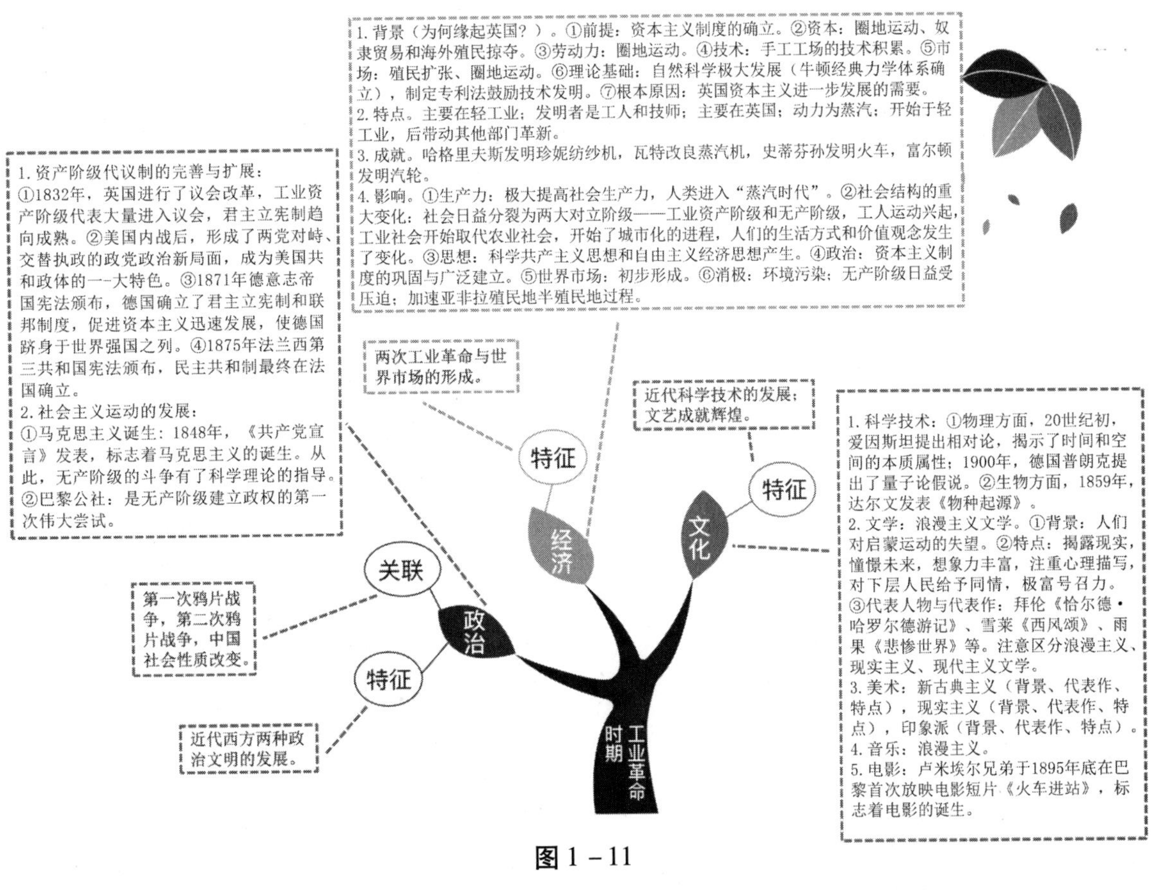

1. 背景（为何缘起英国？）。①前提：资本主义制度的确立。②资本：圈地运动、奴隶贸易和海外殖民掠夺。③劳动力：圈地运动。④技术：手工工场的技术积累。⑤市场：殖民扩张、圈地运动。⑥理论基础：自然科学极大发展（牛顿经典力学体系确立），制定专利法鼓励技术发明。⑦根本原因：英国资本主义进一步发展的需要。
2. 特点。主要在轻工业；发明者是工人和技师；主要在英国；动力为蒸汽；开始于轻工业，后带动其他部门革新。
3. 成就。哈格里夫斯发明珍妮纺纱机，瓦特改良蒸汽机，史蒂芬孙发明火车，富尔顿发明汽轮。
4. 影响。①生产力：极大提高社会生产力，人类进入“蒸汽时代”。②社会结构的重大变化：社会日益分裂为两大对立阶级——工业资产阶级和无产阶级，工人运动兴起，工业社会开始取代农业社会，开始了城市化的进程，人们的生活方式和价值观念发生了变化。③思想：科学共产主义思想和自由主义经济思想产生。④政治：资本主义制度的巩固与广泛建立。⑤世界市场：初步形成。⑥消极：环境污染；无产阶级日益受压迫；加速亚非拉殖民地半殖民地过程。
1. 资产阶级代议制的完善与扩展：
①1832年，英国进行了议会改革，工业资产阶级代表大量进入议会，君主立宪制趋向成熟。②美国内战后，形成了两党对峙、交替执政的政党政治新局面，成为美国共和政体的一大特色。③1871年德意志帝国宪法颁布，德国确立了君主立宪制和联邦制度，促进资本主义迅速发展，使德国跻身于世界强国之列。④1875年法兰西第三共和国宪法颁布，民主共和制最终在法国确立。
2. 社会主义运动的发展：
①马克思主义诞生：1848年，《共产党宣言》发表，标志着马克思主义的诞生。从此，无产阶级的斗争有了科学理论的指导。②巴黎公社：是无产阶级建立政权的第一次伟大尝试。
两次工业革命与世界市场的形成。
近代科学技术的发展；文艺成就辉煌。
特征
经济
特征
文化
1. 科学技术：①物理方面，20世纪初，爱因斯坦提出相对论，揭示了时间和空间的本质属性；1900年，德国普朗克提出了量子论假说。②生物方面，1859年，达尔文发表《物种起源》。
2. 文学：浪漫主义文学。①背景：人们对启蒙运动的失望。②特点：揭露现实，憧憬未来，想象力丰富，注重心理描写，对下层人民给予同情，极富号召力。
③代表人物与代表作：拜伦《恰尔德·哈罗尔德游记》、雪莱《西风颂》、雨果《悲惨世界》等。注意区分浪漫主义、现实主义、现代主义文学。
3. 美术：新古典主义（背景、代表作、特点），现实主义（背景、代表作、特点），印象派（背景、代表作、特点）。
4. 音乐：浪漫主义。
5. 电影：卢米埃尔兄弟于1895年底在巴黎首次放映电影短片《火车进站》，标志着电影的诞生。
关联
第一次鸦片战争，第二次鸦片战争，中国社会性质改变。
政治
特征
近代西方两种政治文明的发展。
工业革命时期

图 1－11

三、教学第二环节：教师引领与学生解读（教师引领启发学生解决疑惑；学生解读知识体系、典型例题与教材之间的逻辑关系；利用典型真题提升学生的历史核心素养。10 分钟）

（2021·广东卷）阅读材料，完成下列要求。（14 分）

材料一 关于英国工业革命对工人阶级的影响，以下两种观点颇具代表性。

观点一	强迫工人、儿童每天工作 16 小时，将工人挤入贫民窟里，降低了他们的生活水平，摧毁了传统的手工行业，剥夺了工人们的尊严，将他们扔进没有灵魂的工厂和城市
观点二	创造了许多充满机会的城市，给千百万人提供了工作，提高了他们的生活水平和教育程度，并给予他们较大的自由，使他们在政治上和文化上有更大的作用

——摘编自（美）克莱顿·罗伯茨等《英国史》

材料二 英国工人阶级的历史是从 18 世纪后半期，从蒸汽机和棉花加工机的发明开始的。大家知道，这些发明推动了产业革命，产业革命同时又引起了市民社会中的全面变革，而它的世界历史意义只是在现在才开始被认识清楚。

——恩格斯《英国工人阶级状况》（1845 年）

（1）结合材料和所学知识，分别指出两种观点有何局限，并就英国工业革命对工人阶级的影响谈谈你的看法。（8 分）

（2）结合材料二和所学知识，运用唯物史观简述英国工业革命的历史意义。（6 分）

四、教学第三环节：学生探究，教师点评（教师设计 1 ~2 个探究性问题交给学生分组当堂讨论，教师答疑，师生共同寻找解题规律，培养学生解读史料、历史解释等核心素养。15 分钟）

比较近代英、美、法、德四国的资产阶级代议制。

五、教学第四环节：教与学的双向反思与建议（2 分钟）

第10单元　第二次工业革命时期

一、教学目标、教学方法以及教学重难点（1分钟）

表1－11

教学内容	教学目标	教学方法	教学重难点
第二次工业革命时期	①构建第二次工业革命时期的知识体系，准确理解这一时期的阶段特征。 ②理清资本主义代议制与第二次工业革命、科技发展之间的联系。 ③掌握第二次工业革命的发展与世界市场的初步形成	1. 教学方法 ①列表格，引导学生按照时空顺序梳理阶段特征。 ②运用比较法理清政治、经济和文化之间的联系。 2. 学习方法 ①学生填写表格，梳理知识点，理清政治、经济和文化之间的关系。 ②真题训练，明确考什么。 ③小组合作构建知识体系，讨论问题。 ④比较两次科技革命的异同，了解人类认识自然、改造自然的历程，学会用批判的眼光看待世界一体化进程	①掌握法国和德国代议制的建立以及美、英、法、德四国政体的异同。 ②理解第二次工业革命对西方社会以及中国带来的深刻影响。 ③理解近代自然科学的发展以及技术的运用。 ④梳理第二次工业革命时期时代特征的内在逻辑联系

二、教学第一环节：教学目标及重难点展示；自主学习（教师教给学生提取有效信息的方法，学生课前自主阅读教材、提出问题、构建知识体系。12分钟）

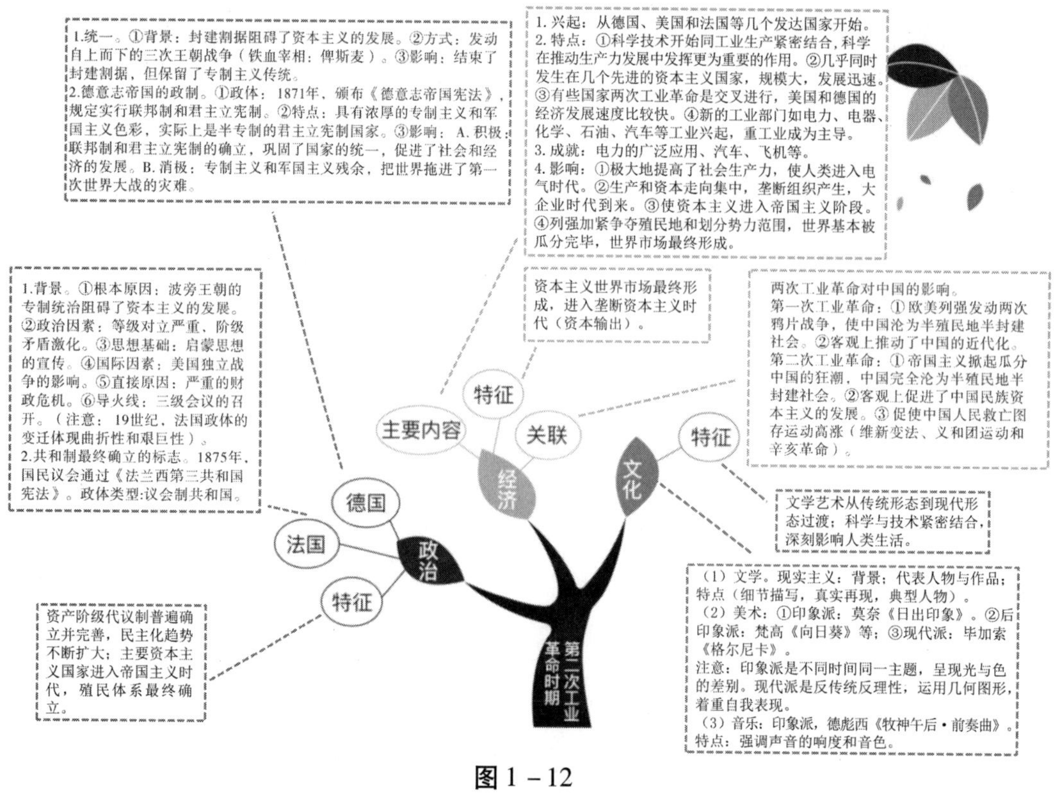

图1－12

三、教学第二环节：教师引领与学生解读（教师引领启发学生解决疑惑；学生解读知识体系、典型例题与教材之间的逻辑关系；利用典型真题提升学生的历史核心素养。10 分钟）

（2019 全国Ⅱ卷）阅读材料，完成下列要求。（12 分）

材　料

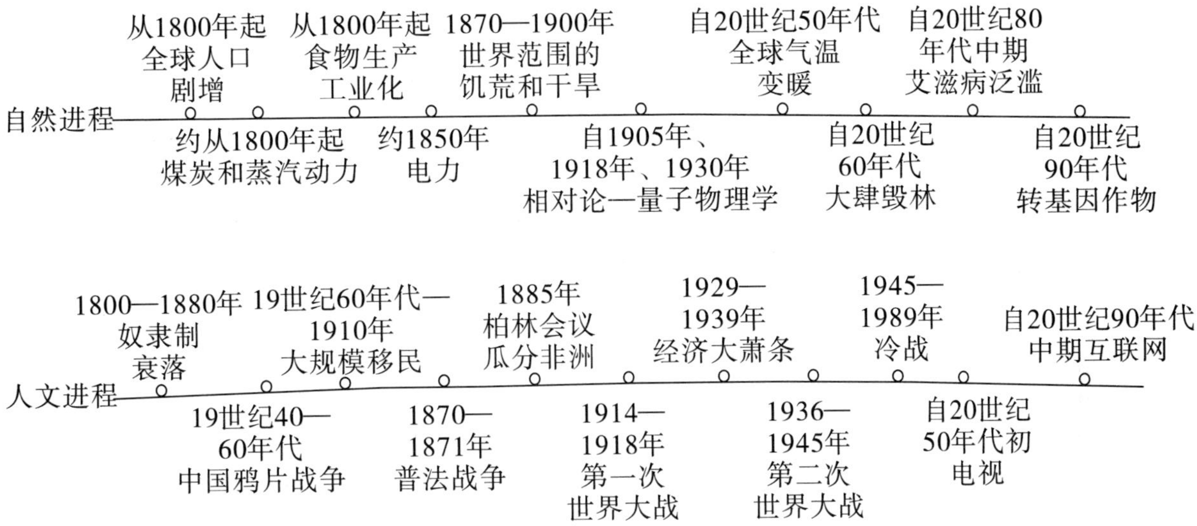

图 1－13

——据（美）菲利普·费尔南德兹－阿迈斯托《世界：一部历史》

（注：“自然进程”是指人与自然的互动；“人文进程”是指文明与文明、人群与人群的相互作用和影响）

有史以来，人们试图以各种方式认识历史。材料反映了一位学者对 19、20 世纪世界历史的认识，对此认识提出你自己的见解（赞成、质疑、修改皆可），并说明理由。（要求：见解明确，持论有据，表述清晰）

四、教学第三环节：学生探究，教师点评（教师设计 1～2 个探究性问题交给学生分组当堂讨论，教师答疑，师生共同寻找解题规律，培养学生解读史料、历史解释等核心素养。15 分钟）

谈谈你对科技的认识。

五、教学第四环节：教与学的双向反思与建议（2 分钟）

第11单元　中国开始沦为半殖民地半封建社会

一、教学目标、教学方法以及教学重难点（1分钟）

表1－12

教学内容	教学目标	教学方法	教学重难点
中国开始沦为半殖民地半封建社会	①构建这一时期的知识体系，准确理解两次鸦片战争时期的阶段特征。 ②运用历史范式分析、解决历史问题。掌握两次鸦片战争、西学东渐、中国近代经济结构等历史概念的内涵与外延。 ③树立现代化意识，增强社会责任感和历史使命感	1. 教学方法 ①列表格，引导学生按照时空顺序梳理阶段特征。 ②引导学生从内涵与外延角度理解历史核心概念。 2. 学习方法 ①学生填写表格，梳理知识点，理清政治、经济和文化之间的逻辑关系。 ②真题训练，明确考什么。 ③小组合作构建知识体系，讨论问题。 ④运用多元史观分析两次鸦片战争、近代经济结构、西学东渐等历史概念	①掌握两次鸦片战争的背景和影响。 ②从近代经济结构变化这一角度探究中国早期近代化的探索历程，树立家国情怀。 ③比较中西方早期近代化起步的异同

二、教学第一环节：教学目标及重难点展示；自主学习（教师教给学生提取有效信息的方法，学生课前自主阅读教材、提出问题、构建知识体系。12分钟）

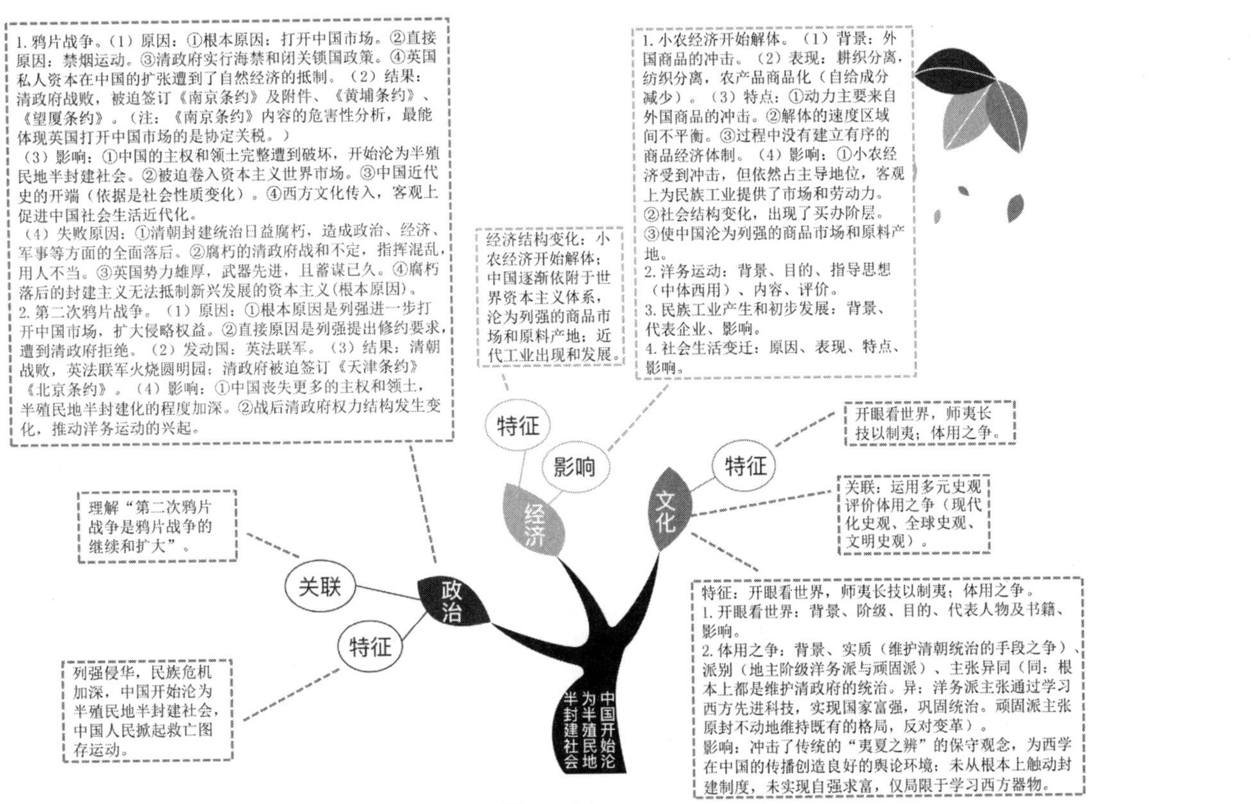

图1－14

三、教学第二环节：教师引领与学生解读（教师引领启发学生解决疑惑；学生解读知识体系、典型例题与教材之间的逻辑关系；利用典型真题提升学生的历史核心素养。10 分钟）

阅读材料，完成下列要求。(25 分)

材料一 我国是最早利用海洋的国家之一，殷墟即发现了来自南海乃至阿曼湾的海贝。齐国借助“边海”的地理条件，发展“鱼盐之利”，成为春秋战国时最为富庶的国家。汉代“海上丝绸之路”雏形即已出现，魏晋而后，僧人“附商舶”西行“求法”，成为佛教东传的重要方式。宋元时代指南针等远洋航行工具的使用，使海外贸易达到鼎盛。明朝前期，在郑和下西洋的背景下，出现了一批重要的航海著作，如《瀛涯胜览》《星槎胜览》《西洋番国志》等，记录海行见闻，反映当时东南亚、印度以及阿拉伯、东非等地的风土人情、山川形胜。明后期，郑若曾针对倭寇等问题，在《筹海图编》中明确提出“海防”的主张：“欲航行于大洋，必先战胜于大洋。”而明、清政府常常采用“海禁”的办法。到鸦片战争前，“各省水师战船，均为捕盗缉奸而设”。

——摘编自白寿彝总主编《中国通史》等

材料二 鸦片战争后，中国被卷入世界市场体系，通商口岸不断增加。魏源认为海运“优于河运者有四利：利国、利民、利官、利商”。1842～1846 年，茶出口增长一倍，丝的出口增长将近五倍；1846～1856 年，茶出口又增长 55%，丝的出口增长三倍多。海关税收从 1861 年的 490 余万两增加到 1902 年的 3 000 余万两。1866 年，左宗棠创办福州船政局，附设福州船政学堂。1868 年，江南制造总局制造的第一艘近代海轮“惠吉”号下水。1872 年轮船招商局成立，“使我内江外海之利，不致为洋人占尽”。1885 年，海军衙门设立。随着西方商品与资本输出的扩大，部分国人提出与列强进行“商战”。1904 年，张謇上奏朝廷，请准各省成立海洋渔业公司，购置新式渔轮，发展海洋渔业。19 世纪 60 年代后，清政府与英法等国签订条约，允许百姓出国，“毫无禁阻”，仅南洋地区，就有中国移民 500 万人。

——摘编自许涤新、吴承明主编《中国资本主义发展史》等

根据材料一、二并结合所学知识，分析指出晚清海洋利用的主要变化及启示。(15 分)

四、教学第三环节：学生探究，教师点评（教师设计 1 ~2 个探究性问题交给学生分组当堂讨论，教师答疑，师生共同寻找解题规律，培养学生解读史料、历史解释等核心素养。15 分钟）

有学者认为：中国近代史的发展呈现出由“沉沦”到“上升”的发展过程，中国社会走出了一条“U”字形路线。在近代中国历史的前期，其基本特征是“沉沦”；在近代中国历史的后期，其基本特征是“上升”。在“沉沦”与“上升”中间有一个过渡期就是“沉沦”的谷底、“上升”的起始时期。

分别概述材料中所说的“沉沦”和“上升”的含义。20 世纪初期是中国由“沉沦”到“上升”的转折时期，推动这一转变的因素有哪些?

五、教学第四环节：教与学的双向反思与建议（2 分钟）

第12单元　中国正式沦为半殖民地半封建社会

一、教学目标、教学方法以及教学重难点（1 分钟）

表 1－13

教学内容	教学目标	教学方法	教学重难点
中国正式沦为半殖民地半封建社会	①构建这一时期的知识体系，准确理解这一时期的阶段特征。 ②运用全球史观掌握列强侵华与资本主义发展的联系、列强侵华的特征以及对中国的影响，构建这一时期的知识体系。 ③树立现代化意识，增强社会责任感和历史使命感	1. 教学方法 ①列表格，引导学生按照时空顺序梳理阶段特征。 ②运用多元史观分析列强侵华影响。 2. 学习方法 ①学生填写表格，梳理知识点，理清政治、经济和文化之间的逻辑关系。 ②真题训练，明确考什么。 ③小组合作构建知识体系，讨论问题。 ④运用多元史观分析列强侵华的影响，理解近代中国各阶级救亡图存和近代化的探索	①理解列强侵华与中国近代化的关系。 ②探究中国各阶级近代化的探索历程，树立家国情怀。 ③运用多元史观分析义和团运动、维新变法、清末新政之间的关系

二、教学第一环节：教学目标及重难点展示；自主学习（教师教给学生提取有效信息的方法，学生课前自主阅读教材、提出问题、构建知识体系。12 分钟）

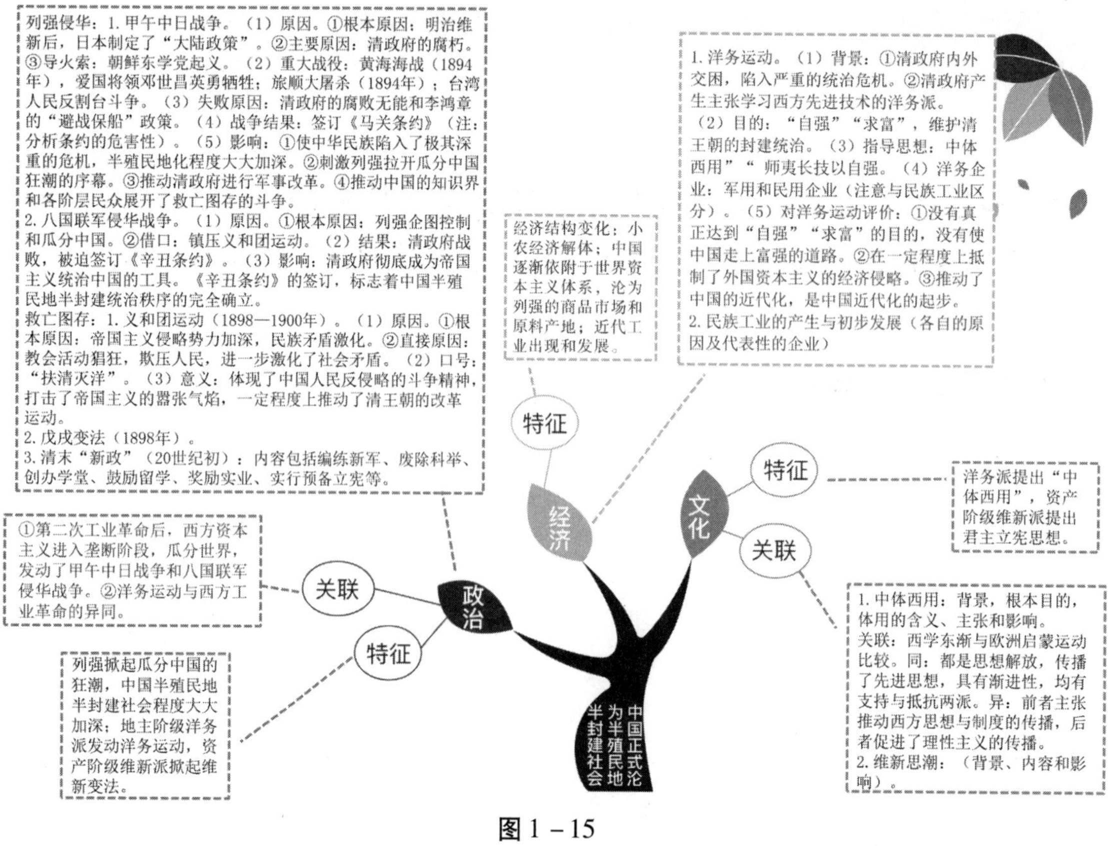

图 1－15

三、教学第二环节：教师引领与学生解读（教师引领启发学生解决疑惑；学生解读知识体系、典型例题与教材之间的逻辑关系；利用典型真题提升学生的历史核心素养。10分钟）

（2018·全国Ⅱ卷）阅读材料，完成下列要求。（12分）

材料　1889年，两广总督张之洞从英国预购炼铁机炉，有人提醒先要确定煤、铁质地才能配置合适的机炉，张之洞认为不必“先觅煤、铁而后购机炉”。张之洞调任湖广总督，购得大冶铁矿，开始筹建汉阳铁厂，由于找不到合适的煤，耗费六年时间和巨资，仍未能炼出合格的钢铁。盛宣怀接手后，招商股银200万两，并开办萍乡煤矿，但由于原来定购的机炉不适用，依然未能炼出好钢，只得贷款改装设备，才获得成功。通过克服种种困难，汉阳铁厂成为中国第一家大型的近代化钢铁企业。1949年后收归国有。

——摘编自陈真等编《中国近代工业史资料》等

材料提供了一个中国近代企业发展的案例，蕴含了现代化的诸多启示。从材料中提炼一个启示，并结合所学的中国近现代史知识予以说明。（要求：观点明确，史论结合，言之成理）

四、教学第三环节：学生探究，教师点评（教师设计1～2个探究性问题交给学生分组当堂讨论，教师答疑，师生共同寻找解题规律，培养学生解读史料、历史解释等核心素养。15分钟）

1. 如何理解甲午中日战争是传统中国和近代中国的分界线?

2. 结合时代背景，分析影响近代民族工业发展的特点及其原因。

五、教学第四环节：教与学的双向反思与建议（2 分钟）

第13单元　中国半殖民地半封建社会深化

一、教学目标、教学方法以及教学重难点（1 分钟）

表 1－14

教学内容	教学目标	教学方法	教学重难点
中国半殖民地半封建社会深化	①构建这一时期的知识体系，准确理解这一时期的阶段特征。 ②比较太平天国运动、辛亥革命与五四运动，运用全球史观掌握近代化在政治、经济、文化上全面展开的表现。 ③树立现代化意识，增强社会责任感和历史使命感	1. 教学方法 ①列表格，引导学生按照时空顺序梳理阶段特征。 ②运用比较法理清概念之间的联系。 2. 学习方法 ①学生填写表格，梳理知识点，理清政治、经济和文化之间的逻辑关系。 ②真题训练，明确考什么。 ③小组合作构建知识体系，讨论问题。 ④从内涵和外延角度分析太平天国运动、辛亥革命与五四运动等历史概念	①掌握近代中国经济结构变动的背景、表现和影响。 ②从近代经济结构变化这一角度探究中国早期近代化的探索历程，帮助学生树立家国情怀。 ③理解近代前期中国社会政治、经济、思想文化间的基本线索及三者之间的内在联系

二、教学第一环节：教学目标及重难点展示；自主学习（教师教给学生提取有效信息的方法，学生课前自主阅读教材、提出问题、构建知识体系。12 分钟）

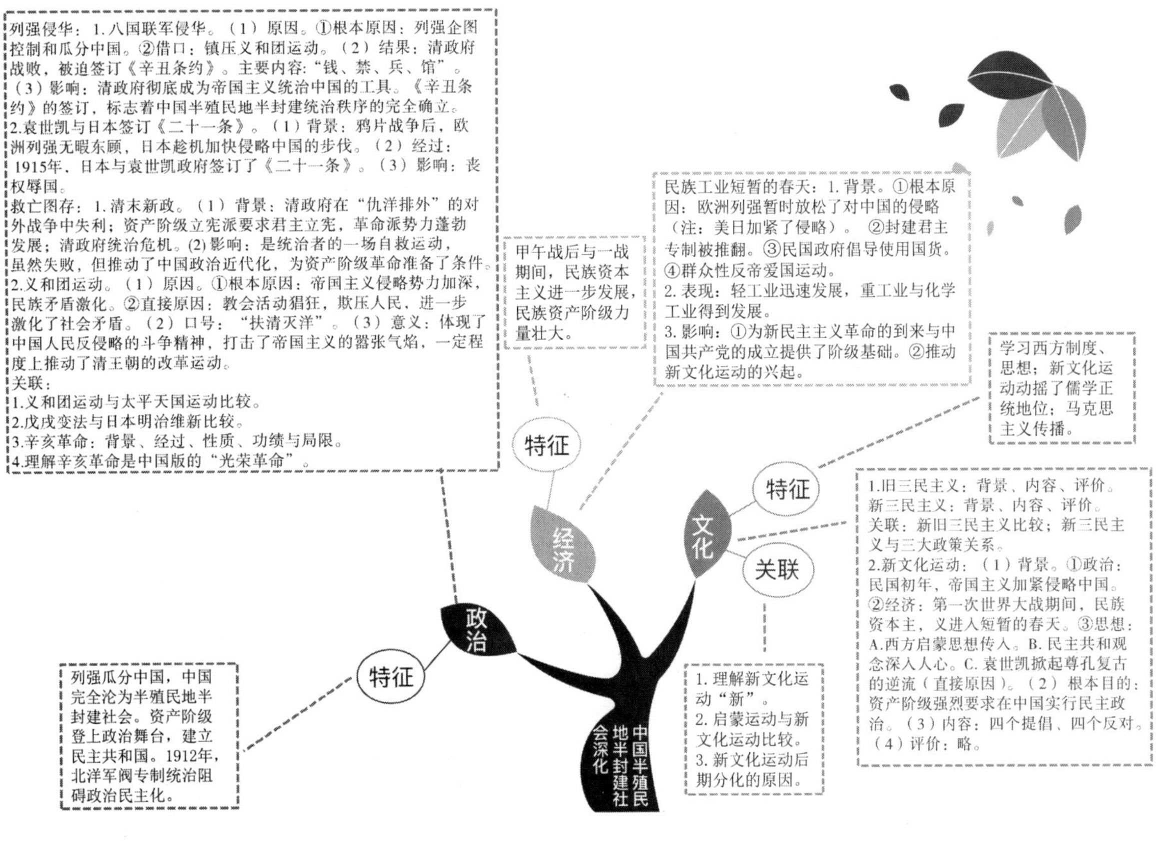

图 1－16

三、教学第二环节：教师引领与学生解读（教师引领启发学生解决疑惑；学生解读知识体系、典型例题与教材之间的逻辑关系；利用典型真题提升学生的历史核心素养。10分钟）

（2015·广东卷）课程的变化反映了时代的变迁。阅读材料，结合所学知识回答问题。(25分)

材料一　略。

材料二　课程设置是学校教育制度（学制）的重要内容，在中国近代学制中，与经学相关的中小学课程设置经历了如下变化：

表1－15

癸卯学制 1904年颁布	读经讲经课和修身课（讲授伦理道德）只是必修课程中的两门，但份量仍很重
壬子癸丑学制 1912—1913年颁布	取消读经讲经课
壬戌学制 1915年开始酝酿，1922年颁布	修身课改为公民课

——据《中国近代学制史料》

结合材料二，说明这一时期中国社会的变迁。（要求：信息的提取准确，调动和运用知识合理，逻辑清晰）(13分)

四、教学第三环节：学生探究，教师点评（教师设计 1 ~2 个探究性问题交给学生分组当堂讨论，教师答疑，师生共同寻找解题规律，培养学生解读史料、历史解释等核心素养。15 分钟）

1. 如何理解辛亥革命对中国近代化发展的影响？（提示：从政治、经济、文化方面）

2. 结合史实，说明在西方工业文明的冲击下中国近代社会转型的具体表现。

五、教学第四环节：教与学的双向反思与建议（2 分钟）

第14单元　中共成立与国民大革命时期

一、教学目标、教学方法以及教学重难点（1 分钟）

表 1－16

教学内容	教学目标	教学方法	教学重难点
中共成立与国民大革命时期	①构建这一时期的知识体系，准确理解这一时期的阶段特征。 ②掌握中共成立和第一次国共合作的基本史实，分析民族工业的发展情况，构建这一时期的知识体系。 ③帮助学生树立现代化意识，增强社会责任感和历史使命感	1. 教学方法 ①列表格，引导学生按照时空顺序梳理阶段特征。 ②运用比较法理清中共初创时期的革命探索与国共合作之间的关系。 2. 学习方法 ①学生填写表格梳理知识点，理清政治、经济和文化之间的逻辑关系。 ②真题训练，明确考什么。 ③小组合作构建知识体系，讨论问题。 ④学会从内涵和外延角度分析国民大革命、新民主主义革命与毛泽东思想等历史概念	①理解近代后期中国社会政治、经济、思想文化发展的基本线索及三者之间的内在联系。 ②理清国共两党关系的变化及其原因。 ③感悟中共初创时期的艰难探索，树立道路自信

二、教学第一环节：教学目标及重难点展示；自主学习（教师教给学生提取有效信息的方法，学生课前自主阅读教材、提出问题、构建知识体系。12 分钟）

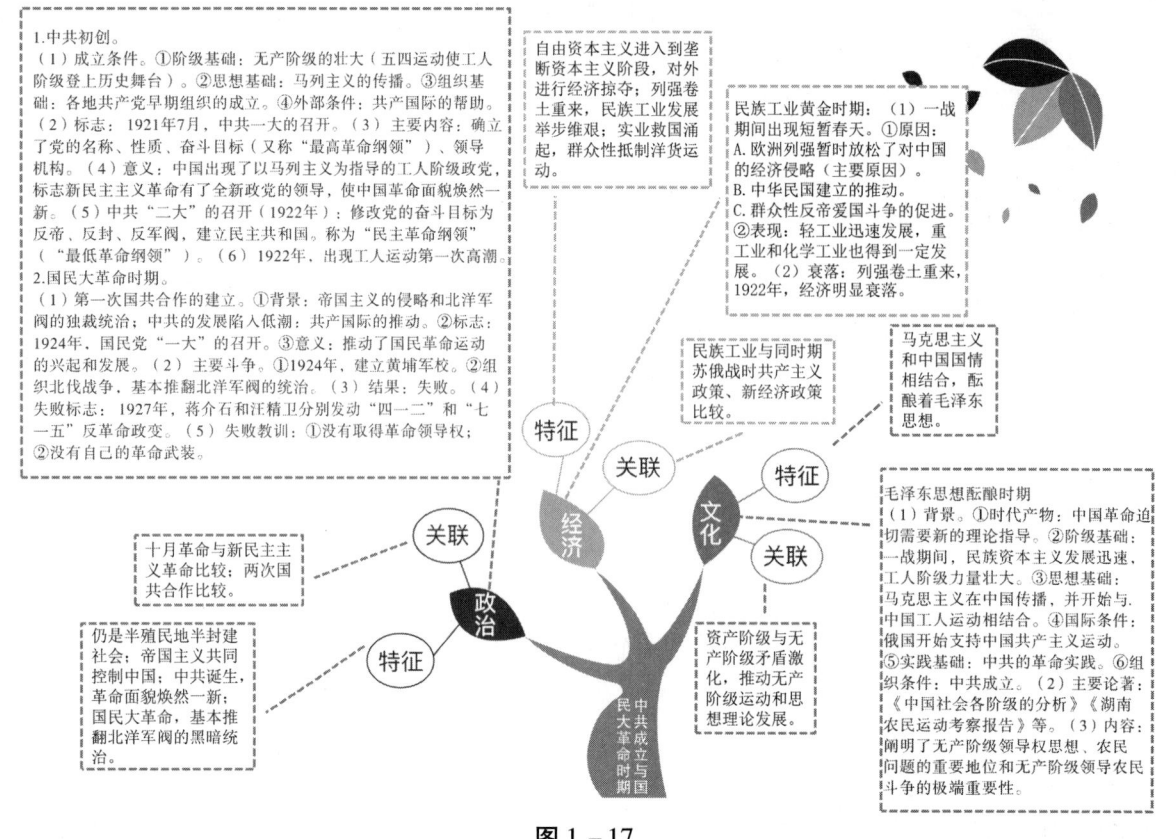

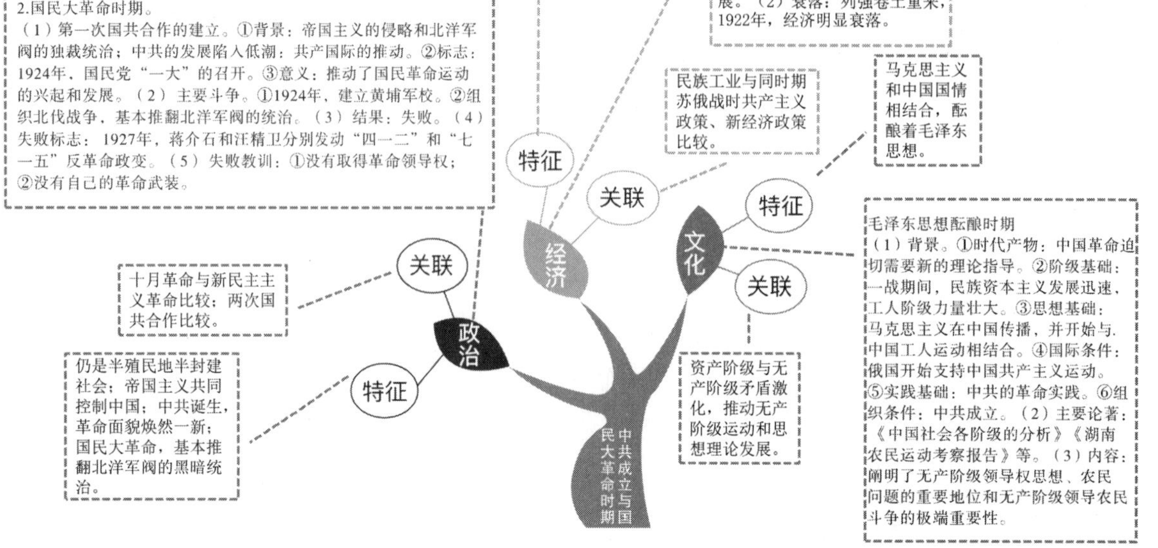

图 1－17

三、教学第二环节：教师引领与学生解读（教师引领启发学生解决疑惑；学生解读知识体系、典型例题与教材之间的逻辑关系；利用典型真题提升学生的历史核心素养。10 分钟）

（2018·海南卷）阅读材料，完成下列要求。（15 分）

材料　（共产主义）能够解决世界的乱象，为什么中国不可以找他来作救时的良方……适用资本主义的方法来开发实业，其结果不仅使中国变为舶来品的销卖场，且会使中国各地布满了外国的资本家……欲求保存这个产业革命后的优点而消除其毒，则除变更经济制度外实无他道……一旦革命告成，政权落到劳动阶级的手里，那时候乃得言共产主义发达实业的方法。因为政权在一个生产阶级手中掌着，并且要消灭阶级界限……联合起全世界的劳动者来消灭这个竞争和侵略的野心，而产出共同生产的大计划。共产主义发达实业之大计在此，由此乃能使产业集中，大规模生产得以实现，科学为全人类效力，而人类才得脱去物质上的束缚，发展自如……共产主义在全世界，尤其是中国，实负有变更经济制度的伟大使命。

——周恩来《共产主义与中国》（1922 年）

（1）根据材料并结合所学知识，概括周恩来写作上文的历史背景。（10 分）

（2）根据材料并结合所学知识，说明周恩来认为共产主义是“救时的良方”的原因。（5 分）

四、教学第三环节：学生探究，教师点评（教师设计1~2个探究性问题交给学生分组当堂讨论，教师答疑，师生共同寻找解题规律，培养学生解读史料、历史解释等核心素养。15分钟）

如何理解近代以来中俄革命道路的差异并分析造成差异的原因。

五、教学第四环节：教与学的双向反思与建议（2分钟）

第15单元　国共十年对峙时期

一、教学目标、教学方法以及教学重难点（1 分钟）

表 1－17

教学内容	教学目标	教学方法	教学重难点
国共政权十年对峙时期	①构建国共十年对峙时期的知识体系，准确理解这一时期的阶段特征。 ②理清国民大革命、工农武装割据、民族工业、国共十年对峙之间的联系。 ③树立现代化意识，增强社会责任感和历史使命感	1．教学方法 ①列表格，引导学生按照时空顺序梳理阶段特征。 ②运用比较方法理清土地革命、国共十年对峙之间的联系。 2．学习方法 ①学生填写表格，梳理知识点，理清政治、经济和文化之间的逻辑关系。 ②真题训练，明确考什么。 ③小组合作构建知识体系，讨论问题。 ④从内涵和外延角度分析土地革命、国共十年对峙、毛泽东思想等历史概念	①理解近代后期中国社会政治、经济、思想文化发展的基本线索及三者之间的内在联系。 ②理清国共两党关系的变化及其原因。 ③感悟新民主主义时期的艰难探索，增强学生的历史使命感和责任感

二、教学第一环节：教学目标及重难点展示；自主学习（教师教给学生提取有效信息的方法，学生课前自主阅读教材、提出问题、构建知识体系。12 分钟）

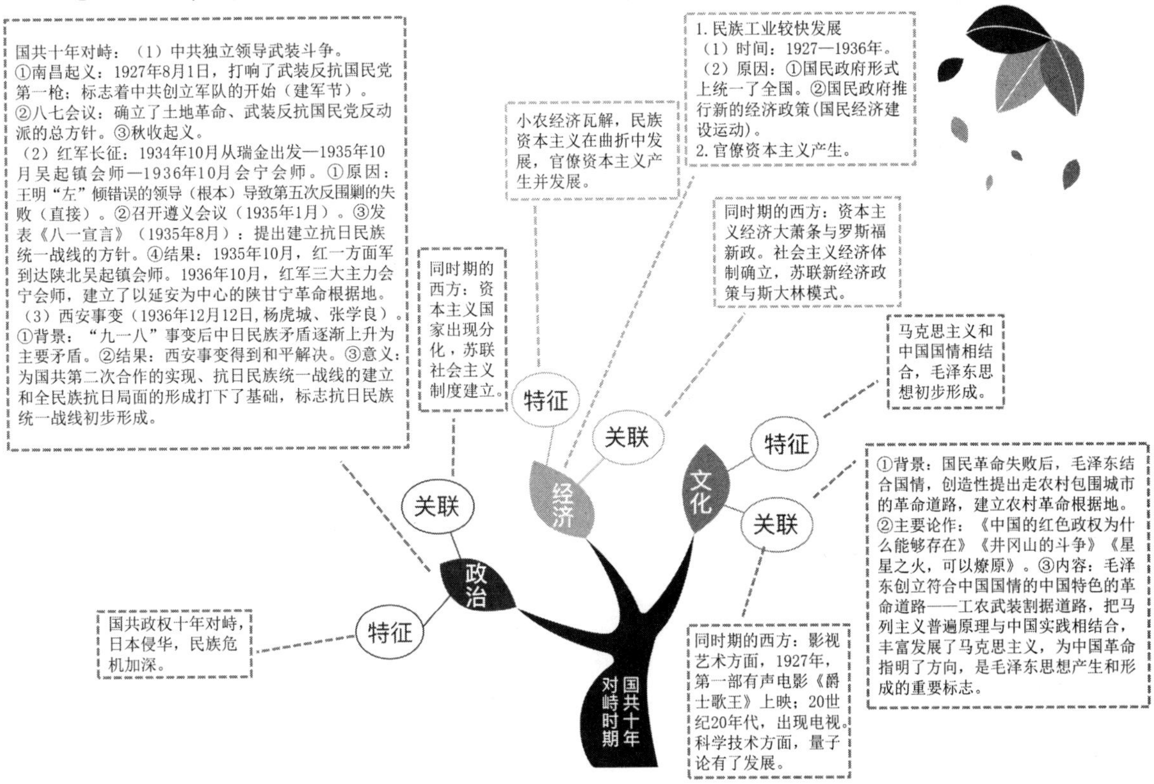

图 1－18

三、教学第二环节：教师引领与学生解读（教师引领启发学生解决疑惑；学生解读知识体系、典型例题与教材之间的逻辑关系；利用典型真题提升学生的历史核心素养。10 分钟）

（2013·江苏卷）不同的历史时期，国共两党合则有利于民族的利益，分则有损民族的利益。阅读材料，完成下列要求。(15 分)

材料一

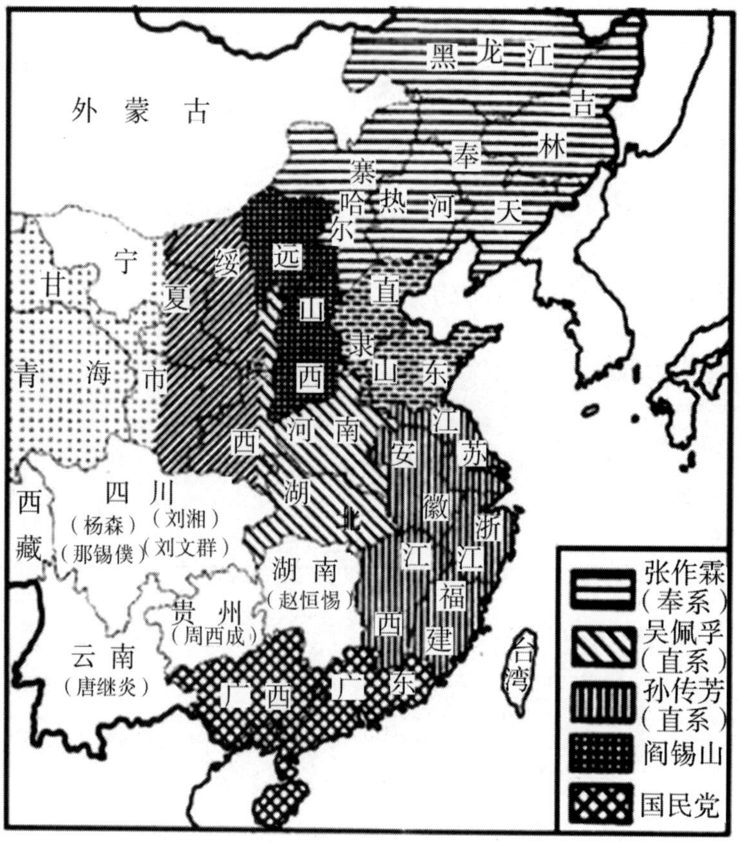

图 1－19　北伐战争前夕中国政治形势示意图（1926 年）

指出材料一反映的当时中国所处的政治状况。为了深入地推进革命，国共两党发动了哪一重大军事斗争？结合所学知识，辩证地指出国民革命运动的结局。(5 分)

四、教学第三环节：学生探究，教师点评（教师设计 1～2 个探究性问题交给学生分组当堂讨论，教师答疑，师生共同寻找解题规律，培养学生解读史料、历史解释等核心素养。15 分钟）

1. 分析国共政权十年对峙时期中国的红色政权存在的原因。

2. 如何理解遵义会议是中共由幼稚走向成熟的标志?

五、教学第四环节：教与学的双向反思与建议（2 分钟）

第16单元　抗日战争时期

一、教学目标、教学方法以及教学重难点（1 分钟）

表 1－18

教学内容	教学目标	教学方法	教学重难点
抗日战争时期	①构建这一时期的知识体系，准确理解这一时期的阶段特征。 ②理清抗日战争、国民经济建设运动、民族工业、官僚资本主义、毛泽东思想的联系。 ③树立现代化意识，增强社会责任感和历史使命感	1. 教学方法 ①列表格，引导学生按照时空顺序梳理阶段特征。 ②运用比较法理清抗日战争时期政治、经济和文化之间的联系。 2. 学习方法 ①学生填写表格，梳理知识点，理清政治、经济和文化之间的逻辑关系。 ②真题训练，明确考什么。 ③小组合作构建知识体系，讨论问题。 ④联系中日关系和世界格局，多角度理解抗日战争	①理解近代后期中国社会政治、经济、思想文化发展的基本线索及三者之间的内在联系。 ②从内涵和外延角度理解抗日战争、民族工业、毛泽东思想等核心概念。 ③感悟中国新民主主义时期的艰难探索，增强学生的历史使命感和责任感

二、教学第一环节：教学目标及重难点展示；自主学习（教师教给学生提取有效信息的方法，学生课前自主阅读教材、提出问题、构建知识体系。12 分钟）

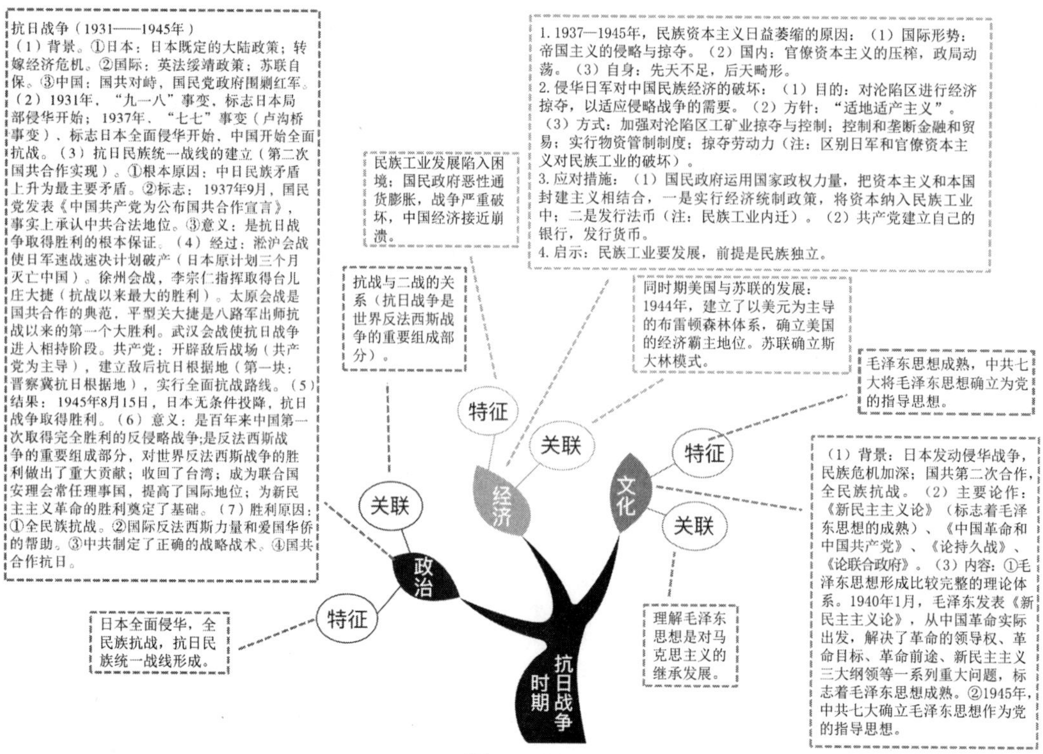

图 1－20

三、教学第二环节：教师引领与学生解读（教师引领启发学生解决疑惑；学生解读知识体系、典型例题与教材之间的逻辑关系；利用典型真题提升学生的历史核心素养。10分钟）

（2014·全国Ⅰ卷）阅读材料，完成下列要求。（12分）

材料　下面是1960年我国中学历史教科书中“抗日战争”内容的目录摘编。

第二十章　全国抗日战争的开始

第二十一章　两条战线、两个战场

1. 抗日战争中的两条路线

2. 国民党军队的大溃退

3. 平型关大捷

4. 敌后抗日根据地的建立和迅速发展

第二十二章　毛主席《论持久战》的发表和中国共产党的六届六中全会

第二十三章　国民党反共高潮的被击退和《新民主主义论》的发表

第二十四章　日本帝国主义在沦陷区的殖民统治

第二十五章　解放区的巩固和发展

第二十六章　国民党的黑暗统治和民主运动的开展

第二十七章　抗日战争的最后胜利

1. 中国共产党第七次全国代表大会

2. 解放区军民大反攻和日寇的无条件投降

3. 抗日战争胜利的伟大历史意义

根据材料并结合所学知识，对该目录提出一条修改建议，并说明修改理由。（所提修改建议及理由需观点正确，符合历史事实）

四、教学第三环节：学生探究，教师点评（教师设计1～2个探究性问题交给学生分组当堂讨论，教师答疑，师生共同寻找解题规律，培养学生解读史料、历史解释等核心素养。15分钟）

1．如何理解抗日战争中国共两党各自的地位和作用？

2．民族工业为何在抗日战争时期逐渐萎缩？

五、教学第四环节：教与学的双向反思与建议（2分钟）

第17单元　解放战争时期

一、教学目标、教学方法以及教学重难点（1分钟）

表1－19

教学内容	教学目标	教学方法	教学重难点
解放战争时期	①构建这一时期的知识体系，准确理解这一时期的阶段特征。 ②理清解放战争、民族工业、官僚资本主义、毛泽东思想的联系。 ③树立现代化意识，增强社会责任感和历史使命感	1. 教学方法 ①列表格，引导学生按照时空顺序梳理阶段特征。 ②运用比较法理清解放战争时期政治、经济和文化之间的联系。 2. 学习方法 ①学生填写表格梳理知识点，理清政治、经济和文化之间的逻辑关系。 ②真题训练，明确考什么。 ③小组合作构建知识体系，讨论问题。 ④从背景、内容、影响等方面比较北平谈判与重庆谈判	①理解近代后期中国社会政治、经济、思想文化发展的基本线索及三者之间的内在联系。 ②从内涵和外延角度理解解放战争、民族工业、毛泽东思想等核心概念。 ③感悟中国新民主主义时期的艰难探索，增强学生的历史使命感和责任感

二、教学第一环节：教学目标及重难点展示；自主学习（教师教给学生提取有效信息的方法，学生课前自主阅读教材、提出问题、构建知识体系。12分钟）

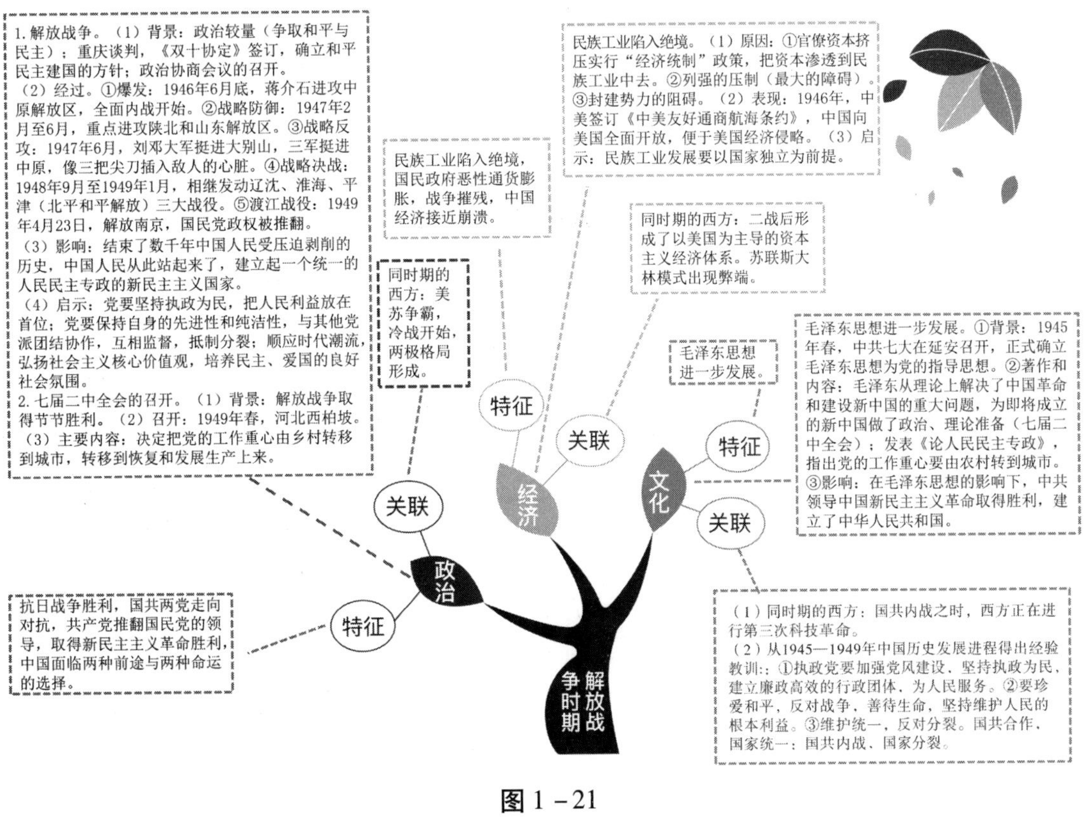

图1－21

三、教学第二环节：教师引领与学生解读（教师引领启发学生解决疑惑；学生解读知识体系、典型例题与教材之间的逻辑关系；利用典型真题提升学生的历史核心素养。10 分钟）

（2016·天津卷）阅读材料，回答问题。（14 分）

材料二　中国共产党不是以空话，而是以领导农民进行土地改革的事实，使他们迅速看清是谁代表着他们的利益，应该跟着谁走。……中国革命的军事斗争同土地制度的改革是不能分开的……没有土地制度的改革，没有广大农民的全力支持，军事斗争也会失去力量源泉而不可能战胜强大的敌人。

——金冲及《二十世纪中国史纲》

依据材料二，指出解放战争时期中国共产党是怎样代表农民利益的？农民又是怎样“全力支持”解放战争的？（4 分）

四、教学第三环节：学生探究，教师点评（教师设计 1 ~ 2 个探究性问题交给学生分组当堂讨论，教师答疑，师生共同寻找解题规律，培养学生解读史料、历史解释等核心素养。15 分钟）

请分析民国时期民族资本主义的曲折发展对近代中国历史的发展产生了哪些影响。

五、教学第四环节：教与学的双向反思与建议（2 分钟）

第18单元　两次世界大战期间

一、教学目标、教学方法以及教学重难点（1分钟）

表1－20

教学内容	教学目标	教学方法	教学重难点
两次世界大战期间	①构建这一时期的知识体系，准确理解这一时期的阶段特征。 ②理清两次世界大战、资本主义、社会主义的联系。 ③比较两次世界大战的异同点	1. 教学方法 ①列表格，引导学生按照时空顺序梳理阶段特征。 ②运用比较法理清两次世界大战时期政治、经济和文化之间的联系。 2. 学习方法 ①学生填写表格，梳理知识点，理清政治、经济和文化之间的逻辑关系。 ②真题训练，明确考什么。 ③小组合作构建知识体系，讨论问题。 ④运用全球史观和文明史观理解两次世界大战	①理解两次世界大战期间社会政治、经济、思想文化发展的基本线索及三者之间的内在联系。 ②从内涵和外延角度理解两次世界大战、社会主义经济体制的建立、大萧条与罗斯福新政等核心概念。 ③理解资本主义和社会主义两种经济模式的关系

二、教学第一环节：教学目标及重难点展示；自主学习（教师教给学生提取有效信息的方法，学生课前自主阅读教材、提出问题、构建知识体系。12分钟）

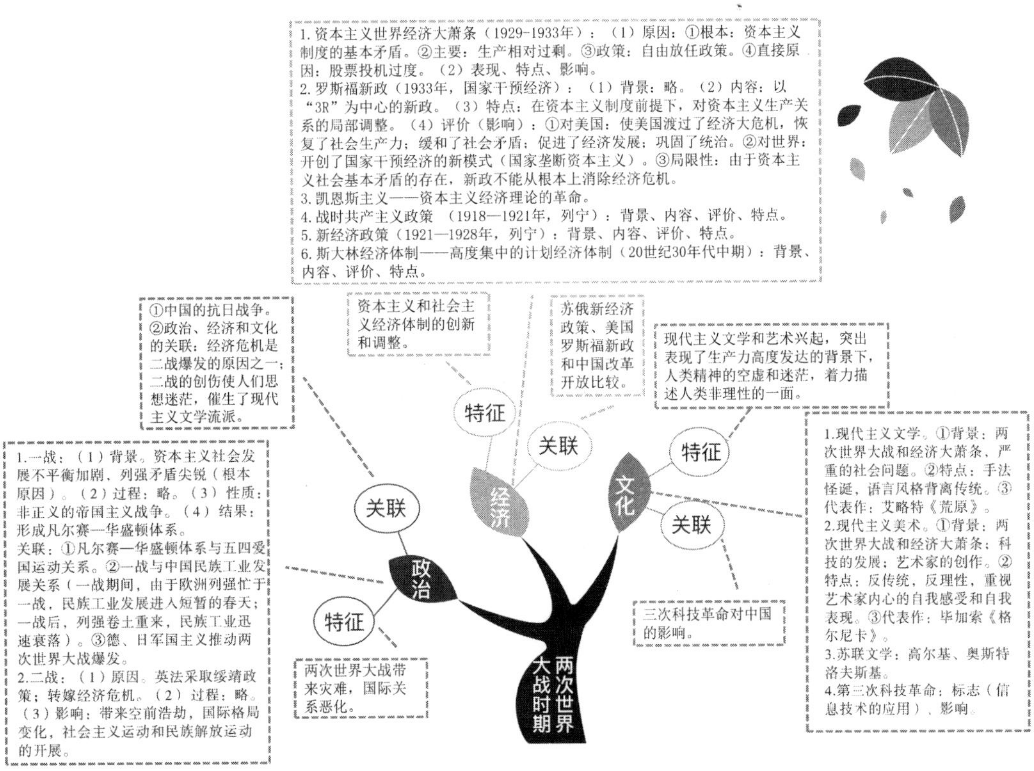

图1－22

三、教学第二环节：教师引领与学生解读（教师引领启发学生解决疑惑；学生解读知识体系、典型例题与教材之间的逻辑关系；利用典型真题提升学生的历史核心素养。10分钟）

（2020·全国Ⅱ卷）阅读材料，回答问题。（15分）

材料　反战和平运动兴起于19世纪，在美国、英国、法国相继成立了反战组织。第一次世界大战后，反战和平运动进一步发展，20世纪二三十年代掀起高潮。参加反战和平运动的有共产党人在内的政界人士、工人、农民、知识分子等不同社会阶层的人们，如“国际妇女争取和平与自由联盟”的成员遍布数十个国家和地区。1927年，反帝大同盟成立，致力于领导反对帝国主义统治的斗争，支持民族自决和人民独立，爱因斯坦、宋庆龄等被选为名誉主席团成员。1933年，该组织与国际反法西斯同盟联合组成国际反战反法西斯联盟，1936年召开的世界和平大会呼吁反对日、意、德法西斯的侵略，支援中国、埃塞俄比亚、西班牙人民的抗战。

——摘编自熊伟民《和平之声——20世纪反战反核运动》

（1）根据材料，概述反战和平运动在20世纪二三十年代掀起高潮的主要表现。（8分）

（2）根据材料并结合所学知识，简析20世纪二三十年代反战和平运动掀起高潮的原因及作用。（7分）

四、教学第三环节：学生探究，教师点评（教师设计1～2个探究性问题交给学生分组当堂讨论，教师答疑，师生共同寻找解题规律，培养学生解读史料、历史解释等核心素养。15分钟）

1．运用现代化史观评价十月革命。

2．比较苏俄新经济政策与中国改革开放的共同之处。

五、教学第四环节：教与学的双向反思与建议（2分钟）

第19单元 二战后至20世纪60年代

一、教学目标、教学方法以及教学重难点（1分钟）

表1－21

教学内容	教学目标	教学方法	教学重难点
二战后至20世纪60年代	①构建这一时期的知识体系，准确理解这一时期的阶段特征。 ②理清两次世界大战、资本主义、社会主义的联系。 ③理解二战后社会主义与资本主义两大阵营的对峙	1. 教学方法 ①列表格，引导学生按照时空顺序梳理阶段特征。 ②运用比较法理清二战后世界政治、经济和文化之间的联系。 2. 学习方法 ①学生填写表格，梳理知识点，理清政治、经济和文化之间的逻辑关系。 ②真题训练，明确考什么。 ③小组合作构建知识体系，讨论问题。 ④运用全球史观和文明史观分析同时段史实间的联系	①理解二战后至20世纪60年代政治、经济、思想文化发展的基本线索及三者之间的内在联系。 ②了解二战后资本主义国家经济体制的调整和创新。 ③理解两极对峙、雅尔塔体系和冷战等历史概念之间的关系

二、教学第一环节：教学目标及重难点展示；自主学习（教师教给学生提取有效信息的方法，学生课前自主阅读教材、提出问题、构建知识体系。12分钟）

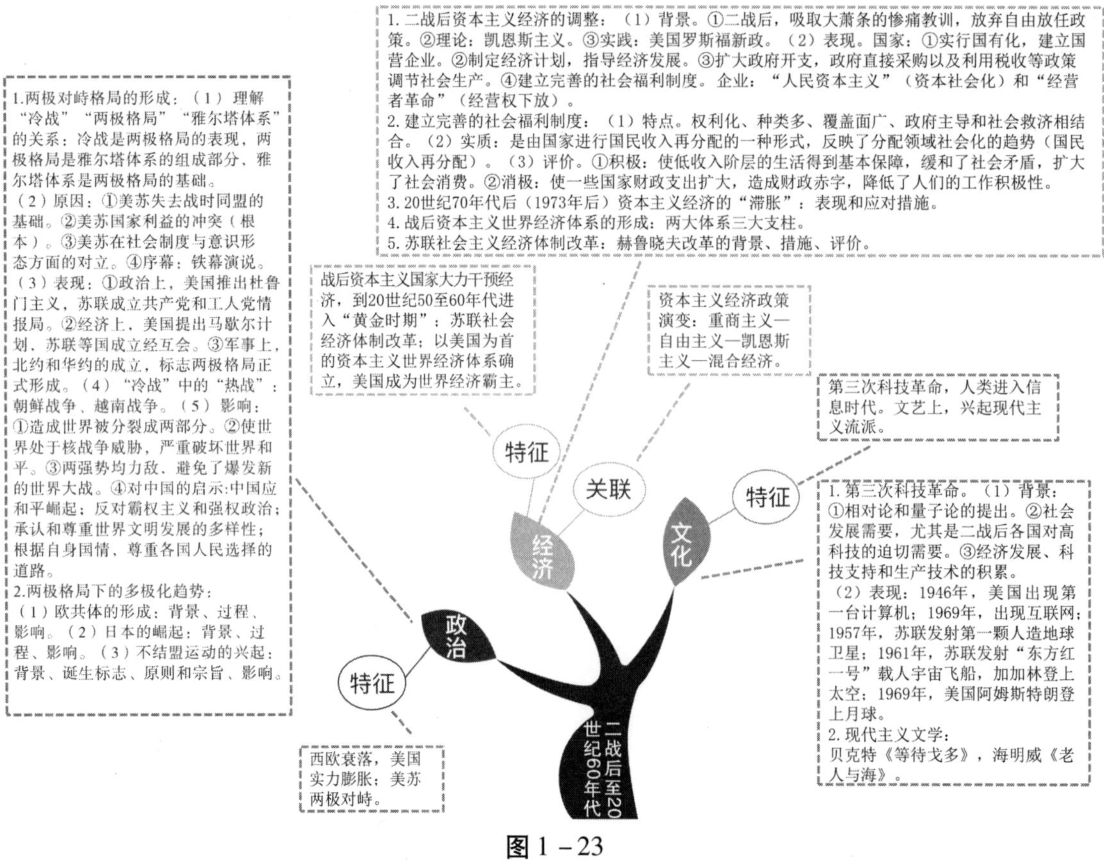

图1－23

三、教学第二环节：教师引领与学生解读（教师引领启发学生解决疑惑；学生解读知识体系、典型例题与教材之间的逻辑关系；利用典型真题提升学生的历史核心素养。10分钟）

（2019·全国Ⅰ卷）阅读材料，完成下列要求。（25分）

材料一　1950—1980年部分国家钢产量变化表（单位：万吨）

表1－22

年份	中国	美国	苏联	日本
1950	61	8 785	2 733	484
1955	285	10 617	4 527	941
1965	1 223	11 926	9 102	4 116
1975	2 390	10 582	14 134	10 231
1980	3 712	10 080	14 800	11 141

——摘编自《1949—1984中国工业的发展统计资料》

根据材料一并结合所学知识，分别说明四个国家钢产量的总体发展趋势及基本原因。（15分）

四、教学第三环节：学生探究，教师点评（教师设计 1 ~2 个探究性问题交给学生分组当堂讨论，教师答疑，师生共同寻找解题规律，培养学生解读史料、历史解释等核心素养。15 分钟）

1. 从国家和企业等角度归纳二战后当代资本主义的新变化。

2. 如何理解“冷战”对两极对峙格局的影响?

五、教学第四环节：教与学的双向反思与建议（2 分钟）

第20单元　两极格局下的多极化趋势

一、教学目标、教学方法以及教学重难点（1分钟）

表1－23

教学内容	教学目标	教学方法	教学重难点
两极格局下的多极化趋势	①构建这一时期的知识体系，准确理解这一时期的阶段特征。 ②理清两极格局下多极化、区域集团化、苏联经济改革、资本主义经济调整之间的联系。 ③理解社会主义与资本主义两大阵营的继续对峙并不断分化	1. 教学方法 ①列表格，引导学生按照时空顺序梳理阶段特征。 ②理清两极格局下多极化、区域集团化、苏联经济改革、资本主义经济调整之间的联系。 2. 学习方法 ①学生填写表格，梳理知识点，理清政治、经济和文化之间的逻辑关系。 ②真题训练，明确考什么。 ③小组合作构建知识体系，讨论问题	①理解20世纪70至80年代社会政治、经济、思想文化发展的基本线索及三者之间的内在联系。 ②探究政治格局与经济格局的关系

二、教学第一环节：教学目标及重难点展示；自主学习（教师教给学生提取有效信息的方法，学生课前自主阅读教材、提出问题、构建知识体系。12分钟）

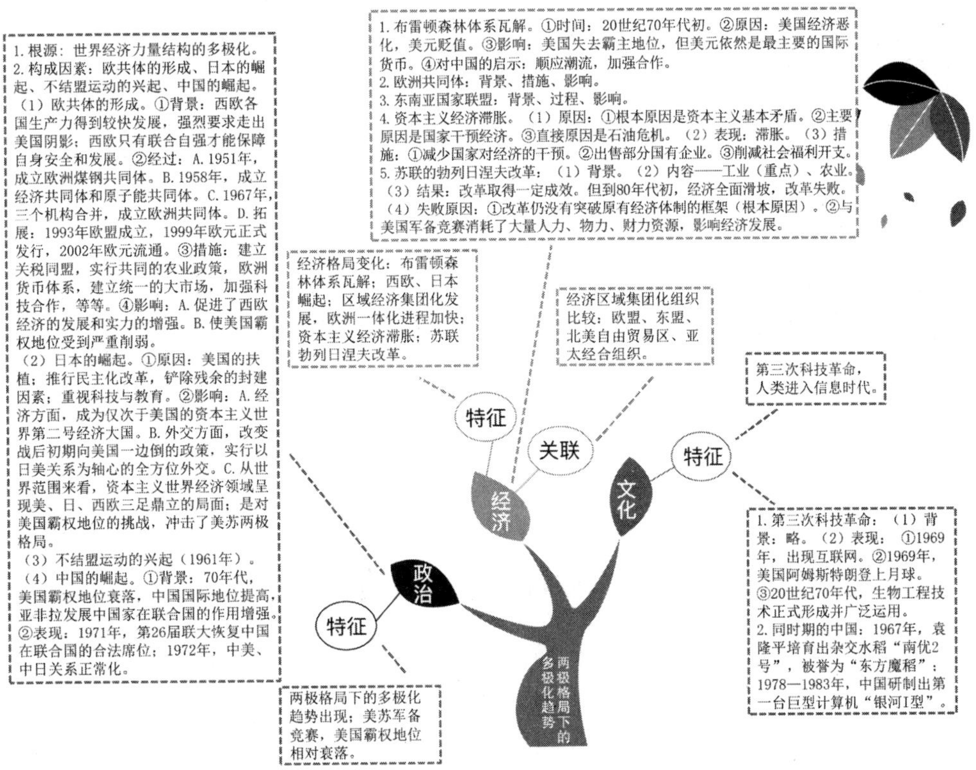

图1－24

三、教学第二环节：教师引领与学生解读（教师引领启发学生解决疑惑；学生解读知识体系、典型例题与教材之间的逻辑关系；利用典型真题提升学生的历史核心素养。10 分钟）

（2015·福建卷）阅读下列材料，回答问题。（36 分）

材料一 1969 年 1 月，共和党人尼克松就任美国总统。当时正值美国面临着二战结束以来最为严峻的形势。越南战争的沉重负担，国内政治、经济以及社会危机的加深，使美国在同苏联争霸中，日益处于不利的地位……1971 年 6 月，尼克松又在堪萨斯的一次讲话中提出今天世界上有“五个力量中心”（美国、苏联、西欧、中国和日本）的看法。为了适应这种新的形势，并改善美国在同苏联争霸中的不利处境，尼克松决定要在中国“为自己找个可以依靠的有利地位”。

——摘编自方连庆《战后国际关系史》

根据材料一，概括尼克松决定要在中国“为自己找个可以依靠的有利地位”的原因。（8 分）

四、教学第三环节：学生探究，教师点评（教师设计 1 ~2 个探究性问题交给学生分组当堂讨论，教师答疑，师生共同寻找解题规律，培养学生解读史料、历史解释等核心素养。15 分钟）

1. 影响大国关系的主要因素有哪些?

2. 如何理解经济全球化和经济区域集团化之间的关系?

五、教学第四环节：教与学的双向反思与建议（2 分钟）

第21单元　跨世纪的世界格局

一、教学目标、教学方法以及教学重难点（1 分钟）

表 1－24

教学内容	教学目标	教学方法	教学重难点
跨世纪的世界格局	①构建这一时期的知识体系，准确理解这一时期的阶段特征。 ②理清多极化趋势加强、区域集团化、全球化、苏联解体、苏联解体后资本主义经济调整之间的联系。 ③理解两极格局瓦解后世界政治格局与经济发展的关系	1. 教学方法 ①列表格，引导学生按照时空顺序梳理阶段特征。 ②理清多极化趋势加强、区域集团化、全球化、苏联经济改革、新经济等核心概念。 2. 学习方法 ①学生填写表格，梳理知识点，理清政治、经济和文化之间的逻辑关系。 ②真题训练，明确考什么。 ③小组合作构建知识体系，讨论问题。 ④运用全球史观分析当今世界经济和政治发展趋势以及发展中国家的对策	①了解两极格局的瓦解和多极化趋势的加强。 ②掌握区域经济集团化和全球化的关系。 ③掌握大变革时代特征的内在逻辑联系

二、教学第一环节：教学目标及重难点展示；自主学习（教师教给学生提取有效信息的方法，学生课前自主阅读教材、提出问题、构建知识体系。12 分钟）

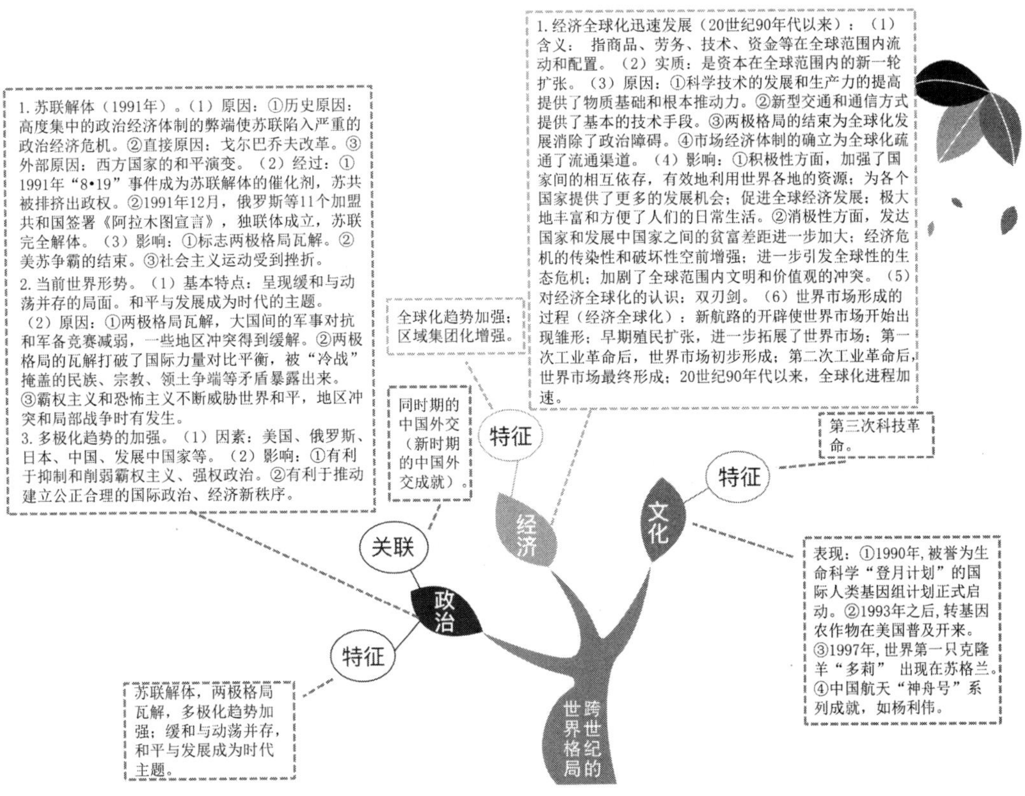

图 1－25

三、教学第二环节：教师引领与学生解读（教师引领启发学生解决疑惑；学生解读知识体系、典型例题与教材之间的逻辑关系；利用典型真题提升学生的历史核心素养。10 分钟）

（2020·全国Ⅱ卷）阅读材料，完成下列要求。（12 分）

材料 有学者将欧洲联盟的结构列为三大支柱，如图 1－26 所示：

图 1－26 欧洲联盟的神殿式结构

——摘自（法）法布里斯·拉哈《欧洲一体化史（1945—2004）》

根据材料并结合所学知识，从三列支柱中各选取一点。三点之间要相互联系，展开论述。（要求：明确列出三点，联系符合逻辑，史实准确，论述充分，表达清晰）

四、教学第三环节：学生探究，教师点评（教师设计 1 ~2 个探究性问题交给学生分组当堂讨论，教师答疑，师生共同寻找解题规律，培养学生解读史料、历史解释等核心素养。15 分钟）

1. 比较世界贸易组织与关贸总协定的异同。

2. 中国加入世界贸易组织后，面临着哪些机遇和挑战?

五、教学第四环节：教与学的双向反思与建议（2 分钟）

第22单元　过渡时期

一、教学目标、教学方法以及教学重难点（1 分钟）

表 1 – 25

教学内容	教学目标	教学方法	教学重难点
过渡时期	①构建这一时期的知识体系，准确理解这一时期的阶段特征。 ②掌握新中国的民主政治建设、社会主义道路的探索、科学技术的成就以及“双百”方针等主干知识。 ③理解新中国成立初期社会主义建设道路的探索	1．教学方法 ①列表格，引导学生按照时空顺序梳理阶段特征。 ②运用比较法理清民主政治建设与社会主义道路探索之间的联系。 2．学习方法 ①学生填写表格，梳理知识点，理清新中国成立初期政治、经济和文化之间的逻辑关系。 ②真题训练，明确考什么。 ③小组合作构建知识体系，讨论问题	①了解新中国成立初期的政治和外交。 ②认识中国特色社会主义建设道路的探索。 ③了解新中国成立初期的教育。 ④掌握过渡时期特征的内在逻辑联系

二、教学第一环节：教学目标及重难点展示；自主学习（教师教给学生提取有效信息的方法，学生课前自主阅读教材、提出问题、构建知识体系。12 分钟）

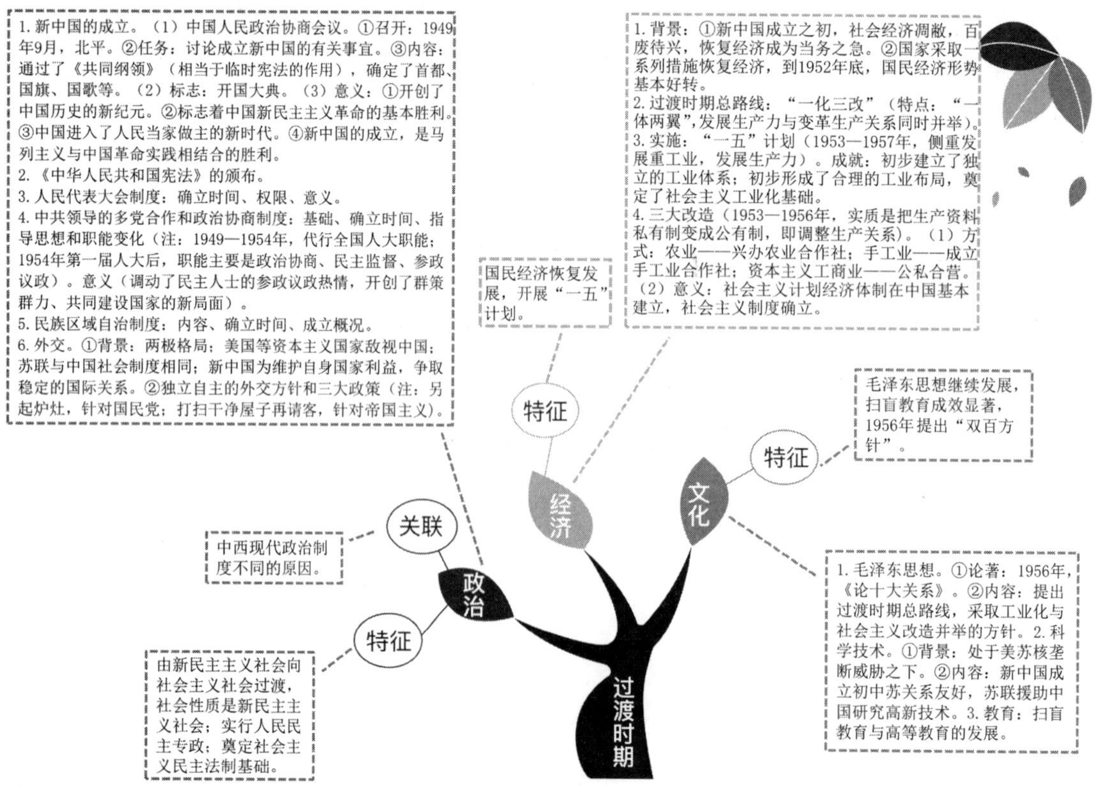

图 1 – 27

三、教学第二环节：教师引领与学生解读（教师引领启发学生解决疑惑；学生解读知识体系、典型例题与教材之间的逻辑关系；利用典型真题提升学生的历史核心素养。10 分钟）

（2020・全国Ⅰ卷）阅读材料，完成下列要求。（25 分）

材料一　20 世纪 50 年代，中国与民主德国的关系良好，贸易和文化交往十分频繁。与此同时，中国与联邦德国之间处于对立状态。1955 年，联邦德国与苏联建交后，中国逐步推动与联邦德国的民间往来。60 年代，随着中苏关系日益紧张，中国与民主德国关系降到了冰点。70 年代初，联邦德国调整"新东方政策"，决定改善与中国的关系。1972 年 10 月，两国外长在北京签署建立外交关系的公报，决定互派大使。此后，两国的交流活动迅速升温。

——摘编自刘德斌主编《国际关系史》等

根据材料一并结合所学知识，概述 20 世纪 50 年代至 70 年代中国与民主德国、联邦德国关系的变化及其原因。（10 分）

四、教学第三环节：学生探究，教师点评（教师设计 1 ~2 个探究性问题交给学生分组当堂讨论，教师答疑，师生共同寻找解题规律，培养学生解读史料、历史解释等核心素养。15 分钟）

1. 运用多元史观评价过渡时期中国共产党社会主义革命和建设道路的探索。

2. 新中国成立初期（1949—1956 年）是中国向近代化（现代化）转型的重要时期，试述这一时期新中国在政治、经济、思想方面取得的巨大成就。

五、教学第四环节：教与学的双向反思与建议（2 分钟）

第㉓单元 全面建设社会主义时期

一、教学目标、教学方法以及教学重难点（1 分钟）

表 1－26

教学内容	教学目标	教学方法	教学重难点
全面建设社会主义时期	①构建这一时期的知识体系，准确理解这一时期的阶段特征。 ②掌握中国共产党进行社会主义经济建设的探索历程。 ③正确认识这一时期经济探索的经验和教训	1. 教学方法 ①列表格，引导学生按照时空顺序梳理阶段特征。 ②运用比较法理清民主政治建设与社会主义道路探索之间的联系。 2. 学习方法 ①学生填写表格，梳理知识点。理清全面建设社会主义的十年间政治、经济和文化之间的逻辑关系。 ②真题训练，明确考什么。 ③小组合作构建知识体系，讨论问题	①概述 20 世纪 50 年代至 60 年代中期我国探索社会主义建设道路的实践，总结其经验教训。 ②了解全面建设社会主义时期我国的科技和教育成果

二、教学第一环节：教学目标及重难点展示；自主学习（教师教给学生提取有效信息的方法，学生课前自主阅读教材、提出问题、构建知识体系。12 分钟）

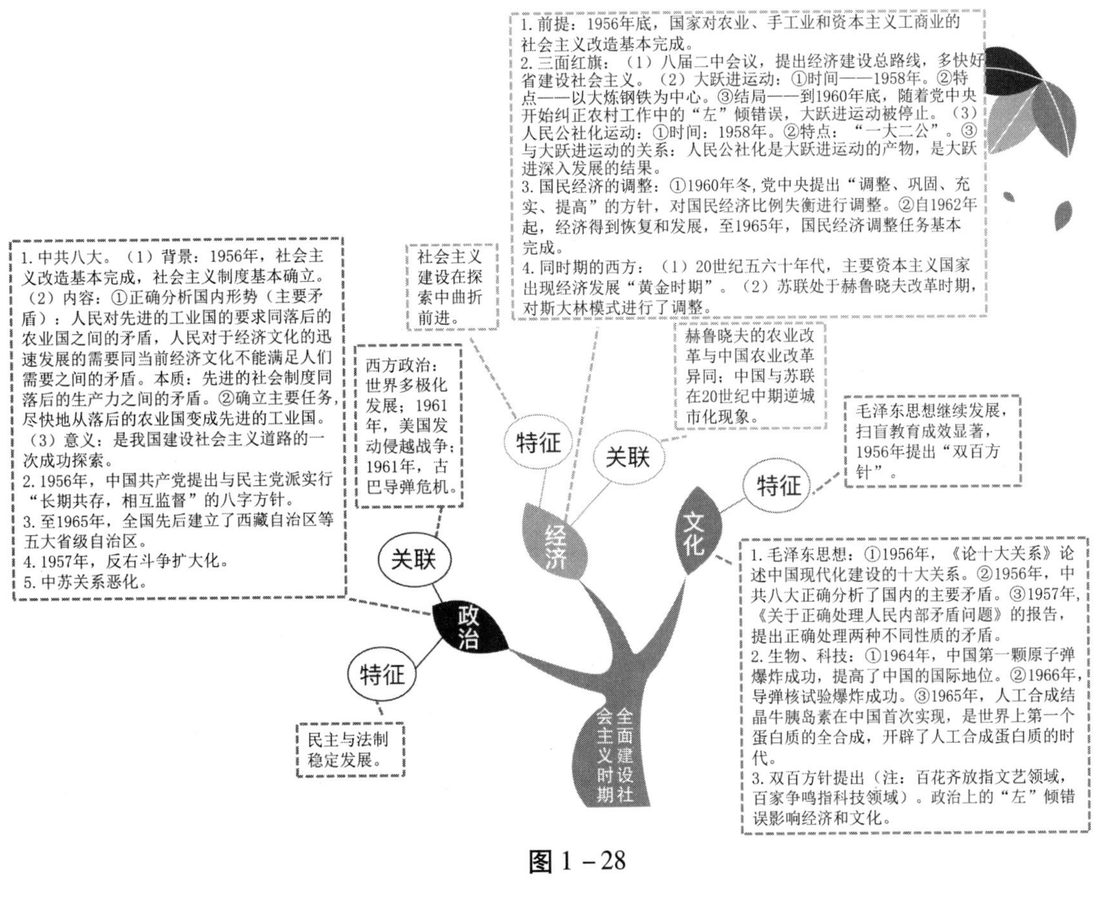

图 1－28

三、教学第二环节：教师引领与学生解读（教师引领启发学生解决疑惑；学生解读知识体系、典型例题与教材之间的逻辑关系；利用典型真题提升学生的历史核心素养。10 分钟）

（2015·北京卷）世界博览会通过展示科学技术成果，预示世界发展方向。1962 年世博会在美国西雅图举行。

材料 1957 年，苏联发射了人类历史上第一颗人造地球卫星。1961 年，苏联宇航员加加林成为第一个遨游太空的人，美国随即提出阿波罗登月计划。1962 年，在西雅图举办了主题为“太空时代的人类生活”的博览会。

阅读材料，结合所学，指出人类进入“太空时代”的国际政治背景；（4 分）列举 20 世纪 60 年代以来我国取得的航天成就。（6 分）

四、教学第三环节：学生探究，教师点评（教师设计 1 ~2 个探究性问题交给学生分组当堂讨论，教师答疑，师生共同寻找解题规律，培养学生解读史料、历史解释等核心素养。15 分钟）

1. 分析全面建设时期我国经济建设出现失误的原因和表现。

2. 分析全面建设社会主义的十年中我国经济建设有哪些经验和教训。

五、教学第四环节：教与学的双向反思与建议（2 分钟）

第24单元 “文化大革命”时期

一、教学目标、教学方法以及教学重难点（1分钟）

表1－27

教学内容	教学目标	教学方法	教学重难点
“文化大革命”时期	①构建这一时期的知识体系，准确理解这一时期的阶段特征。 ②掌握这一时期的外交、科技史实。 ③认识“文化大革命”的教训和启示	1. 教学方法 ①列表格，引导学生按照时空顺序梳理阶段特征。 ②运用唯物史观评价历史事件与人物。 2. 学习方法 ①学生填写表格，梳理知识点。 ②真题训练，明确考什么。 ③小组合作构建知识体系，讨论问题	①认识“文化大革命”发生的原因以及“文化大革命”对民主法制践踏的表现与教训。 ②“文化大革命”的教训和启示

二、教学第一环节：教学目标及重难点展示；自主学习（教师教给学生提取有效信息的方法，学生课前自主阅读教材、提出问题、构建知识体系。12分钟）

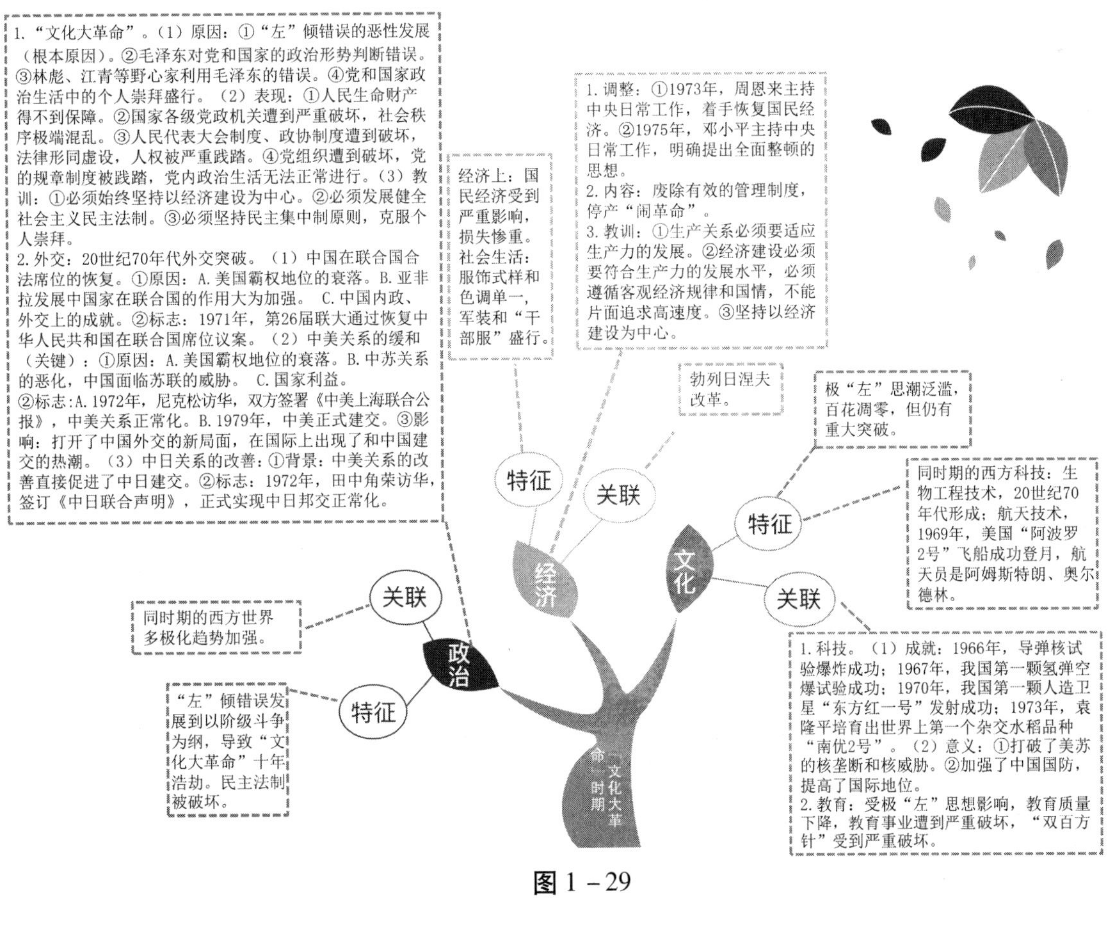

图1－29

三、教学第二环节：教师引领与学生解读（教师引领启发学生解决疑惑；学生解读知识体系、典型例题与教材之间的逻辑关系；利用典型真题提升学生的历史核心素养。10 分钟）

（2017·天津卷）民法是规定公民和法人的财产关系以及跟它相联系的人身非财产关系的各种法律。阅读材料，回答问题。(20 分)

材料二　1954—1956 年，新中国着手起草第一部《民法典草案》。此后，由于发生“整风”“反右”等政治运动，民法典起草工作被迫中断。1962—1964 年，虽完成《民法典草案（试拟稿）》，但因“四清运动”而中断。以上只是表面原因，关键原因则是不具备其赖以存在的经济社会条件。

——摘编自梁慧星《制定民法典的设想》等

依据材料二，概括两次民法典起草工作中断的原因。结合所学知识，说一说当时的“经济社会条件”。(4 分)

四、教学第三环节：学生探究，教师点评（教师设计 1~2 个探究性问题交给学生分组当堂讨论，教师答疑，师生共同寻找解题规律，培养学生解读史料、历史解释等核心素养。15 分钟）

1. 从“文化大革命”对民主法制的践踏认识民主法制建设的必要性、艰巨性。

2. 如何避免“文化大革命”的错误重演?

五、教学第四环节：教与学的双向反思与建议（2分钟）

第25单元　改革开放新时期

一、教学目标、教学方法以及教学重难点（1分钟）

表1－28

教学内容	教学目标	教学方法	教学重难点
改革开放新时期	①构建这一时期的知识体系，准确理解这一时期的阶段特征。 ②从内涵和外延角度掌握经济体制改革、对外开放等历史概念	1. 教学方法 ①列表格，引导学生按照时空顺序梳理阶段特征。 ②运用唯物史观分析改革与开放的关系。 2. 学习方法 ①学生填写表格，梳理知识点。 ②真题训练，明确考什么。 ③小组合作构建知识体系，讨论问题	①掌握新时期我国民主与法制的成就。 ②理解我国改革开放的历程。 ③掌握我国建立社会主义市场经济体制的过程，认识其对我国社会主义现代化建设的意义

二、教学第一环节：教学目标及重难点展示；自主学习（教师教给学生提取有效信息的方法，学生课前自主阅读教材、提出问题、构建知识体系。12分钟）

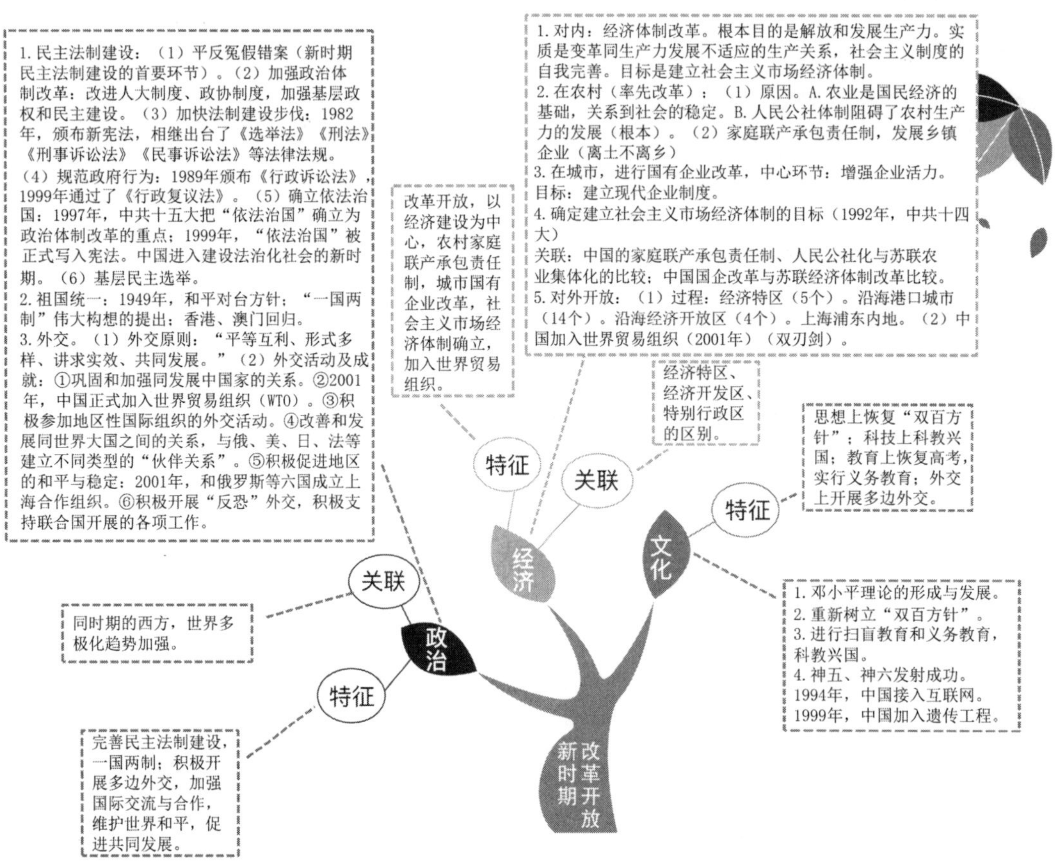

图1－30

三、教学第二环节：教师引领与学生解读（教师引领启发学生解决疑惑；学生解读知识体系、典型例题与教材之间的逻辑关系；利用典型真题提升学生的历史核心素养。10分钟）

（2021·全国甲卷）阅读材料，回答问题。（15分）

材料　1978年3月18日，邓小平在全国科学大会开幕式上的讲话中指出：“科学技术是生产力，这是马克思主义历来的观点……科学技术作为生产力，越来越显示出巨大的作用。”

1988年9月5日，邓小平在会见捷克斯洛伐克总统胡萨克时讲道：“依我看，科学技术是第一生产力……拿中国来说，五十年代在技术方面与日本差距也不是那么大。但是我们封闭了二十年，没有把国际市场竞争摆在议事日程上，而日本却在这个期间变成了经济大国。”

1988年10月24日，邓小平在视察北京正负电子对撞机工程时指出：“中国必须发展自己的高科技，在世界高科技领域占有一席之地。如果六十年代以来中国没有原子弹、氢弹，没有发射卫星，中国就不能叫有重要影响的大国，就没有现在这样的国际地位。这些东西反映一个民族的能力，也是一个民族、一个国家兴旺发达的标志。”

——据《邓小平文选》

（1）根据材料并结合所学知识，指出与1978年相比，邓小平在1988年对科学技术的论述有何新内容，并说明其时代背景。（9分）

（2）根据材料并结合所学知识，简析邓小平对中国科学技术发展的贡献。（6分）

四、教学第三环节：学生探究，教师点评（教师设计 1 ~2 个探究性问题交给学生分组当堂讨论，教师答疑，师生共同寻找解题规律，培养学生解读史料、历史解释等核心素养。15 分钟）

1. 如何理解改革与开放的关系？

2. 如何理解“国运兴衰，系于教育”？

五、教学第四环节：教与学的双向反思与建议（2 分钟）

第二篇

高考真题

（2011－2021年全国卷及部分省份自主命题）

为何要编写真题呢？做真题是与命题者进行深层对话，而做真题最重要的是反复做选择题，因为“得选择题者，得天下”。很多学生反映，平时无论怎么练题，到高考时总感觉与平时习题差距太大，教师教的不考，考的教师没教。而教师也感叹不知道怎么教，教不教，高考都一个样。高考到底有没有解题密码呢？通过对近10年高考的真题进行分析，笔者发现高频考点反复考，甚至有时答案都类似。而同样是练真题，有些学生因为没有反复重做错题抑或没有总结出解题规律，效果总不太理想。思路决定出路，为此我们按照全国卷题号顺序，即通史朝代更替顺序，将2011—2021年的全国卷及部分省份自主命题卷的选择题部分进行了分类，与知识体系的分类相呼应，并对每一道真题进行了细致的分析，以期为广大师生提供高考解题密码。需要说明的是，全国卷选择题12道，新广东卷16道，广东卷只是在全国卷的基础上增加了题量。

在真题分类上，笔者参照《中学历史教学园地》网站上的分类，并在此基础上，适应新高考的需求，增加历史地图类和推断类，由此可分为10类：背景、目的类，说明、体现类，影响、意义类，历史概念类，图表、漫画类，比较类，史实对应类，史观类，历史地图类和推断类。在分类时存在一道题对应几类的情况，笔者在分类时只写一种主要类型。编写过程中笔者力争做到“人无我有，人有我新”，尤其是考向预测是笔者多年高三教学经验的总结，期待能够起到抛砖引玉的作用。

专题一　24题题型研究——先秦

1．（2021·全国甲卷）老子认为，“失道而后德，失德而后仁，失仁而后义，失义而后礼”。孔子则说，“不学礼，无以立”，要“非礼勿视，非礼勿听，非礼勿言，非礼勿动”。这反映出，当时他们（　　）

A．反思西周的礼乐文化　　B．迎合封建贵族政治诉求

C．主张维护夏商周制度　　D．得到统治者的积极支持

考点：先秦政治。

考查方式：通过说明、体现类选择题，考查学生的史料实证、历史解释和时空观念素养。

考向预测：商周之际社会变革。弥补教材不足。

2．（2021·全国乙卷）西周分封制下，周天子与诸侯国君将包括土地及人口的采邑赐给卿、大夫作为世禄。西周中期以后，贵族所获采邑越来越多，到春秋时期，有的诸侯国一个大夫的采邑就多达数十个。这说明（　　）

A．土地国有制度废除　　B．分封体制不断强化

C．诸侯国君权力巩固　　D．社会生产持续发展

考点：先秦分封制与土地制度。

考查方式：通过说明、体现类选择题，考查学生的唯物史观、历史解释和时空观念素养。

考向预测：创设学术情境，考核传统知识点“分封制和土地制度”。

3．（2021·广东卷）今河南平顶山应国墓地、陕西长安张家坡及普渡村墓地等处出土了一批具有长江中下游风格的西周青铜器。这说明西周时期（　　）

A．中原文化向周边传播　　B．各诸侯国维护周礼

C．宗法制度分崩离析　　D．南北文化相互交流

考点：古代中国手工业的发展。

考查方式：通过说明、体现类选择题，考查学生的时空观念、史料实证和家国情怀素养。

考向预测：多元一体的中华文化格局的形成。

4．（2020·全国Ⅰ卷）据《史记》记载，春秋时期，楚国国君熊通要求提升爵位等级，遭到周桓王拒绝。熊通怒称现在周边地区都归附了楚国，“而王不加位，我自尊耳”，“乃自立，为（楚）武王”。这表明当时周朝（　　）

A．礼乐制度不复存在　　B．王位世袭制度消亡

C．宗法制度开始解体　　D．分封制度受到挑战

考点：先秦政治。

考查方式：通过说明、体现类选择题，考查学生的历史解释、史料实证和时空观念素养。

考向预测：关注商周之际社会变革，弥补教材不足。

5. （2020 · 全国Ⅱ卷）据史书记载，角抵（摔跤）“盖杂技乐也，巴俞（渝）戏、鱼龙蔓延（百戏节目）之属也”。秦二世曾在宫中欣赏。汉武帝在长安举行了两次大规模的角抵表演，长安百姓“三百里内皆观”，他也曾用角抵表演欢迎来长安的西域人。据此可知，当时角抵（　　）

A. 促进了川剧艺术的发展　　B. 拥有广泛的社会影响

C. 推动了丝路文化的交流　　D. 源于民间的劳作技能

考点：秦汉习俗。

考查方式：通过说明、体现类选择题，考查学生的时空观念、史料实证和历史解释素养。

考向预测：关注文娱活动与政权、社会的关系。

6. （2020 · 全国Ⅲ卷）图 2 – 1 为不同时期的部分货币，据图可知，其形制变化的共同原因是（　　）

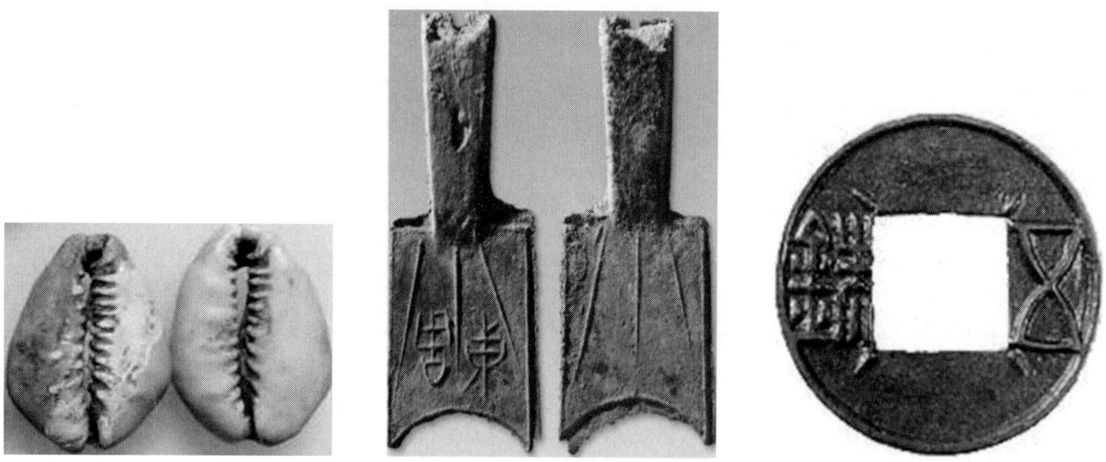

商周贝币　　春秋战国布币　　汉五铢钱

图 2 – 1

A. 铸铁技术的进步　　B. 商品交易的需要

C. 审美观念的不同　　D. 国家统一的推动

考点：先秦经济。

考查方式：通过说明、体现类选择题，考查学生的唯物史观、历史解释和史料实证素养。

考向预测：①创设新情境，考查主干知识“商品经济的发展”。②考查史料实证方式如下：提供同一事物的不同史料、突破思维惯性的史料；与正确答案相干扰的史料；日常生活较少涉及的史料，并要求对上述史料进行分析，得出结论。

7.（2019·全国Ⅰ卷）据学者考订，商朝产生了17代30位王，多为兄终弟及；而西周产生了11代12位王。这反映出（　　）

A. 禅让制度的长期影响　　B. 王位继承方式的变化

C. 君主寿命的时代差异　　D. 血缘纽带关系的弱化

考点：商周社会变革之王位继承制度。

考查方式：通过说明、体现类选择题，考查学生的史料实证、时空观念和家国情怀素养。

考向预测：弥补教材关于“商周之际社会变革”叙述的不足。

8.（2019·全国Ⅱ卷）战国后期，秦国建造了一批大型水利工程，如郑国渠、都江堰等，一些至今仍在发挥作用。这些工程能够在秦国完成，主要是因为（　　）

A. 公田制度逐渐完善　　B. 铁制生产工具普及

C. 交通运输网络通畅　　D. 国家组织能力强大

考点：春秋战国的社会变革。

考查方式：通过背景、目的类选择题，从水利工程修建入手，考查学生的时空观念、唯物史观、史料实证和家国情怀素养。

考向预测：①考查国家的力量，从政治与经济关系切入。②考查时空符号代表的特殊含义，为什么该事件发生在此时此地。

9.（2019·全国Ⅲ卷）“教民亲爱，莫善于孝；教民礼顺，莫善于悌；移风易俗，莫善于乐；安上治民，莫善于礼。”这一思想产生的制度渊源是（　　）

A. 宗法制　　B. 禅让制　　C. 郡县制　　D. 察举制

考点：宗法制。

考查方式：通过背景、目的类选择题，考查学生的历史解释和时空观念素养。

考向预测：用文言文增加阅读难度，这是近几年高考试题的新方向。

10.（2018·全国Ⅰ卷）《墨子》中有关于“圆”“直线”“正方形”“倍”的定义，对杠杆原理、声音传播、小孔成像等也有论述，还有机械制造方面的记载。这反映出，《墨子》（　　）

A. 汇集了诸子百家的思想精华　　B. 形成了完整的科学体系

C. 包含了劳动人民智慧的结晶　　D. 体现了贵族阶层的旨趣

考点：古代科技。

考查方式：通过说明、体现类选择题，考查学生的唯物史观、历史解释和家国情怀素养。

考向预测：①主流思想对科技的影响。②补充必修中有关的知识，此题补充了墨子的物理学成就。

11.（2018·全国Ⅱ卷）据《史记》记载，商汤见野外有人捕猎鸟兽，张设的罗网四面密实，认为这样便将鸟兽杀绝了，“乃去其三面”，因此获得诸侯的拥护，最终推翻夏桀，创立商朝，这一记载意在说明（　　）

A. 商汤成功缘于他的仁德之心　　B. 捕猎是夏商时主要经济活动

C. 商朝已经注重生态环境保护　　D. 资源争夺是夏商更替的主因

考点：先秦文化。

考查方式：通过说明、体现类选择题，创设新情境，考查学生的时空观念、家国情怀和历史解释素养。

考向预测：①关注民族文化传统。②联系时政热点“以德治国”。

12.（2018·全国Ⅲ卷）据考古报告，从数十处战国以前的墓葬中发现了铁器实物，这些铁器不少是由自然陨铁制作而成，发现地分布情况见图2－2。据此可知，战国以前（　　）

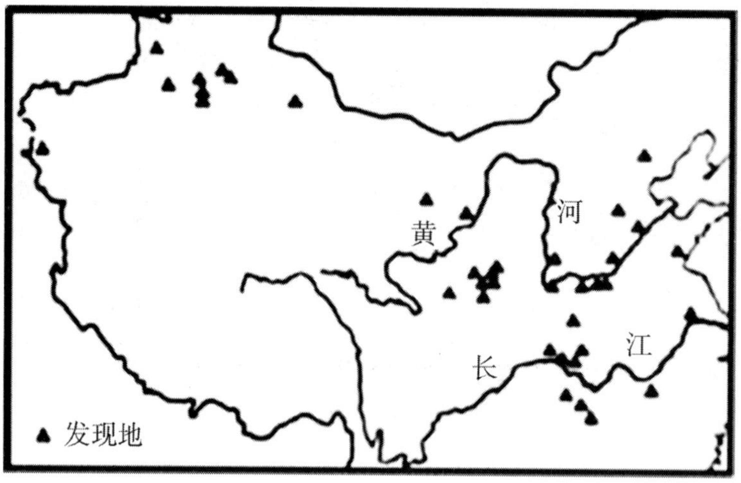

图2－2

A. 铁制农具得到普遍使用　　B. 新疆地区与中原联系紧密

C. 我国的冶铁技术已经相当普及　　D. 铁器分布可反映社会发展程度

考点：古代手工业。

考查方式：通过史实对应类选择题，创设新情境，考查学生的时空观念、唯物史观、历史解释和史料实证素养。

考向预测：①古代手工业蕴含的工匠精神未考。②用考古成果弥补教材缺陷。③考查空间因素对历史发展的影响。

13. （2017·全国Ⅰ卷）周灭商之后，推行分封制，如封武王弟康叔于卫，都朝歌（今河南淇县）；封周公长子伯禽于鲁，都奄（今山东曲阜）；封召公奭于燕，都蓟（今北京）。分封（　　）

A. 推动了文化的交流与文化认同　　B. 强化了君主专制权力

C. 实现了王室对地方的直接控制　　D. 确立了贵族世袭特权

考点：分封制。2013 年、2014 年全国Ⅰ卷都考查过这一知识点。

考查方式：通过影响、意义类选择题，创设新情境，考查学生的时空观念和历史解释素养。

考向预测：分封制的考查频率较高，但分封制的进步性未考，关注其对社会秩序、集权及周边的影响。

14. （2017·全国Ⅱ卷）图 2－3 为春秋战国之际局部示意图。当时，范蠡在陶、子贡在曹鲁之间经商成为巨富，这一现象反映了（　　）

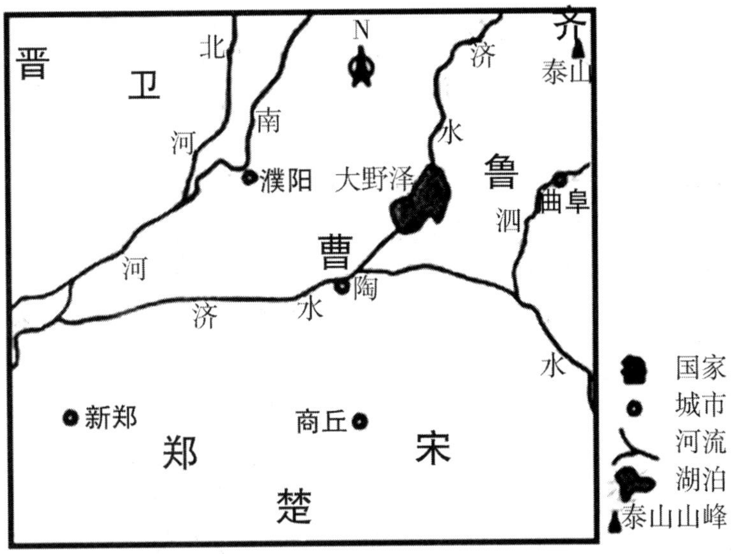

图 2－3

A. 区域位置影响商贸发展　　B. 争霸战争促进经济交往

C. 交通条件决定地方经济状况　　D. 城市规模扩大推动商业繁荣

考点：先秦商业。

考查方式：通过历史地图类选择题，创设新情境，考查学生的时空观念和历史解释素养。

考向预测：①关注影响商业贸易的因素。②未考战国时期社会阶层的流动。③考查空间因素对历史发展的影响。

15. （2017·全国Ⅲ卷）图 2－4 是西周与战国两个时期相同文字的不同写法，反映出字形发生了变化，促成这一变化的主要因素是（　　）

图2－4

A. 文字的频繁使用　　B. 书写材料的不同

C. 各国变法的实施　　D. “书同文”的推行

考点：汉字演变。

考查方式：通过背景、目的类选择题，创设新情境，考查学生的史料实证和家国情怀素养。

考向预测：关注中国传统文化。

16.（2016·全国Ⅰ卷）孔子是儒家学派创始人，汉代崇尚儒学，尊《尚书》等五部书为经典，记录孔子言论的《论语》却不在“五经”之中。对此合理的解释是（　　）

A. “五经”为阐发孔子儒学思想而作　　B. 汉代儒学背离了孔子的儒学思想

C. 儒学思想植根于久远的历史传统　　D. 儒学传统由于秦始皇焚书而断绝

考点：汉代儒学。

考查方式：通过历史概念类选择题，考查学生的家国情怀、历史解释和史料实证素养。

考向预测：孟子思想精髓与境界未考。关注主干知识儒学的发展与演变。

17.（2016·全国Ⅱ卷）图2－5为三国曹魏《三体石经》的残片，经文中的每个字均用先秦古文、小篆等三种字体刻写。这三种字体反映了（　　）

图2－5

A. 当时统一文字的努力　　B. 汉字演变的历史过程

C. 当时字体流行的实际状况　　D. 汉字尚未形成完整的体系

考点：汉字的发展。

考查方式：通过说明、体现类选择题，创设新情境，考查学生的时空观念和历史解释素养。

考向预测：①关注考古新成果。②汉字字形演变与其背后的时代特征。

18.（2016·全国Ⅲ卷）周代青铜器上的铭文与商代相比，字数越来越多，语句也愈加格式化。这些铭文大都记述个人业绩，追颂祖先功德，希冀子孙保用。这表明西周时（　　）

A. 创造了一种全新的文字体系　　B. 形成了重视历史传承的风尚

C. 宗法制度受到了严重的挑战　　D. 青铜器的功用发生重大改变

考点：先秦文化。

考查方式：通过说明、体现类选择题，考查学生的家国情怀、历史解释和时空观念素养。

考向预测：通过铭文，理解周代社会的发展，这是对教材的拓展。

19.（2015·全国Ⅰ卷）《吕氏春秋·上农》在描述农耕之利时不无夸张地说：一个农夫耕种肥沃的土地可以养活九口人，耕种一般的土地也能养活五口人。战国时期农业收益的增加（　　）

A. 促进了个体小农经济的形成　　B. 抑制了手工业和商业的发展

C. 导致畜力与铁制农具的使用　　D. 阻碍了大土地所有制的成长

考点：小农经济。

考查方式：通过历史概念类选择题，考查学生的唯物史观和历史解释素养。

考向预测：①小农经济的形成条件、特征与评价。②运用唯物史观分析历史事件。

20.（2015·全国Ⅱ卷）古代儒家学者批评现实政治，往往称颂夏商周“三代”之美，甚至希望君主像尧、舜一样圣明。这表明了儒者（　　）

A. 不能适应现实政治　　B. 反对进行社会变革

C. 理想化的政治诉求　　D. 以复古为政治目标

考点：儒家思想。

考查方式：通过说明、体现类选择题，考查学生的历史解释和家国情怀素养。

考向预测：儒学的社会功能与作用未考。

21.（2014·全国Ⅰ卷）中国古代，“天”被尊为最高神。秦汉以后，以“天子”自居的皇帝举行祭天大典，表明自己“承天”而“子民”，官员、百姓则祭拜自己的祖先。这反映了秦汉以后（　　）

A. 君主专制缘于宗教权威　　B. 政治统治借助于人伦秩序

C. 皇权至上促成祖先崇拜　　D. 祭天活动强化了宗法制度

考点：中国古代政治制度。

考查方式：通过说明、体现类选择题，创设新情境，考查学生的时空观念和史料实证素养。

考向预测：通过新情境考查秦汉时期的时代特征。

22.（2014·全国Ⅱ卷）周代分封制下，各封国贵族按“周礼”行事，学说统一的“雅言”，促进了各地文化的整合。周代的“雅言”最早应起源于现在的（　　）

A. 河南　　B. 河北　　C. 陕西　　D. 山东

考点：商周的分封制。

考查方式：通过历史概念类选择题，创设问题情境，考查学生的的史料实证和家国情怀素养。

考向预测：重点知识反复考查，分封制考过多次，但学生容易忽略从史地结合角度考查。

23.（2013·全国Ⅰ卷）在周代分封制下，墓葬有严格的等级规定。考古显示，战国时期，秦国地区君王墓葬规模宏大，其余墓葬无明显等级差别；在经济发达的东方六国地区，君王、卿大夫、士的墓葬等级差别明显。这表明（　　）

A. 经济发展是分封制度得以维系的关键　　B. 分封制中的等级规定凸显了君主集权

C. 秦国率先消除分封体制走向集权统治　　D. 东方六国仍严格遵行西周的分封制度

考点：商周政治制度与文化。

考查方式：通过背景、目的类选择题，考查学生的历史解释和家国情怀素养。

考向预测：①考查主干知识“分封制”。②先秦、汉唐、明清三个时间段的阶段特征以及重大政治制度的内涵要理清。

24.（2013·全国Ⅱ卷）司马迁著《史记》时，文献关于黄帝的记述内容不一甚至荒诞，有人据以否定黄帝的真实性。司马迁游历各地，常常遇到人们传颂黄帝的事迹。有鉴于此，他从文献中“择其言尤雅者”，编成黄帝的事迹列于本纪之首。这一撰述过程表明（　　）

A.《史记》关于黄帝的记录准确可信　　B. 传说一定程度上可以反映历史真实

C. 历史文献记录应当与口头传说相印证　　D. 最完整的历史文本记录的历史最真实

考点：史学常识。

考查方式：通过史观类选择题，考查学生的史料实证和时空观念素养。

考向预测：①关注史学常识。②教材是教学资源之一，人民版教材提及古代神话传说有一定价值。

25.（2013·大纲卷）中国历史上有监察区转为行政区的现象，如汉代的州、唐代的道、宋代的路，这体现出（　　）

A. 中央集权促成地方行政制度变迁　　B. 经济发展导致地方行政区域调整
C. 中央对地方的检查力度越来越弱　　D. 疆域变化影响地方行政区域设置

考点：宋初中央集权的加强。

考查方式：通过说明、体现类选择题，考查学生的历史解释和家国情怀素养。

考向预测：关注主干知识“中国古代中央集权的加强”。

26.（2012·全国卷）汉武帝设置十三州刺史以监察地方，并将豪强大族“田宅逾制”作为重要的监察内容，各地财产达300万钱的豪族被迁到长安附近集中居住。这表明（　　）

A. 政权的政治与经济支柱是豪强大族　　B. 政治权力与经济势力出现严重分离
C. 抑制豪强是缓解土地兼并的重要措施　　D. 经济手段是巩固专制集权的主要方式

考点：汉武帝加强中央集权措施。

考查方式：通过说明、体现类选择题，考查学生的历史解释和史料实证素养。

考向预测：关注主干知识“汉武帝加强中央集权”。

27.（2012·大纲卷）秦汉时期官府下层文职人员俗称“刀笔吏”，这一称谓起因于秦汉时期此类人员的（　　）

A. 工作器具　　B. 工作内容　　C. 工作职责　　D. 工作性质

考点：史学常识。

考查方式：通过史学常识类选择题，考查学生的历史解释和时空观念素养。

考向预测：关注史学常识。

28.（2011·全国卷）董仲舒认为孔子著《春秋》的目的是尊天子、抑诸侯、崇周制而“大一统”，以此为汉武帝加强中央集权服务，从而将周代历史与汉代政治联系起来。西周时代对于秦汉统一的重要历史影响在于（　　）

A. 构建了中央有效控制地方的制度　　B. 确立了君主大权独揽的集权意识
C. 形成了天下一家的文化心理认同　　D. 实现了国家对土地与人口的控制

考点：传统文化。

考查方式：通过影响、意义类选择题，考查学生的历史解释和家国情怀素养。

考向预测：“中国古代传统文化”这一主干知识反复考。

29.（2011·大纲卷）唐初编定的《隋书·经籍志》，确立了中国古代四部分类著录图书的原则，汉代的乐府民歌应著录于（　　）

A. 经部　　B. 史部　　C. 子部　　D. 集部

考点：史学常识。

考查方式：通过史学分类选择题，考查学生的时空观念和家国情怀素养。

考向预测：关注史学常识。

专题二　25 题题型研究——秦汉大一统

1.（2021·全国甲卷）汉代，中央各部门长官与地方各郡太守自行辟召属官，曾一度出现“名公巨卿，以能致贤才为高：而英才俊士，以得所依秉为重”的现象。能够保障辟召制度有效运作的是（　　）

A. 分科考试选官制建立　　B. 监察体系的改进

C. 郡国并行制度的完善　　D. 察举制度的实施

考点：秦汉政治之监察机制。

考查方式：通过推断类选择题，考查学生的历史解释、时空观念和史料实证素养。

考向预测：运用多元材料分析古代监察制度的演变。

2.（2021·全国乙卷）

表 2－1　西汉末、东汉中期部分地区民户数量表

单位：户

郡名	西汉末	东汉中期
代郡（今河北、山西间）	56 771	20 123
太原（今属山西）	169 863	30 902
南阳（今河南南部及湖北、陕西部分地区）	359 316	528 551
汝南（今河南东南、安徽西北）	461 587	404 448
豫章（今属江西）	67 462	406 496
零陵（今湖南、广西间）	21 092	212 284

据表 2－1 可知，在此期间（　　）

A. 长江以南经济发展加速　　B. 豪强大族势力没落

C. 南北经济的不平衡加剧　　D. 个体农耕经济衰退

考点：江南经济发展。

考查方式：通过推断类选择题，考查学生的唯物史观、史料实证和时空观念素养。

考向预测：图表数据型选择题，注意数据分析方法，尤其看清表头、项目和数据。

3.（2021·广东卷）汉代设尚书台，其首领是尚书令、尚书仆射。魏晋时期，“事无大小，咸归令、仆”。这一现象说明（　　）

A. 皇权旁落　　B. 相权转移　　C. 地方权力削弱　　D. 行政效率降低

考点：汉至元政治制度演变。

考查方式：通过说明、体现类选择题，考查学生的历史解释和时空观念素养。

考向预测：中国古代专制中央集权制度的演变。

4.（2020·全国Ⅰ卷）图 2－6 为唐代著名画家阎立本的《步辇图》，描绘了唐太宗李世民接见吐蕃使臣的情景。该作品体现了（　　）

图 2－6　步辇图

A. 西域风情与中土文化的交汇　　B. 文人意趣与市井风情的杂糅

C. 艺术审美与史料价值的统一　　D. 现实主义与浪漫主义的融合

考点：唐代绘画。

考查方式：通过说明、体现类选择题，考查学生的家国情怀和历史解释素养。

考向预测：回归课本和补充知识，渗透审美教育。此类选择题要注意分析其背后关联的人物和事件是什么。

5.（2020·全国Ⅱ卷）敦煌莫高窟 61 号洞中的唐代壁画《五台山图》中有一座“大佛光之寺”，梁思成、林徽因按图索骥，在山西五台山地区发现了其实物——佛光寺。这一事例说明此类壁画（　　）

图 2－7　敦煌壁画中的“大佛光之寺”

图 2－8　五台山佛光寺

A. 创作源于艺术想象　　B. 能完整还原历史真实

C. 可与文化遗存互证　　D. 价值来自学者的发掘

考点：唐代绘画与历史遗存的关系。

考查方式：通过说明、体现类选择题，考查学生的时空观念、家国情怀和史料实证素养。

考向预测：回归课本和补充知识，渗透审美教育，树立文化自信。

6.（2020·全国Ⅲ卷）东汉末年，曹操在许下和各地置田官，大力发展屯田，以解决军粮供应、田亩荒芜和流民问题。“数年中所在积粟，仓廪皆满。”曹操实行屯田，客观上（　　）

A. 助长了大土地所有制　　B. 推动了农业商品化进程

C. 促进了中原人口南迁　　D. 缓和了社会的主要矛盾

考点：魏晋南北朝·土地制。

考查方式：通过影响、意义类选择题，考查学生的历史解释、时空观念和唯物史观素养。

考向预测：关注中国土地制度的内容，尤其是教科书没有相关概念的，如官田、限田等。

7.（2019·全国Ⅰ卷）汉武帝时，朝廷制作出许多一尺见方的白鹿皮，称为“皮币”，定价为40万钱一张。诸侯王参加献礼时，必须购皮币用来置放礼物，而当时一个“千户侯”一年的租税收入约为20万钱。朝廷这种做法（　　）

A. 加强了货币管理　　B. 确立了思想上的统一

C. 削弱了诸侯实力　　D. 实现了对地方的控制

考点：汉武帝加强中央集权的措施。

考查方式：通过影响、意义类选择题，考查学生的时空观念、历史解释和家国情怀素养。

考向预测：关注主干知识“汉武帝的统治”，用史学新成果弥补教材未提及“皮币”等的不足。

8.（2019·全国Ⅱ卷）西汉初期，道家学说兼采阴阳、儒、墨、名、法各家学说的精髓；后来董仲舒的儒家学说也吸收阴阳五行、法、道等各种思想。促成当时学术思想上呈现这种特征的主要因素是（　　）

A. 王国势力强大　　B. 百家争鸣局面的延续

C. 现实统治需要　　D. 兼收并蓄的文化政策

考点：汉代思想。

考查方式：通过背景、目的类选择题，考查学生的家国情怀、时空观念和历史解释素养。

考向预测：古代制定政策的出发点是为统治者服务。2016年全国Ⅰ卷30题考过类似题。

9.（2019·全国Ⅲ卷）在今新疆和甘肃地区保存的佛教早期造像很多衣衫单薄，甚至裸身，面部表情生动；时代较晚的洛阳龙门石窟中，造像大都表情庄严，服饰亦趋整齐。引起这一变化的主要因素是（　　）

A. 经济发展水平　　B. 绘画技术进步

C. 政治权力干预　　D. 儒家思想影响

考点：中国古代儒家思想的发展与演变。

考查方式：通过比较类选择题，考查学生的时空观念、唯物史观和家国情怀素养。

考向预测：多以以下方式考查学生的家国情怀素养：民族危机、优秀传统文化、国家大政方针、世界其他国家文化。

10.（2018·全国Ⅰ卷）据学者研究，唐朝“安史之乱”后百余年间的藩镇基本情况如表 2－2 所示。

表 2－2 “安史之乱”后百余年间唐朝藩镇基本情况表

藩镇类型	数量/个	官员任免	赋税供纳	兵额与功能
河朔型	7	藩镇自擅	不上供	拥重兵以自立
中原型	8	朝廷任命	少上供	驻重兵防骄藩
边疆型	17	朝廷任命	少上供	驻重兵守边疆
东南型	9	朝廷任命	上供	驻兵少防盗贼

由此可知，这一时期的藩镇（　　）

A. 控制了朝廷财政收入　　B. 彼此之间攻伐不已

C. 注重维护中央的权威　　D. 延续了唐朝的统治

考点：唐朝藩镇。

考查方式：通过图表、漫画类选择题，考查学生的时空观念、历史解释和史料实证素养。

考向预测：①补充必修中未涉及的边疆的藩镇的知识，藩镇割据不都割据，且延续了唐的统治，此与书本形成悖论，有助于学生树立“忠于材料，材料第一”的观点。②历史解释素养的考核方式有以下几种：对历史概念的准确理解或提出新的假说或做出新的解释。

11.（2018·全国Ⅱ卷）西汉文景时期，粮食增产，粮价极低。国家收取的实物田租很少甚至免除，但百姓必须把粮食换成钱币，缴纳较高税额的人头税。富商大贾趁机操纵物价，放高利贷，加剧了土地兼并、农户流亡，这反映出当时（　　）

A. 重农抑商政策未能实行　　B. 自耕农经济发展受阻

C. 粮价低抑制了生产热情　　D. 富商大贾操纵税收

考点：汉代重农抑商的政策。

考查方式：通过说明、体现类选择题，创设新材料、新情境，考查学生的唯物史观和史料实证素养。

考向预测：2013、2014、2018 年都考过国家政策与国家发展的关系，这体现了唯物史观的内容，可见，唯物史观的命题点突出政治性。

12.（2018·全国Ⅲ卷）

表2－3　宋代宰相祖辈任官情况表

曾祖、祖父或父亲任官情况	宰相人数/人	
	北宋（71）	南宋（62）
高级官员	20	8
中级官员	15	10
低级官员	12	8
无官职记录	24	36

表2－3根据学者研究整理而成，反映出两宋时期（　　）

A. 世家大族影响巨大　　B. 社会阶层流动加强

C. 宰相权力日益下降　　D. 科举制度功能弱化

考点：宋代科举制。

考查方式：通过图表、漫画类选择题，考查学生的历史解释、史料实证和家国情怀素养。

考向预测：中国古代加强中央集权的措施以及科举制。

13.（2017·全国Ⅰ卷）

表2－4

皇帝纪年	公元纪年	郡级政区
汉高帝十二年	前195年	15郡
汉文帝十六年	前164年	24郡
汉景帝中六年	前144年	68郡、国
汉武帝元封五年	前106年	108郡、国

表2－4为西汉朝廷直接管辖的郡级政区变化表。据此可知（　　）

A. 诸侯王国与朝廷矛盾渐趋激化　　B. 中央行政体制进行了调整

C. 朝廷解决边患的条件更加成熟　　D. 王国控制的区域日益扩大

考点：汉代加强中央集权的措施。

考查方式：通过图表、漫画类选择题，创设新情境，考查学生的时空观念和史料实证素养。

考向预测：①突破书本的历史叙述考查通史。②中国古代加强中央集权的措施。

14.（2017·全国Ⅱ卷）《史记》《汉书》均为私家撰著。魏晋以后，朝廷任用史官负责修撰本朝或前朝历史，甚至由宰相主持，皇帝亲自参与，这反映出官修史书（　　）

A. 记载的真实性　　　　　　　　B. 评价历史的公正性

C. 修撰的政治性　　　　　　　　D. 解释历史的客观性

考点：史学素养。

考查方式：通过说明、体现类选择题，考查学生的史料实证素养。

考向预测：①史料分为正史、回忆录和笔记。②此处为正史。注意辨析史料价值，它受到史料来源、时代、个人学识与阅历等因素影响。③2016 年、2017 年全国卷都考查了中国的重史传统。

15.（2017·全国Ⅲ卷）《史记》记载，西汉前期，从事农牧业、采矿业、手工业和商业的人，通过自己的努力和智慧而致富，“大者倾郡，中者倾县，下者倾乡里者，不可胜数”。这反映了当时（　　）

A. 义利观发生根本改变　　　　　B. 朝廷注重提高工商业者地位

C. 经济得到恢复和发展　　　　　D. 地方豪强势力控制了郡县

考点：汉代经济。

考查方式：通过说明、体现类选择题，考查学生的历史解释和唯物史观素养。

考向预测：关注主干知识“汉代社会经济的发展”。

16.（2016·全国Ⅰ卷）图 2－9 为汉代画像砖中的农事图。此图可以用来说明当时（　　）

图 2－9

A. 个体农户的生产劳作状态　　　B. 精耕细作农业的不断发展

C. 土地公有制下的集体劳作　　　D. 大地主田庄上的生产情形

考点：汉代经济农业的主要耕作方式和土地制度。

考查方式：通过历史地图类选择题，考查学生的史料实证和历史解释素养。

考向预测：汉代画像砖的内容涉及多方面，其中两汉时期的农业生产组织状况值得关注。

17.（2016·全国Ⅱ卷）两汉实行州郡推荐、朝廷考试任用的察举制；经魏晋九品中正制，至隋唐演变为自由投考、差额录用的科举制。科举制更有利于（　　）

A. 选拔最优秀的官吏　　B. 鉴别官员道德水平

C. 排除世家子弟入仕　　D. 提升社会文化水平

考点：汉至唐科举制。

考查方式：通过意义、影响类选择题，考查学生的历史解释和家国情怀素养。

考向预测：关注主干知识“历代选官制度及其社会作用”。

18.（2016·全国Ⅲ卷）东汉王充在《论衡》中说：“萧何入秦，收拾文书（国家档案文献），汉所以能制九州者，文书之力也。”其意在说明，西汉成功地实现对全国的统治，是因为汉初（　　）

A. 实行了崇尚儒家的政策　　B. 继承了秦朝的基本制度

C. 未能充分发挥文书功能　　D. 官吏熟知秦朝典章制度

考点：汉代政治。

考查方式：通过背景、目的类选择题，设置新情境，考查学生的历史解释和史料实证素养。

考向预测：关注主干知识“汉承秦制”。

19.（2015·全国Ⅰ卷）两汉时期，皇帝的舅舅外祖父按例封侯；若皇帝幼小，执政大臣也主要从他们之中选择。这被当时人视为“安宗庙，重社稷”的“汉家之制”。汉代出现外戚干政的背景是（　　）

A. 皇帝依靠外戚抑制相权　　B.“家天下”观念根深蒂固

C. 母族亲属关系受到重视　　D. 刘氏同姓诸侯王势力强大

考点：汉代政治制度和古代社会观念。

考查方式：通过背景、目的类选择题，设置新情境，考查学生的历史解释和家国情怀素养。

考向预测：弥补教材对“外戚宦官问题”叙述的不足。

20.（2015·全国Ⅱ卷）汉宣帝曾称：“与朕共治天下者，其唯良二千石（郡太守）乎！”后来的帝王反复重申上述观念。这主要体现了（　　）

A. 地方吏治是国家安定的重要因素　　B. 中央集权与地方分权之间的矛盾

C. 汉代地方行政制度为后代所沿用　　D. 历代帝王将汉宣帝作为治国榜样

考点：汉代地方吏治。

考查方式：通过说明、体现类选择题，设置新情境，考查学生历史解释和家国情怀素养。

考向预测：关注主干知识“中国古代加强中央集权的措施”。

21．（2014 · 全国Ⅰ卷）唐高祖李渊自认为是老子后裔，规定老子地位在孔子之上，佛教位居第三；武则天时明令佛教位在道教之上；后来唐武宗又大规模地“灭佛”。这反映出唐代（　　）

A．皇帝的好恶决定宗教兴亡　　B．道教的社会影响最大

C．儒学的政治地位最为稳固　　D．佛教的社会基础薄弱

考点：唐 · 三教并行。

考查方式：通过说明、体现类选择题，考查学生的时空观念、历史解释和家国情怀素养。

考向预测：关注主干知识“儒家思想的演变”。

22．（2014 · 全国Ⅱ卷）秦朝法律规定，私拿养子财物以偷盗罪论处，私拿亲子财物无罪；西晋时规定，私拿养子财物同样无罪。这一变化表明，西晋时（　　）

A．养子亲子权利相同　　B．血缘亲情逐渐淡化

C．宗族利益受到保护　　D．儒家伦理得到强化

考点：中国传统思想的演变。

考查方式：通过说明、体现类选择题，考查学生的时空观念和历史解释素养。

考向预测：①关注中国古代法律的儒学化。②汉代儒家思想成为正统，法家思想失去统治地位。

23．（2014 · 大纲卷）东晋南朝诗人的作品在唐代成为被模仿的对象。下列唐代诗人中，与东晋陶渊明诗歌风格相近的是（　　）

A．陈子昂　　B．岑参　　C．王维　　D．李白

考点：唐诗。

考查方式：通过比较类选择题，考查学生的时空观念和历史解释素养。

考向预测：诗歌、文学等文艺作品一定程度上反映社会状况，具有一定的史料价值。

24．（2013 · 全国Ⅰ卷）自汉至唐，儒学被奉为“周（公）孔之道”，宋代以后儒学多被称作“孔孟之道”，促成这一变化的是（　　）

A．宗法血缘制度逐渐瓦解　　B．仁政理念深入人心

C．程朱理学成为统治思想　　D．陆王心学日益兴起

考点：中国传统文化主流思想的演变。

考查方式：通过比较类选择题，设置新情境，考查学生的历史解释和家国情怀素养。

考向预测：程朱理学成为统治思想是唐宋以后中国政治文化的特点。关注儒学在唐宋之后的转变以及背后的主导因素。

25．（2013 · 全国Ⅱ卷）汉唐制定土地法规，限制私有大土地的发展，宋代一改此法，“不抑兼并”。据此可知宋代（　　）

A. 中央集权弱化　　B. 流民问题严重

C. 土地兼并缓和　　D. 自耕小农衰退

考点：宋代自耕农经济。

考查方式：通过推断类选择题考查学生的时空观念、唯物史观和史料实证素养。

考向预测：从唯物史观分析宋代土地法规这一思想上层建筑对宋代土地所有权这一生产关系的作用。

26.（2013·大纲卷）汉文帝说："盖天下万物之萌生，靡有不死。死者天地之理，物之自然，奚可甚哀……厚葬以破业，重服以伤生，吾甚不取。"汉文帝在此强调的是（　　）

A. 无为而治　　B. 轻徭薄赋　　C. 崇尚节俭　　D. 民贵君轻

考点：汉代治国方略。

考查方式：通过历史概念类选择题，考查学生的历史解释、家国情怀素养。

考向预测：古代统治者治国方略。用文言文增加难度。

27.（2012·广东卷）"诸侯惟得衣食税租，不与政事"的现象反映了（　　）

A. 君主专制的削弱　　B. 宗法制的消亡

C. 中央集权的加强　　D. 分封制的巩固

考点：古代中国中央集权制度的发展。

考查方式：通过说明、体现类选择题，考查学生的时空观念、历史解释和唯物史观素养。

考向预测：古代中国专制主义中央集权制度是必考点，也是学生易混点。做选择题时，针对中央时选专制，针对地方时选中央集权。

28（2011·海南卷）秦统一后，"废封建，立郡县"，确立专制集权制度，但皇帝之子、弟封王，一直延续到明清。"分王子弟，以为屏藩"，是历代分封子弟的主要理由。血缘分封长期存在说明（　　）

A. 分封制有利于政权长期稳定　　B. 血缘分封是中央集权的基础

C. 分王子弟是皇权的一种体现　　D. 周代制度受到历代政权推崇

考点：古代中国的政治制度。

考查方式：通过说明、体现类选择题，考查学生的时空观念、史料实证和历史解释素养。

考向预测：古代中国的政治制度是必考点，分封制、宗法制在春秋战国时期瓦解，但观念在后世有延续。

专题三　26 题题型研究——唐宋变革

1. （2021・全国甲卷）宋代盛行婚姻论财，遭到一些士大夫的批评。南宋理学家张栻认为："婚姻结好，岂为财物？"甚至表示："治其尤甚者，以正风俗。"还有理学家强调婚姻是"合二姓之好"，上能事先祖，下可继后世。这反映了当时理学家（　　）

A. 淡化婚姻中的宗族观念　　B. 意图维护礼教纲常

C. 背离政府对民俗的引导　　D. 促成婚姻习俗变革

考点：宋明理学。

考查方式：通过说明、体现类选择题，设置新情境，考查学生的时空观念、史料实证和历史解释素养。

考向预测：全国卷首次涉及婚姻主题，不回避社会热点。

2. （2021・全国乙卷）宋代，官府强调"民生性命在农，国家根本在农，天下事莫重于农"，"毋舍本逐末"。苏辙说："凡今农工商贾之家，未有不舍其旧而为士者也。"郑至道说，士农工商"皆百姓之本业，自生民以来未有能易之者也"。从中可以看出宋代（　　）

A. 商品经济发展受到阻碍　　B. 重农抑商政策瓦解

C. 社会群体间流动性增强　　D. 四民社会地位相同

考点：宋代科举制与重农抑商政策。

考查方式：通过说明、体现类选择题，设置新情境，考查学生的历史解释和唯物史观素养。

考向预测：呈现综合性学术情境，考查中国古代社会阶层的流动。

3. （2021・广东卷）安史之乱时，唐玄宗逃奔成都，途中发生兵变，杨贵妃死于马嵬坡。以下为若干记载。

表 2－5

路边杨贵人，坟高三四尺。乃问里中儿，皆言幸蜀时……贵人饮金屑，倏忽舜英暮。平生服杏丹，颜色真如故。	（唐）刘禹锡《马嵬行》
上令高力士诘之，回奏曰："诸将既诛国忠，以贵妃在宫，人情恐惧。"上即命力士赐贵妃自尽。	（五代）刘昫等《旧唐书》
上曰："贵妃常居深宫，安知国忠反谋？"高力士曰："贵妃诚无罪，然将士已杀国忠，而贵妃在陛下左右，岂敢自安！愿陛下审思之，将士安则陛下安矣。"上乃命力士引贵妃于佛堂，缢杀之。	（宋）司马光《资治通鉴》

有学生以上述材料探究杨贵妃之死，下列推论正确的是（ ）

A.《马嵬行》选材来自传说，不能作为历史研究的材料

B.《资治通鉴》较多细节描写，还原了杨贵妃之死的真相

C.《资治通鉴》成书晚于《旧唐书》，故可信度相对较低

D.《旧唐书》《资治通鉴》作为史料，应注意作者的立场

考点：史料甄别与使用。

考查方式：通过推断类选择题，设置新情境，考查学生的史料实证、历史解释和时空观念素养。

考向预测：史学常识。

4.（2020·全国Ⅰ卷）北宋时，宋真宗派人到福建取得占城稻三万斛，令江淮两浙诸路种植，后扩大到北方诸路；宋仁宗时，大、小麦被推广到广南东路惠州等地。南宋时，“四川田土，无不种麦”。这说明宋代（ ）

A. 土地利用效率提高　　B. 发明翻车提高了生产力

C. 区域经济发展均衡　　D. 民众饮食结构根本改变

考点：宋代经济。

考查方式：通过说明、体现类选择题，设置新情境，考查学生的时空观念、历史解释和家国情怀素养。

考向预测：关注历史概念“耕战”，弥补教材不足，在农耕经济发展的初期就已呈现出地域的区别。

5.（2020·全国Ⅱ卷）宋太祖开宝六年（973年）省试后，主考官李昉徇私录取“材质最陋”的同乡武济川一事被告发，太祖在讲武殿出题重试，殿试遂成常制。经此事后，宋代科举（ ）

A. 否定了世家大族特权　　B. 确立了省试考试权威

C. 完善了考试录取程序　　D. 提高了人才选拔标准

考点：宋代科举制。

考查方式：通过推断类选择题，设置新情境，考查学生的历史解释、家国情怀和时空观念素养。

考向预测：关注科举制与社会的公正对考试制度的影响。

6.（2020·全国Ⅲ卷）唐代书法家张旭曾说：“始吾闻公主与担夫争路，而得笔法之意。后见公孙氏舞剑器，而得其神。”据此可知，张旭书法呈现出（ ）

A. 书写结构的严整性　　B. 书写气象的灵动性

C. 书写笔画的繁杂性　　D. 书写技法的内敛性

考点：唐代书法艺术。

考查方式：通过推断类选择题，设置新情境，考查学生的史料实证和家国情怀素养。

考向预测：关注历代书法演变及其特征，渗透审美教育。

7.（2019·全国Ⅰ卷）唐代之前，荆楚民间存在一种祈求丰收的“牵钩之戏”，至唐代称作“拔河”，广为流传。唐玄宗《观拔河俗戏》诗云：“壮徒恒贾勇，拔拒抵长河。欲练英雄志，须明胜负多……预期年岁稔，先此乐时和。”据此可知，在唐代（　　）

A. 江南文化成为主流　　B. 耕战结合观念深入人心

C. 阳刚与力量受到推崇　　D. 诗歌以描写宫廷生活为主

考点：唐代社会风俗。

考查方式：通过推断类选择题，设置新情境，考查学生的唯物史观、时空观念和史料实证素养。

考向预测：关注劳动教育，弥补教材未涉及唐代百姓娱乐生活的不足。

8.（2019·全国Ⅱ卷）程颢诗云：“闲来无事不从容，睡觉东窗日已红。万物静观皆自得，四时佳兴与人同。道通天地有形外，思入风云变态中。富贵不淫贫贱乐，男儿到此是豪雄。”其体现的主旨是（　　）

A. 人类与自然和谐共处　　B. 人与万事万物皆同理

C. 张扬自我的人生态度　　D. 无为而治的思想理念

考点：宋代理学。

考查方式：通过说明、体现类选择题，考查学生的时空观念、历史解释和史料实证素养。

考向预测：通过理学与“自得”的关系，突出考查学生的人文精神与素养。

9.（2019·全国Ⅲ卷）北宋实行募兵制，兵士待遇较为优厚，应募者以此养家糊口，兵员最多时达 120 多万人。这一制度（　　）

A. 加重了政府财政负担　　B. 提升了军队的战斗力

C. 弱化了对地方的控制　　D. 加剧了社会贫富分化

考点：北宋的募兵制。

考查方式：通过影响、意义类选择题，考查学生的历史解释和时空观念素养。

考向预测：直接考部编版教材的史料；直接的制度分析必考。

10.（2018·全国Ⅰ卷）北宋前中期，在今四川井研县一带山谷中，密布着成百上千个采用新制盐技术的竹筒井，井主所雇工匠大多来自“他州别县”，以“佣身赁力”为生，受雇期间，若对工作条件或待遇不满意，辄另谋高就。这反映出当时（　　）

A. 民营手工业得到发展　　B. 手工业者社会地位高

C. 雇佣劳动已经普及　　D. 盐业专卖制度已经解体

考点：宋代民营手工业。

考查方式：通过说明、体现类选择题，考查学生的唯物史观、历史解释和时空观念素养。

考向预测：关注主干知识“中国古代手工业的发展”。

11.（2018·全国Ⅱ卷）武则天时期，将中书、门下二省名称分别改为凤阁、鸾台，通过加授“同凤阁鸾台平章事”头衔，使低品阶官员得以与凤阁、鸾台长官共同议政。宰相数量大增，且更替频繁。这一做法的目的是（　　）

A. 扩大中书、门下二省的职权　　B. 为官员提供迅速晋升的机会

C. 便于实现对朝政的全面控制　　D. 强化宰相参政议政职能

考点：三省六部制的演变。

考查方式：通过说明、体现类选择题，考查考生的历史解释和时空观念素养。

考向预测：关注古代君权与相权的变化，尤其武则天时期的政治值得关注。

12.（2018·全国Ⅲ卷）我国第一部药学专书《神农本草经》大约成书于汉代，《唐本草》是世界上第一部由国家制定的药典，宋代颁行了多部官修本草，明代李时珍撰成药物学集大成之作《本草纲目》，由朝廷颁行。这些史实说明，我国古代药学的发展（　　）

A. 源于大一统的政治体制　　B. 得益于国家力量的支持

C. 是商品经济繁荣的结果　　D. 受到了宋明理学的推动

考点：唐宋明·古代科技（医学）。

考查方式：通过说明、体现类选择题，考查学生的历史解释和家国情怀素养。

考向预测：关注中国古代中央王朝在科技发展中所起的作用。

13.（2017·全国Ⅰ卷）

表2－6

记述	出处
“秦王（李世民）与薛举大战于泾州，我师败绩。”	《旧唐书·高祖本纪》
“薛举寇泾州，太宗（李世民）率众讨之，不利而旋。”	《旧唐书·太宗本纪》
“秦王世民为西讨元帅……刘文静（唐朝将领）及薛举战于泾州，败绩。”	《新唐书·高祖本纪》
“薛举寇泾州，太宗为西讨元帅，进位雍州牧。七月，太宗有疾，诸将为举所败。”	《新唐书·太宗本纪》

表2－6为不同史籍关于唐武德元年同一事件的历史叙述。据此能够被认定的历史事实是（　　）

A. 皇帝李世民与薛举战于泾州　　B. 刘文静是战役中唐军的主帅

C. 唐军与薛举在泾州作战失败　　D. 李世民患病导致了战役失败

考点：史学素养。

考查方式：通过史观类选择题，考查学生的史料实证、历史解释和时空观念素养。

考向预测：①关注史学常识，尤其考证原则：孤证不实、多重证据、文史互证等原则。②时空的正确辨别，应将史实定位在正确的时空内。

14.（2017·全国Ⅱ卷）北朝时，嗜好奶类制品的北方人常常嘲笑南方人的喝茶习俗。唐中期，北方城市中，“多开店铺，煎茶卖之，不问道俗，投钱取饮。其茶自江、淮而来，舟车相继，所在山积”。据此可知，唐中期（　　）

A. 国家统一使南茶开始北运　　B. 南北方饮食习惯趋于一致

C. 南方经济文化影响力上升　　D. 南方经济水平已超越北方

考点：古代经济重心南移。

考查方式：通过说明、体现类选择题，考查学生的历史解释和唯物史观素养。

考向预测：运用唯物史观分析一些重要历史时段经济发展对社会的影响。

15.（2017·全国Ⅲ卷）

表 2－7

土地规模/亩	户数/户	户数比例/%
20 以下	24	17.3
20～130	103	74.1
131～300	10	7.2
300 以上	2	1.4
小计	139	100

表 2－7 为唐代后期敦煌某地土地占有情况统计表。据此可知，当时该地（　　）

A. 自耕农经济盛行　　B. 土地集中现象突出

C. 均田制破坏严重　　D. 农业生产效率提高

考点：唐·土地制度。

考查方式：通过推断类选择题，考查学生的史料实证、历史解释和时空观念素养。

考向预测：唐代土地制度。

16.（2016·全国Ⅰ卷）史载，宋太祖某日闷闷不乐，有人问他原因，他说：“尔谓帝王可容易行事耶……偶有误失，史官必书之，我所以不乐也。”此事反映了（　　）

A. 重史传统影响君主个人行为　　B. 宋代史官所撰史书全都真实可信

C. 史官与君主间存在尖锐矛盾　　D. 宋太祖不愿史书记录其真实言行

考点：史学素养。

考查方式：通过史观类选择题，设置新情境，考查学生的历史解释和史料实证素养。

考向预测：①关注中国传统文化重史传统。②对教材的拓展，教材只提到专制主义中央集权下的君主独断，而忽视了古代皇帝要受到各种制约。

17. （2016 · 全国Ⅱ卷）宋代，有田产的“主户”只占民户总数20%左右，其余大都是四处租种土地的“客户”。导致这种状况的重要因素是（　　）

A. 经济严重衰退　B. 土地政策调整　　C. 坊市制度崩溃　　D. 政府管理失控

考点：宋代土地制度。

考查方式：通过背景、目的类选择题，考查学生的唯物史观和历史解释素养。

考向预测：关注宋代土地兼并及不同版本教材对此的不同表述。

18. （2016 · 全国Ⅲ卷）唐太宗对南朝后期竞相模仿萧子云书法的风气表示不屑，认为其“仅得成书，无丈夫之气”，只有王羲之的书法才“尽善尽美”，于是连西州（今吐鲁番）幼童习字的范本都是王羲之书帖。王羲之在中国书法史上地位的确立，是因为（　　）

A. 皇帝好恶决定社会对艺术的批判　　　B. 王羲之的艺术成就不可超越

C. 艺术水平与时代选择的共同作用　　　D. 朝代更替影响艺术评判标准

考点：唐代文学艺术。

考查方式：通过背景、目的类选择题，考查学生的历史解释和唯物史观素养。

考向预测：关注统治者的作用。

19. （2015 · 全国Ⅰ卷）宋代东南沿海地区出现了一些民间崇拜，如后来的被视为海上保护神的妈祖、被视为妇幼保护神的临水夫人等，这些崇拜得到朝廷认可，后世影响不断扩大。这反映出（　　）

A. 朝廷不断鼓励海洋开发　　　　　　B. 女性地位逐渐得到提高

C. 东南沿海经济社会影响力上升　　　D. 统治思想与民众观念趋向一致

考点：宋代经济。

考查方式：通过说明、体现类选择题，考查学生的时空观念、唯物史观和历史解释素养。

考向预测：关注主干知识“江南经济和海外贸易的发展”。

20. （2015 · 全国Ⅱ卷）唐宋时期，江南经济迅猛发展，南宋时全国经济重心已移至江南。促成这一转变的主要动力之一是（　　）

A. 坊市制度瓦解　B. 土地集中加剧　　C. 农业技术进步　　D. 海外贸易拓展

考点：唐宋经济重心南移。

考查方式：通过背景、目的类选择题，考查学生的唯物史观和历史解释素养。

考向预测：①关注主干知识“古代中国经济重心的南移”。②运用唯物史观“经济发展的主要动力是生产力”这一观点解答试题。

21.（2014·全国Ⅰ卷）人性是先秦以来一直讨论的问题。基于对人性的新认识，宋明理学家主张“存天理，灭人欲”，他们认为人性（　　）

A. 本质是善　　B. 本质为恶　　C. 非善非恶　　D. 本善习远

考点：宋明理学。

考查方式：通过说明、体现类选择题，考查学生的家国情怀和历史解释素养。

考向预测：关注中国古代人性说。

22.（2014·全国Ⅱ卷）北宋中期，“蜀民以铁钱重，私为券，谓之交子，以便贸易，富民十六户主之。其后，富者资稍衰，不能偿所负，争讼数起”。这表明交子（　　）

A. 具有民间交易凭证功能　　B. 产生于民间的商业纠纷

C. 提高了富商的社会地位　　D. 促进了经济重心的南移

考点：北宋经济发展和交子。

考查方式：通过说明、体现类选择题，设置问题情境，考查学生的历史解释和唯物史观素养。

考向预测：关注中国古代钱币的演变。

23.（2013·全国Ⅰ卷）有学者说，在古代雅典，“政治领袖和演说家根本就是同义语”。这一现象是雅典（　　）

A. 政治体制的产物　　B. 社会矛盾缓和的反映

C. 频繁改革的结果　　D. 思想文化繁荣的体现

考点：古代雅典民主政治。

考查方式：通过说明、体现类选择题，考查学生的历史解释和唯物史观素养。

考向预测：关注主干知识“雅典民主政治”。

24.（2013·全国Ⅱ卷）明朝有人描述在广东大庾岭所见：“盖北货过南者，悉皆金帛轻细之物；南货过北者，悉皆盐铁粗重之类。过南者月无百驮，过北者日有数千。”这表明当时（　　）

A. 岭南经济发展程度高于北方　　B. 岭南是商人活动的主要地区

C. 以物易物是商贸的主要方式　　D. 区域差异造成长途贸易兴盛

考点：明代商业发展。

考查方式：通过说明、体现类选择题，考查学生的时空观念和历史解释素养。

考向预测：关注主干知识“明清经济的发展”。

25.（2013·大纲卷）范仲淹倡导的“庆历新政”与王安石变法的共同目的是改变北宋“积贫”“积弱”的现状，而“庆历新政”更侧重于（　　）

A. 增加赋税　　B. 澄清吏治　　C. 培养人才　　D. 充实边防

考点：宋·王安石变法与庆历新政。

考查方式：通过比较类选择题，考查学生的历史解释和唯物史观素养。

考向预测：选修是对必修内容的补充和深化。王安石变法和“庆历新政”都是为了改变宋“三冗”危机，王安石变法侧重经济，“庆历新政”侧重政治。

26.（2012·全国卷）明后期松江人何良俊记述：“（正德）以前，百姓十一在官，十九在田……今去农而改业为工商者三倍于前矣。昔日原无游手之人，今去农而游手趁食（谋生）者又十之二三也。大抵以十分百姓言之，已六七分去农。”据此可知（　　）

A. 工商业的发展造成了农业的衰退　　B. 工商业发展导致了社会结构的变动

C. 财富分配不均引起贫富分化加剧　　D. 无业游民增加促进了工商业的发展

考点：明代后期经济发展的影响。

考查方式：通过推断类选择题，考查学生的历史解释、时空观念和唯物史观素养。

考向预测：一些重要时段的经济发展与社会观念的关系是高频考点。

27.（2012·大纲卷）王国维《宋元戏曲考》称：“凡一代有一代之文学……唐之诗、宋之词、元之曲，皆所谓一代之文学，而后世莫能继焉者也。独元人之曲，为时既近，托体稍卑，故两朝史志与四库集部，均不著于录；后世儒硕，皆鄙弃不复道。”这反映了（　　）

A. 元代文学不为后世所重视　　B. 厚古薄今的观念影响深刻

C. 士大夫对市民文化的排斥　　D. 八股取士抑制新文学形式

考点：宋元文化。

考查方式：通过比较类选择题，考查学生的历史解释和家国情怀素养。

考向预测：关注中国古代文化发展的线索。

28.（2011·全国卷）黄宗羲在《明夷待访录》中说：“使朝廷之上，闾阎之细（民间百姓），渐摩濡染，莫不有诗书宽大之气。天子之所是未必是，天子之所非未必非，天子亦遂不敢自为非是，而公其非是于学校。”与这一论述的精神实质最为接近的是（　　）

A. 天下兴亡，匹夫有责　　B. 民为邦本

C. 天下为公　　D. 民贵君轻

考点：明清进步思潮。

考查方式：通过比较类选择题，考查学生的历史解释和唯物史观素养。

考向预测：关注古代民本思想，感受中共立党为公、执政为民的情怀。

29.（2011·大纲卷）徐继畬在《瀛寰志略》中对华盛顿有如下评述：“呜呼！可不谓人杰矣哉！米利坚合众国以为国，幅员万里，不设王侯之号，不循世及之规，公器付之公论，创古今未有之局，一何奇也！泰西古今人物，能不以华盛顿为称首哉！”这表明作者（　　）

A. 鼓吹共和制，反对君主制　　B. 对君主制的反思走在时代前列

C. 已成为洋务运动的先驱　　D. 主张仿效美国发展资本主义

考点：晚清西学东渐。

考查方式：通过说明、体现类选择题，考查学生的历史解释和家国情怀素养。

考向预测：近代各种思潮的背景、代表的阶段、内容、影响。

专题四　27 题题型研究——明清社会转型

1.（2021 · 全国甲卷）明代，在浙江桐乡县，地方官员若出身进士，当地的秀才就“不胜谄事”，若出身举人，便随意提出要求，“苟不如意，便加词色犯之”。这一现象反映出（　　）

A. 官员士绅之间关系紧张　　B. 士人舆论左右地方政事

C. 出身等级决定行政能力　　D. 科考功名影响官员威望

考点：明清政治 · 选官制度。

考查方式：通过说明、体现类选择题，考查学生的历史解释、时空观念和史料实证素养。

考向预测：古代史多考明清史，多关注明清选官制及其思想观念。

2.（2021 · 全国乙卷）明清时期，“善书”在民间广为流行，这类书籍多由士绅编撰，内容侧重倡导忠孝友悌、济急救危、受辱不怨，戒饬攻讦宗亲、凌逼孤寡等，以奉劝世人“诸恶莫作，众善奉行”。“善书”的流行（　　）

A. 确立了理学思想的主导地位　　B. 强化了社会主流的价值观

C. 阻碍了官方意识形态的推广　　D. 冲击了儒家经典的神圣性

考点：儒学对社会的影响。

考查方式：通过影响、意义类选择题，考查学生的史料实证和家国情怀素养。

考向预测：古代史多考明清史，大多通过呈现新情境，考核明清的经济与思想之间的关系。

3.（2021 · 广东卷 · 4）1289 年，元政府在广泛种植木棉的浙东、江东、江西、湖广、福建等地设木棉提举司，每年向民间征收木棉布十万匹，使民众不堪重负。这（　　）

A. 加重了区域经济的不均衡　　B. 妨碍了社会经济的发展

C. 推动私营棉纺织业的繁荣　　D. 促使财政管理权限下移

考点：元政府对手工业的政策。

考查方式：通过影响、意义类选择题，考查学生的历史解释素养。

考向预测：弥补教材对“古代赋税制度”叙述的不足。

4.（2021 · 广东卷 · 5）在明代，庶民袖小衣短，“去地五寸”；生员袖大衣长，“去地一寸”，体现斯文之气，且其服饰颜色和制式内含“比德于玉”“规言矩行”等意。这反映了当时（　　）

A. 儒家思想规范社会生活　　B. 科举制度限制社会流动

C. 社会等级结构日益固化　　D. 市民文化突破礼制限定

考点：明代儒家思想对社会生活的影响。

考查方式：通过说明、体现类选择题，考查学生的时空观念、史料实证和唯物史观素养。

考向预测：关注儒家思想的演变及其对社会生活的影响。

5.（2020·全国Ⅰ卷）清代，纂修宗谱成为一种普遍的社会行为，每部宗谱均有族规、家训，其内容主要包括血缘伦理、持家立业、报效国家等。这表明，宗谱的纂修（　　）

A. 反映了科举制度的导向作用　　B. 体现了儒家思想观念

C. 维持了士族家庭的血统纯正　　D. 确立了四民社会结构

考点：明代儒家思想对社会的影响。

考查方式：通过说明、体现类选择题考查学生的历史解释素养。

考向预测：古代史多考明清史，尤其要关注明清儒家思想对社会的影响。

6.（2020·全国Ⅱ卷）明代官营手工业实行工匠制度，生产官府所需物资。明中叶后，官府往往直接向匠户征收银两而不征用其生产的产品，此现象持续增多。这反映了（　　）

A. 白银已取代其他货币　　B. 雇佣劳动成为主要用工方式

C. 民营手工业发展受挫　　D. 官营手工业的地位遭到削弱

考点：明代手工业的发展。

考查方式：通过说明、体现类选择题考查学生的时空观念、史料实证和历史解释素养。

考向预测：明代官营、私营手工业的发展及地位变化。

7.（2020·全国Ⅲ卷）明万历年间，神宗下令工部铸钱供内府用，内阁首辅张居正“以利不胜费止之”。神宗向户部索求十万金，张居正面谏力争，“得停发太仓银十万两”。这反映出当时（　　）

A. 内阁权势强大　　B. 皇权受到严重制约

C. 社会经济凋敝　　D. 君权相权关系紧张

考点：古代中国专制主义中央集权制特点。

考查方式：通过说明、体现类选择题考查学生的历史解释和家国情怀素养。

考向预测：关注主干知识“明清君主专制强化”。

8.（2019·全国Ⅰ卷）明中后期，大运河流经的东昌府是山东最重要的棉花产区，所产棉花多由江淮商人坐地收揽，沿运河运至江南，而后返销棉布。这一现象产生的主要因素是（　　）

A. 交通方式的变革　　B. 土地制度的调整

C. 货币制度的改变　　　　　　　　D. 地区经济的差异

考点：明代商业发展。

考查方式：通过背景、目的类选择题，从棉花与长途贩运入手，考查学生的时空观念和史料实证素养。

考向预测：古代史多考明清史。

9.（2019·全国Ⅱ卷）研究表明，明代大商人的资本一般为白银数十万两，多者上百万两。到清代中期，大商人的资本一般在一百万两以上，甚至多达千万两。这表明清代中期（　　）

A. 商人的地位发生根本性改变　　　　B. 重农抑商政策明显松弛

C. 商业活动的规模进一步扩大　　　　D. 白银开始成为流通货币

考点：明清商业发展。

考查方式：通过说明、体现类选择题，从商人资本入手，考查学生的时空观念、史料实证和历史解释素养。

考向预测：关注部编版教材中有关明清商人与商人资本的内容。

10.（2019·全国Ⅲ卷）乾隆时江南地主"所居在城或他州异县，地亩山场皆委之佃户"。苏州甚至出现"土著安业者田不满百亩，余皆佃农也。上田半归于郡城之富户"。由此可知，当时江南（　　）

A. 土地所有权变更极为频繁　　　　B. 农业生产利润微不足道

C. 个体农耕为主要生产形式　　　　D. 农业中商品化生产普遍

考点：明清时期江南的租佃经济。

考查方式：通过背景、目的类选择题，从租佃关系入手，考查学生的唯物史观和历史解释素养。

考向预测：关注教材缺漏之处"明清以来地主城居现象"。

11.（2018·全国Ⅰ卷）图2－10中的动物是郑和下西洋时外国使臣随船向明政府贡献的奇珍异兽。明朝君臣认为，这就是中国传说中的"麒麟"。明成祖遂厚赐外国使臣。这表明当时（　　）

图2－10

A. 对外交流促使中国传统绘画出现新的类型

B. 朝廷用中国文化对朝贡贸易贡品加以解读

C. 海禁政策的解除促进了对外文化交流

D. 外来物品的传入推动了传统观念更新

考点：朝贡贸易。

考查方式：通过说明、体现类选择题，设置新情境，考查学生的历史解释、家国情怀和时空观念素养。

考向预测：中国古代史多考明清史。

12.（2018·全国Ⅱ卷）昆曲在明朝万历年间被视为“官腔”，到清代被誉为“雅乐”“盛世元音”，宫廷重要活动常有昆曲演出，江南地区“郡邑大夫宴款不敢不用”，甚至“演戏必请昆班，以示府城中庙会之高雅”。这些史实表明，昆曲在明清时期的流行是因为（　　）

A. 陆王心学广泛传播　　B. 吸收了京剧的戏曲元素

C. 社会等级观念弱化　　D. 符合士大夫的文化品位

考点：明代昆曲。

考查方式：通过背景、目的类选择题，考查学生的历史解释、时空观念和唯物史观素养。

考向预测：①关注我国传统文化古代戏曲，渗透审美教育，弘扬传统文化，落实立德树人。②从社会意识与社会存在的关系切入，考查唯物史观。

13.（2018·全国Ⅲ卷）明朝中期以后，京城及江南地区，雕印出版个人著作之风盛行，有人谑称：“老童（生）、低秀（才），胸无墨、眼无丁者，无不刻一文稿以为交游酒食之资。”士大夫间也流行将书籍作为礼物。这种现象可以说明当时（　　）

A. 学术文化水平迅速提升　　B. 士人的地位显著提高

C. 经世致用思想影响广泛　　D. 崇尚文化的氛围浓厚

考点：明清文化。

考查方式：通过说明、体现类选择题，设置新情境，考查学生的历史解释和唯物史观素养。

考向预测：明清经济发展对文化的影响。

14.（2017·全国Ⅰ卷）明前中期，朝廷在饮食器具使用上有一套严格规定，例如官员不得使用玉制器皿等。到明后期，连低级官员乃至普通人家也都使用玉制器皿。这一变化反映了（　　）

A. 君主专制统治逐渐加强　　B. 经济发展冲击等级秩序

C. 市民兴起瓦解传统伦理　　D. 低级官员易染奢靡风气

考点：明清社会变革。

考查方式：通过说明、体现类选择题，考查学生的唯物史观、史料实证和历史解释素养。

考向预测：运用唯物史观，分析经济发展与社会变革的关系。

15.（2017·全国Ⅱ卷）明初朱元璋严禁宦官读书识字，但中后期宦官读书识字逐渐制度化，士大夫甚至有针对性地编纂适合宦官学习的读本。由此可以推知，明代中后期（　　）

A. 中枢决策过程发生异变　　B. 皇帝权力日趋衰落

C. 内阁议政功能已经丧失　　　　D. 宦官掌握决策权力

考点：明代政治。

考查方式：通过推断类选择题，考查学生的历史解释和史料实证素养。

考向预测：关注明初与后期中央权力变化和转移的脉络，尤其是对此知识点的拓展性考查。

16. （2017·全国Ⅲ卷）关于宋太祖驾崩前夜宋太宗（时为晋王）的活动，北宋时期有不同记载。《续湘山野录》记载，宋太宗当晚曾与其兄宋太祖在宫中饮酒，并宿于宫中；《涑水记闻》则称，那晚宋太宗并未进宫。这反映出（　　）

A. 历史事实都是通过历史叙述呈现

B. 同一历史事实会有不同历史记载

C. 历史叙述不能客观准确再现历史事实

D. 综合多种历史叙述即可确认历史事实

考点：史学常识。

考查方式：通过史观类选择题，考查学生的史料实证和历史解释素养。

考向预测：中国古代重史的传统。

17. （2016·全国Ⅰ卷）明初废行省，地方分设三司，分别掌管一地民政与财政、司法、军事，直属六部。明中叶以后，皇帝临时派遣的巡抚逐渐演变为三司之上的地方最高行政长官。这一变化有助于（　　）

A. 扩大地方行政权力　　　　B. 提高地方行政效率

C. 削弱六部的权限　　　　D. 缓解中央与地方的对立

考点：明代地方行政制度。

考查方式：通过影响、意义类选择题，考查学生的历史解释、时空观念素养，以及依据历史叙述进行历史理解的能力。

考向预测：试题立足于教材，而内容完全不在教材中，教材只是简单地将其表述为“三司直属六部”。

18. （2016·全国Ⅱ卷）福建各地族谱中有大量关于入台族裔回乡请祖先牌位赴台的记载，此类现象在清乾隆年间骤然增多。这说明乾隆年间（　　）

A. 族谱编修顺应了移民的需求　　　　B. 大陆移民已在台湾安居繁衍

C. 内地宗族开始整体迁移台湾　　　　D. 两岸居民正常往来受到阻碍

考点：海峡两岸关系。

考查方式：通过说明、体现类选择题，考查学生的历史解释和家国情怀素养。

考向预测：台湾是我国领土不可分割的一部分，关注海峡两岸的发展，具有很强的现实意义。

19.（2016·全国Ⅲ卷）明末有人描述江南农村的变化时说，百年前的雇工“戴星出入，俗柔顺而主令尊”，如今“骄惰成风，非酒食不能劝”“夏必加下点心，冬必与早粥”。这一变化反映了（　　）

A. 市镇经济与手工业的发展　　B. 政府积极推行重农政策

C. 社会矛盾日益尖锐　　D. 农业中人身依附关系强化

考点：明末·市镇经济。

考查方式：通过说明、体现类选择题，考查学生的历史解释和唯物史观素养。

考向预测：关注主干知识“明清经济发展”，尤其是教材疏漏之处。

20.（2015·全国Ⅰ卷）

表 2－8　河南、江苏两地科举考试状元人数表

单位：人

地方	唐	宋	明	清
河南	15	16	2	1
江苏	7	8	17	49

表 2－8 呈现的变化反映了（　　）

A. 理学的影响力不断扩大　　B. 经济发展促进文化兴盛

C. 中原地区经济急剧衰退　　D. 政治重心南移趋势明显

考点：唐至清·经济重心南移。

考查方式：通过说明、体现类选择题，考查学生的历史解释和唯物史观素养。

考向预测：关注经济发展与文化的关系。

21.（2015·全国Ⅱ卷）明成祖朱棣认为，北京“山川形胜，足以控四夷，制天下”，将都城从南京迁至北京，这一举措客观上（　　）

A. 推动了国家政治统一进程　　B. 促进了跨区域贸易的繁荣

C. 抑制了区域性商帮的形成　　D. 改变了南北经济文化格局

考点：明代商业发展。

考查方式：通过影响、意义类选择题，考查学生的历史解释和家国情怀素养。

考向预测：明清经济发展的新特点。

22.（2014·全国Ⅰ卷）据记载，清初实施海禁前，“市井贸易，咸有外国货物，民间行使多以外国银钱，因而各省流行，所在皆有”。这一记载表明当时（　　）

A. 中国在对外贸易中处于优势地位　　B. 外来货币干扰了中国资本市场

C. 自然经济受到进口货物的冲击　　D. 民间贸易发展冲击清廷的统治

考点：清代对外贸易。

考查方式：通过说明、体现类选择题，考查学生的历史解释、史料实证和唯物史观素养。

考向预测：关注教材主干知识“明清白银大量流入中国”，弥补教材对“明清走向衰弱”叙述的不足，彰显小农经济仍在世界经济中占优势的事实。

23.（2014·全国Ⅱ卷）明初废丞相、设顾问性质的内阁大学士，严防权臣乱政。明中后期严嵩、张居正等内阁首辅操纵朝政，权倾一时。这表明（　　）

A. 皇权渐趋衰弱　　B. 君主集权加强

C. 内阁取代六部　　D. 首辅权力失控

考点：明代君主专制。

考查方式：通过说明、体现类选择题，考查学生的历史解释和时空观念素养。

考向预测：关注主干知识，理解明清内阁权力大是皇权延伸的表现。

24.（2014·大纲卷·13）明成祖朱棣设立内阁，后来内阁首辅“俨然汉唐宰辅”。明代内阁与唐代宰相的相同之处是（　　）

A. 均能独立处理政务　　B. 均辅助皇帝处理政务

C. 都拥有官吏任免权　　D. 都直接管理地方政务

考点：唐代和明代中央机构的设置。

考查方式：通过比较类选择题，考查学生的历史解释和史料实证素养。

考向预测：关注主干知识“中国古代中央集权制度”。

25.（2014·大纲卷·14）芜湖是明代中后期著名的浆染业中心，当时松江的白布也要送到芜湖浆染，故有“织造尚松江，浆染尚芜湖”之说。这一历史现象反映出（　　）

A. 商品生产呈现区域化分工　　B. 区域间有着不同的市场需求

C. 手工业技术水平日趋平衡　　D. 抑商政策阻碍区域经济发展

考点：明清工商业的发展。

考查方式：通过说明、体现类选择题，考查学生的历史解释和唯物史观素养。

考向预测：关注主干知识“明清商业发展的新特点”。

26.（2013·全国Ⅰ卷）1688年，英国议会迎立荷兰执政威廉为国王，并拥立他的妻子玛丽（詹姆士二世的女儿）为女王，目的是（　　）

A. 加强英国与荷兰的友好关系　　B. 否定王位世袭男性优先原则

C. 通过双王相互牵制防止独裁　　D. 为光荣革命披上合法的外衣

考点：1688年·光荣革命。

考查方式：通过说明、体现类选择题，考查学生的历史解释和时空观念素养。

考向预测：关注主干知识“英国君主立宪制的确立与发展”。

27.（2013·全国Ⅱ卷）清代有学者说："古有儒、释、道三教，自明以来，又多一教，曰小说……士大夫、农、工、商贾，无不习闻之，以至儿童、妇女不识字者，亦皆闻而如见之，是其教较之儒、释、道而更广也。"这表明（　　）

A. 小说成为一种新的宗教传播载体　　B. 小说的兴起冲击了封建等级观念

C. 市民阶层扩大推动世俗文化发展　　D. 世俗文化整合了社会的价值观念

考点：清·小说。

考查方式：通过说明、体现类选择题，考查学生的唯物史观和历史解释素养。

考向预测：经济的发展推动社会生活变迁，这符合唯物史观"人民群众是社会精神财富的创造者"。

28.（2013·大纲卷）明初的户役制度，将户籍分为若干类别，其中主要是民户，还有军户、匠户、灶户（煮盐户）等几十类，并严格禁止更换户别。这一措施有利于（　　）

A. 缓和土地兼并　B. 促成社会分化　　C. 强化社会控制　　D. 发展商品经济

考点：明·户役制。

考查方式：通过意义、影响类选择题，考查学生的历史解释和时空观念素养。

考向预测：关注主干知识"明清经济发展"，挖掘教材隐性知识。

29.（2013·大纲卷）乾隆三十七年（1772 年），台湾海防同知朱景英称："台地多用宋钱，如太平、元祐、天禧、至道等年号钱，钱质小薄，千钱贯之。"据此可知（　　）

A. 宋代商品经济比清代更为繁荣　　B. 当时两岸经济交往尚不密切

C. 海峡两岸有着不同的货币体系　　D. 宋代以后台湾经济发展迟缓

考点：清·海峡关系。

考查方式：通过推断类选择题，考查学生的时空观念、历史解释和家国情怀素养。

考向预测：关注台湾问题，弥补教材较少涉及两岸经济交流的不足。

30.（2012·全国卷）理学家王阳明说："士以修治，农以具养，工以利器，商以通货，各就其资之所近，力之所及者而业焉，以求尽其心，其归要在于有益生人（民）之道，则一而已……四民异业而同道。"在此，王阳明（　　）

A. 重申传统的"四民"秩序　　B. 主张重新整合社会阶层

C. 关注的核心问题是百姓生计　　D. 阐发的根本问题是正心诚意

考点：陆王心学。

考查方式：通过推断类选择题，考查学生的史料实证和历史解释素养。

考向预测：关注主干知识，用文言文增加难度。

31.（2012·大纲卷）清帝雍正朱批谕旨说："山右（今山西）大约商贾居首，其次者犹肯力农，再次者谋入营伍，最下者方令读书。朕所悉知，习俗殊可笑。"这反映出当

地（　　）

A. 商人的政治地位已经跃居首位　　B. 学而优则仕的传统已被抛弃

C. 重农抑商政策并没有得到实施　　D. 传统观念因追求财富而改变

考点：明清经济发展。

考查方式：通过说明、体现类选择题，考查学生的唯物史观、历史解释和史料实证素养。

考向预测：经济观念与经济发展问题是高频考点。

32.（2011·天津卷）长期以来，儒学是一种士大夫之学。明代思想家李贽则提出要正视“世间惟下下人最多”的现实，强调“我为下下人说，不为上上人说”。这说明李贽（　　）

A. 反对儒家的正统思想　　B. 倡导只为下下人说

C. 批判地发展传统儒学　　D. 抨击君主专制制度

考点：明清进步思潮。

考查方式：通过说明、体现类选择题，考查学生的时空观念、历史解释和家国情怀素养。

考向预测：关注主干知识“中国古代和近代儒家思想的演变”。

33.（2011·大纲卷）《光绪朝东华录》载清末颁布的一份懿旨称：“嗣后乡试会试及岁考科考等，悉照旧制，仍以四书文试帖经文策问等项分别考试。经济特科，易滋流弊，并着即行停罢。”与这一懿旨的颁布有直接关系的历史事件是（　　）

A. 百日维新　　B. 戊戌政变　　C. 清末新政　　D. 预备立宪

考点：戊戌变法。

考查方式：通过推断类选择题，考查学生的史料实证和家国情怀素养。

考向预测：关注必修与选修的联系。注意题中四个历史概念的内涵与外延。

专题五 28 题题型研究——中国近代千年未有之变局（1840—1894 年）

1.（2021·全国甲卷）1861 年，慈禧发动政变处置政敌时，特别把“不能尽心和议”列为罪状。英国人在华创办的《北华捷报》称：“在这个特别的关头，我们要比我们同中国发生联系的其他任何时期，更有必要去支持帝国的现存政府。”由此可知（　　）

A. 太平天国将面临更严峻的形势　　B. 清政府沦为洋人的朝廷

C. 清廷顽固派势力地位得到加强　　D. 传统的外交体制被抛弃

考点：晚清统治危机。

考查方式：通过推断类选择题，考查学生的历史解释、时空观念和史料实证素养。

考向预测：祺祥政变非常规知识点，其实考查的是顽固派和外国反动势力勾结，使太平天国运动面临的形势严峻。

2.（2021·全国乙卷）1898 年，某书商慨叹废八股将使自己损失惨重，后来发现“经学书犹有人买”，其损失并不如以前估计之大，而该书商对新学书籍的投资不久又面临亏损。这可以反映出该时期（　　）

A. 儒学地位颠覆　B. 列强侵略加剧　C. 政局变化迅速　D. 西学深入民心

考点：维新变法。

考查方式：通过说明、体现类选择题，考查学生的历史解释和唯物史观素养。

考向预测：关注晚清的外交，如：清政府的统治危机和维护国家利权的斗争。

3.（2021·广东卷）鸦片战争后的半个世纪里，洋纱输入最多的是产棉稀少的华南、西南地区，而江南地区输入洋纱要少得多，上海附近的松江地区土布店收购土布时声明“掺和洋纱，概不收买”。这说明当时（　　）

A. 自然经济解体的程度沿海超过内地　　B. 上海尚未成为对外贸易中心

C. 洋纱排挤土纱进程受制于原料成本　　D. 民族资本主义经济快速发展

考点：近代中国小农经济解体。

考查方式：通过说明、体现类选择题，考查学生的时空观念、历史解释和家国情怀素养。

考向预测：关注主干知识“晚清中国经济结构变化”。

4.（2020·全国Ⅰ卷）1876 年，英国传教士在上海创办的《格致汇编》设有“互相问答”栏目，其中大多问题是从读者的兴趣、关注点出发的。各类问题所占比例如表 2－9 所示。

表 2－9 《格致汇编》“互相问答”栏目各类问题所占比例

应用科学、各种技术	自然常识	基础科学	奇异和其他问题
42.5%	22.8%	17.5%	17.2%

据此可知，当时（　　）

A. 中体西用思想的传播受到了抑制　　B. 中外交汇促进维新思想深入发展

C. 西学传播适应了兴办实业的需求　　D. 崇尚科学成为社会的主流思潮

考点：近代工业的产生与发展。

考查方式：通过推断类选择题，考查学生的历史解释、史料实证和家国情怀素养。

考向预测：主干知识回归与补充，民族资本主义、洋务运动、中体西用等。补充洋务派的外交。这几年高考反复考洋务派与顽固派外交冲突，如 2015 年全国Ⅱ卷 28 题。

5. （2020 · 全国Ⅱ卷）1894—1914 年，外国在华企业投资总额有所增加，各行业所占比例如图 2－11 所示。

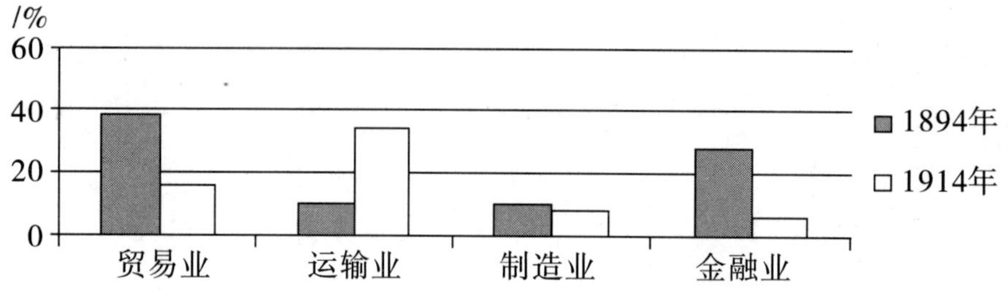

图 2－11 外国在华企业投资总额中各行业所占比例

据图 2－11 可知，当时（　　）

A. 运输业成为列强扩大权益的重要途径　B. 中国的对外贸易已由逆差转向了顺差

C. 国际资本垄断日益趋于和缓　　D. 民族企业的市场竞争力提高

考点：近代中国经济结构的变化。

考查方式：通过说明、体现类选择题，考查学生的时空观念、历史解释和史料实证素养。

考向预测：关注主干知识近代经济结构变迁，尤其要掌握西方列强侵华的阶段特征。

6. （2020 · 全国Ⅲ卷）面对外商轮船航运势力进一步扩展，李鸿章认为：“各口岸轮船生意已被洋商占尽，华商领官船另树一帜，洋人势必挟重资以侵夺。”因此“须华商自立公司，自建行栈，自筹保险”。这表明（　　）

A. 商战成为对外交往中心　　B. 清政府鼓励民间投资设厂

C. 求富以自强方针的改变　　D. 洋务派准备创办民用企业

考点：近代中国经济结构的变化。

考查方式：通过说明、体现类选择题，考查学生的历史解释、史料实证和家国情怀素养。

考向预测：关注高考题运用材料的复杂化，如不同类别的史料和多元化的素材考核主干知识“洋务运动”。

7.（2019·全国Ⅰ卷）

表2－10　川沙县部分名人简历表

黄　彬	国学生，干练有才，上海招商局创办时，章程皆其手订
朱纯祖	监生，幼时孤苦伶仃，学习米业，中年创设朱丽记花米行
姚光第	南邑生员，感于地方贫瘠日甚，就其家设机器轧棉厂

表2－10是19世纪末20世纪初毗邻上海的川沙县部分名人的简历，说明当时国内（　　）

A. 科举取士转向选拔实务人才　　B. 传统社会结构受到冲击

C. 儒家的义利观念被抛弃　　D. 新式工业在经济中居于主导

考点：近代中国经济结构的变化。

考查方式：通过说明、体现类选择题，考查学生的史料实证和时空观念素养。

考向预测：上海开埠与江南士人新择业观。

8.（2019·全国Ⅱ卷）1898年，一份英文报纸报道：光绪皇帝已经遇害，“太后现在正维持着光绪名义上统治的滑稽剧，一到适当的时候，便公开宣布他的死讯”。这则报道可以用来说明当时（　　）

A. 君主立宪受到社会的广泛支持　　B. 清政府加强排外活动力度

C. 列强寻找干涉中国内政的借口　　D. 部分西方人赞同变法活动

考点：维新变法。

考查方式：通过说明、体现类选择题，考查学生的史料实证、历史解释和家国情怀素养。

考向预测：①说明类选择题要把每个选项带入史料中去验证真伪。②关注国内政局与西方列强之间的关系。③关注高考当年的“周年”和“次周年”大事，培养家国情怀。

9.（2019·全国Ⅲ卷）19世纪60至70年代，外国人将自己的名字租借给中国人经办新式企业的做法，在通商口岸较为盛行。这一做法（　　）

A. 导致民间设厂高潮局面的出现　　B. 有利于中国新的社会阶层发展

C. 加剧了外国资本对中国的输入　　D. 扭转了中国对外贸易入超局面

考点：晚清近代工业。

考查方式：通过影响、意义类选择题，考查学生的历史解释和时空观念素养。

考向预测：清末近代企业面临的处境艰难，借外国人减少阻力。

10. （2018·全国Ⅰ卷）甲午战争时期，日本制定舆论宣传策略，把中国和日本分别“包装”成野蛮和文明的代表，并运用公关手段让许多欧美舆论倒向日方。一些西方媒体甚至宣称，清政府战败“将意味着数百外人从愚蒙、专制和独裁中得到解放”。对此，清政府却无所作为。这反映了（　　）

A. 欧美舆论宣传左右了战争进程　　B. 日本力图变更中国的君主政体

C. 清政府昏庸不谙熟近代外交　　D. 西方媒体鼓动中国的民主革命

考点：甲午战争时期·近代思想。

考查方式：通过说明、体现类选择题，从舆论入手，考查学生的时空观念、历史解释和家国情怀素养。

考向预测：关注战争的正义性，正确看待舆论。

11. （2018·全国Ⅱ卷）19 世纪 70 年代，针对日本阻止琉球国向中国进贡，有地方督抚在上奏中强调：琉球向来是中国的藩属，日本“不应阻贡”；中国使臣应邀请西方各国驻日公使，“按照万国公法与评直曲”。这说明当时（　　）

A. 日本借助西方列强侵害中国权益　　B. 传统朝贡体系已经解体

C. 地方督抚干预朝廷外交事务决策　　D. 近代外交观念影响中国

考点：19 世纪 70 年代·近代外交。

考查方式：通过说明、体现类选择题，考查学生的时空观念、史料实证和历史解释素养。

考向预测：①晚清外交近代化。②史料实证的试题考查经济史的频率比政治史和文化史高。

12. （2018·全国Ⅲ卷）英国科学家赫胥黎的《进化论与伦理学及其他》认为不能将自然的进化论与人类社会的伦理学混为一谈。但严复将该书翻译成《天演论》时，“煞费苦心”地将二者联系起来，提出自然界进化规律同样适用于人类社会。严复意在（　　）

A. 纠正生物进化论的错误　　B. 为反清革命提供理论依据

C. 传播“中体西用”思想　　D. 促进国人救亡意识的觉醒

考点：近代维新思潮。

考查方式：通过背景、目的类选择题，考查学生的历史解释和家国情怀素养。

考向预测：关注近代民族危机与近代思想关系以及维新思潮主要代表人物的观点。

13. （2017·全国Ⅰ卷）开平煤矿正式投产时，土煤在国内从一个通商口岸装船到另一个通商口岸卸货，须缴纳出口税和复进口税，每吨税金达 1 两以上，比洋煤进口税多 20 余倍。李鸿章奏准开平所产之煤出口税每吨减为 1 钱。这一举措（　　）

A. 增强了洋务派兴办矿业的信心　　B. 加强了对开平煤矿的管理

C. 摆脱了列强对煤矿业的控制　　D. 保证了煤矿业稳健发展

考点：近代洋务经济。

考查方式：通过说明、体现类选择题，考查学生的时空观念、史料实证和历史解释素养。

考向预测：关注主干知识“近代工业”。

14.（2017 · 全国Ⅱ卷）1879 年以前，福州船政局所造之船均“派拨各省，并不索取原价分文”；此后造船所用材料费用由用船一方拨付，采取“协造”方式生产。这种变化反映了（　　）

A. 军用工业由官办转为商办　　B. “协造”意在缓解经费压力

C. 军工产品市场化趋势明显　　D. 近代轮船制造业走出困境

考点：近代洋务经济。

考查方式：通过说明、体现类选择题，考查学生的历史解释和时空观念素养。

考向预测：近代企业艰难发展。

15.（2017 · 全国Ⅲ卷）1897 年，有人指出：“中国创行西法已数十年，皆属皮毛，空言无补。至今两年来，忽大为变动，如邮政、银行、铁路，直见施行，今天津亦有小轮，风气之开，人力诚难阻隔也。”产生上述变化的主要原因是（　　）

A. 维新变法运动迅速兴起　　B. 政府大力扶持官督商办企业

C. 列强对华资本输出减少　　D. 政府放宽了兴办实业的限制

考点：近代经济。

考查方式：通过背景、目的类选择题，考查考生的历史解释、时空观念和唯物史观素养。

考向预测：关注近代中国政府经济政策与经济发展问题。

16.（2016 · 全国Ⅰ卷）19 世纪中期以后，中国市场上的洋货日益增多，火柴、洋布等日用品，“虽穷乡僻壤，求之于市，必有所供”。这种状况表明（　　）

A. 中国关税主权开始丧失　　B. 商品经济基本取代自然经济

C. 民众生活与世界市场联系日趋密切　　D. 中国市场由被动开放转为主动开放

考点：近代经济。

考查方式：通过说明、体现类选择题，考查学生的历史解释、史料实证和时空观念素养。

考向预测：①罕见的是同年的Ⅰ和Ⅱ卷题目一样，只是四个选项调换了顺序。②关注主干知识“近代中国经济结构的变化”。

17.（2011 · 广东卷）清末有舆论说：“中兴名臣曾国藩仅赏侯爵，李鸿章不过伯爵，其余百战功臣，竟有望男爵而不可得者，今乃以子、男等爵奖创办实业之工商，……斯诚稀世之创举。”此“创举”反映了（　　）

A. 资本主义的萌芽　　　　B. 重农抑商传统的改变

C. 爵位制度的创设　　　　D. 封建君主专制的加强

考点：中国古代重农抑商政策。

考查方式：通过说明、体现类选择题，考查学生的历史解释、家国情怀和时空观念素养。

考向预测：①广东 2015 年之前是自主命题，2016—2020 年采用全国Ⅰ卷，2021 年又自主命题，2021 年新广东卷兼采旧广东卷和全国卷之长。②关注主干知识“中国古代重农抑商传统的演变”。中国古代的重农抑商政策在近代被列强侵略打破，但这一观念却未破除。

18. （2016 · 全国Ⅲ卷）甲午战后，梁启超提出“诗界革命”，曾赋诗：“泱泱哉我中华……物产腴沃甲大地，天府雄国言非夸。君不见英日区区三岛尚崛起，况乃堂矞吾中华！”这反映出“诗界革命”（　　）

A. 倡导民主革命的思想　　　　B. 推动了白话文运动

C. 适应了救亡图存的需要　　　　D. 成为改良思潮的开端

考点：甲午战后 · 近代思想。

考查方式：通过说明、体现类选择题，考查学生的历史解释、唯物史观和家国情怀素养。

考向预测：考查主干知识“近代中国思想解放思潮”，对教材进行补充。

19. （2015 · 全国Ⅰ卷）1852 年，一位在华英国人在报告中称，英国商人运往伦敦的中国生丝是以“无用的”曼彻斯特上等棉布包装的。而在此之前，用于包装的主要是中国产的土布。包装布的这种变化反映了当时（　　）

A. 中国的土布质量粗糙　　　　B. 英国棉布价格更具优势

C. 中国生丝在英国畅销　　　　D. 英国棉布在中国滞销

考点：1852 年 · 近代经济。

考查方式：通过说明、体现类选择题，设置新情境，考查学生的时空观念和历史解释素养。

考向预测：关注主干知识“近代中国经济结构的变迁”。

20. （2015 · 全国Ⅱ卷）奕䜣力倡洋务又因在兄弟中排行第六，被称为“鬼子六”；洋务派官员丁日昌被称为“丁鬼奴”；郭嵩焘在一片冷嘲热讽中出任第一任驻英公使。这反映了（　　）

A. 洋务运动与传统的观念发生冲突　　　　B. 崇洋媚外行为遭到社会鄙视

C. 洋务派改器物不改制度受到批判　　　　D. 西方列强侵略激起国人抵制

考点：19 世纪中后期 · 近代经济。

考查方式：通过说明、体现类选择题，考查学生的唯物史观和历史解释素养。

考向预测：洋务思想与传统思想冲突。

21.（2014·全国Ⅰ卷）据研究，1853 年，印度人均消费英国棉纱、棉布 9.09 便士，而中国是 0.94 便士。这反映出当时中国（　　）

A. 经济受到鸦片战争的破坏　　B. 实行保护本国经济的政策

C. 经济的发展水平低于印度　　D. 传统的小农经济根深蒂固

考点：近代经济。

考查方式：通过说明、体现类选择题，考查学生的历史解释和家国情怀素养。

考向预测：关注主干知识“小农经济”。

22.（2014·全国Ⅱ卷）1892 年，维新思想家宋恕提出“欲更官制、设议院、改试令，必自易西服始”。康有为在奏议中也不止一次提及“易服”。维新派如此重视易服的主要原因是（　　）

A. 改制中易服更易推行　　B. 意在营造改制的社会氛围

C. 中国需改变对外形象　　D. 长袍马褂代表了守旧势力

考点：1892 年·近代思想。

考查方式：通过背景、目的类选择题，考查学生的历史解释和家国情怀素养。

考向预测：关注主干知识“近代中国思想解释潮流”。

23.（2014·大纲卷）晚清一著名人士提出，“机器厂可兴作业，小轮舟可便通达，今各省皆为厉禁……徒使洋货流行”。建议“宜纵民为之，并加保护”。这种主张被正式推行是在（　　）

A. 19 世纪 70 年代　　B. 19 世纪 80 年代

C. 19 世纪 90 年代　　D. 20 世纪 20 年代

考点：19 世纪末近代民族工业。

考查方式：通过历史概念类选择题，考查学生的历史解释和家国情怀素养。

考向预测：关注主干知识“近代民族工业发展”。

24.（2013·全国Ⅰ卷）现代化是晚清历史发展的一个趋向，最能体现这一趋向的是（　　）

A. 洋务运动—戊戌政变—清末新政　　B. 洋务运动—戊戌变法—辛亥革命

C. 鸦片战争—中法战争—甲午战争　　D. 太平天国运动—义和团运动—辛亥革命

考点：近代世界科技。

考查方式：通过历史概念类选择题，考查学生的历史解释、时空观念和家国情怀素养。

考向预测：关注主干知识“中国近代化的探索与实践”。

25. （2013 · 全国Ⅱ卷）1877 年，清政府采纳驻英公使郭嵩焘的建议，在新加坡设立领事馆。此后，又在美国旧金山，日本横滨、神户、大阪及南洋华侨聚居的商埠设立了领事馆。这反映了清政府（　　）

A. 力图摆脱不平等条约的约束　　B. 外交上开始出现制度性变化

C. 逐步向近代外交转变　　D. 国际地位得到提高

考点：清代外交。

考查方式：通过说明、体现类选择题，考查学生的历史解释和家国情怀素养。

考向预测：关注主干知识“中国近代化的探索与实践”。

26. （2005 · 广东卷）洋务运动后期，为解决军事工业遇到的困难，洋务派兴办了一批民用企业。下列各项中属于这批企业的是（　　）

A. 轮船招商局　　B. 福州船政局

C. 江南制造总局　　D. 上海发昌机器厂

考点：中国近代的洋务企业和民族工业。

考查方式：通过历史概念类选择题考查学生的时空观念、历史解释和家国情怀素养。

考向预测：关注主干知识“中国近代工业的变迁”，尤其要多关注洋务企业和民族工业的性质及其发展概况。

27. （2012 · 全国卷）清代内阁处理公务的案例“积成样本四巨册”，官员“惟揣摹此样本为急”，时人称之为：“依样葫芦画不难，葫芦变化有千端。画成依旧葫芦样，要把葫芦仔细看。”这反映出当时（　　）

A. 内阁职权下降导致官员无所事事　　B. 政治体制僵化官员拘泥规制

C. 内阁机要事务繁忙官员穷于应付　　D. 皇帝个人独裁官员唯命是从

考点：清朝内阁。

考查方式：通过说明、体现类选择题，考查学生的历史解释、家国情怀和时空观念素养。

考向预测：古今中外民主政治制度是高频考点，反专制、求民主是近代思想解放潮流。

28. （2012 · 大纲卷）张謇评论某人时说：“以四朝之元老，筹三省之海防，统胜兵精卒五十营，设机厂、学堂六七处，历时二十年之久，用财数千万之多……曾无一端立于可战之地，以善可和之局。”张謇评论的是（　　）

A. 曾国藩　　B. 李鸿章　　C. 张之洞　　D. 袁世凯

考点：清 · 外交。

考查方式：通过推断类选择题，考查学生的历史解释和家国情怀素养。

考向预测：关注选修内容，对近代人物从不同角度分析。

29.（2011·全国卷）1871 年 4 月，巴黎公社发布文告称，“你是受高利贷者、承租户、庄园主和农场主折磨的一个乡下劳动者，贫穷的短工和小所有主……你们的劳动最好的一部分产品要给什么都不干的人……巴黎愿意把土地给农民，把劳动工具给工人”。发布该文告的主要意图是（　　）

A. 号召工农群众迅速起义　　　　B. 进一步巩固工农革命联盟

C. 宣布彻底废除财产私有　　　　D. 希望得到农村群众的支持

考点：国际社会主义运动·巴黎公社。

考查方式：通过背景、目的类选择题，考查学生的历史解释和史料实证素养。

考向预测：关注主干知识“巴黎公社”和社会主义运动传统热点。

30.（2011·大纲卷）清初著名诗人陈元孝过崖山，于南宋陆秀夫负帝投海处题诗一首，中有“山水萧萧风更吹，两崖波浪至今悲”之句。近人作陈元孝崖山题诗图，章太炎以该诗题画，1907 年刊于《民报》，一时广为流传。章太炎此举意在（　　）

A. 提倡反清复明　　　　B. 抵制保皇势力

C. 宣扬传统文化　　　　D. 激发民族主义

考点：辛亥革命。

考查方式：通过背景、目的类选择题，考查学生的历史解释和家国情怀素养。

考向预测：关注主干知识“辛亥革命”。

专题六　29 题题型研究——中国近代晚清后期至民国前期（1895—1927 年）

1．（2021·全国甲卷）1921 年 2 月，蔡和森写信给陈独秀，讨论马克思学说与中国无产阶级的关系时称："西方大工业国的无产阶级常常受其资本家的贿买、笼络而不自觉……此所以社会革命不发生于资本集中、工业极盛、殖民地极富之英、美、法，而发生于殖民地极少、工业落后之农业国俄罗斯也。"他意在强调（　　）

A．社会革命不会发生在发达资本主义国家

B．无产阶级受资本家笼络而失去革命动力

C．中国已经具备了进行无产阶级革命的客观条件

D．俄国以城市为中心的革命道路不适合中国国情

考点：近代革命历程之无产阶级探索。

考查方式：通过背景、目的类选择题，考查学生的历史解释、时空观念和史料实证素养。

考向预测：关注热点"建党百年"。

2．（2021·全国乙卷）1934 年，毛泽东提出："我们是革命战争的领导者、组织者，我们又是群众生活的领导者、组织者……在这里，工作方法的问题，就严重地摆在我们的面前。我们不但要提出任务，而且要解决完成任务的方法问题。"当时毛泽东强调改进工作方法意在（　　）

A．发动群众参加革命战争　　B．开辟中国革命的新道路

C．建立广泛革命统一战线　　D．动员社会各界进行抗战

考点：土地革命和毛泽东思想。

考查方式：通过背景、目的类选择题，考查学生的唯物史观和家国情怀素养。

考向预测：关注中共探索史和各时期的统一战线。

3．（2021·湖南卷）1919 年 11 月，有人指出当时全国新出版物中普遍有"一个'？'疑问符"，"这个'疑'字不但把我国固有的思想信仰摇动了，而且把'舶来品'的思想信仰也摇动起来"。思想界这一状况（　　）

A．是基于对五四运动的反思　　B．促进了新思想的进一步传播

C．反映中西文化矛盾的激化　　D．表明使用新式标点成为时尚

考点：马克思主义在中国的传播。

考查方式：通过推断类选择题，考查学生的时空观念、历史解释和家国情怀素养。

考向预测：关注主干知识“中国近代思想解放潮流”。

4.（2020·全国Ⅰ卷）20世纪20年代，中国度量衡的状况是，“同一秤也，有公秤、私秤、米秤、油秤之分别”“同一天平也，有库平、漕平、湘平、关平之分别”“同一尺也，有海关尺、营造尺、裁衣尺、鲁班尺及京放、海放之分别”。这一状况（　　）

A．提高了市场交易的成本　　B．加剧了军阀林立的局面

C．造成国民经济结构失衡　　D．阻断了商品的大量流通

考点：近代经济。

考查方式：通过推断类选择题，考查学生的历史解释和史料实证素养。

考向预测：考查近代经济。应结合经济学知识，关注原料、劳动者工资及时间成本。

5.（2020·全国Ⅱ卷）中国共产党的一份告全党党员书指出：“国民党中央驱逐军队中的共产党党员，我们的党不得不秘密起来……这所谓国民政府是什么？他从革命的政权机关变成了资产阶级之反动的执行机关，变成了军阀的工具。”由此，中国共产党（　　）

A．阐明工农武装割据的必要性　　B．确定武装反抗国民党统治的方针

C．批判“左”倾错误的危害性　　D．动员工农红军进行战略性的转移

考点：红色文化之新民主主义革命与中国共产党。

考查方式：通过推断类选择题，考查学生的时空观念、史料实证和家国情怀素养。

考向预测：关注热点“红色文化”。此考点已考过多次，例如陕甘宁边区“三三制”原则，目的是让同学感受中共的初心和使命，认同党的领导，坚持道路自信。

6.（2020·全国Ⅲ卷）清帝退位诏书稿由南京临时政府拟订，袁世凯收到后擅自在诏书稿上加入“由袁世凯以全权组织临时共和政府”等内容发表。孙中山表示反对，致电袁世凯强调：“共和政府不能由清帝委任组织。”他们分歧的实质体现在（　　）

A．是否赞同共和体制　　B．政府组建的主导权

C．是否进行社会革命　　D．临时大总统人选

考点：辛亥革命·清帝退位。

考查方式：通过说明、体现类选择题，考查学生的时空观念和历史解释素养。

考向预测：关注辛亥革命的最新研究成果。

7.（2019·全国Ⅰ卷）1915—1918年，《新青年》中“革命”“科学”“平等”“民主”等词出现频次大体相当；1919—1922年，“民主”出现次数不到“科学”的1/10，不及“革命”的1/20。这种变化可说明（　　）

A．新文化运动主流思想发生转变　　B．国民革命运动受到民众普遍拥护

C．资本主义政体模式被知识界否定　　D．中国社会主要矛盾发生改变

考点：五四新文化运动。

考查方式：通过说明、体现类选择题，考查学生的家国情怀、时空观念和历史解释素养。

考向预测：①关注重大事件及其对教材知识深度的挑战。1919—1922 年正值新文化运动，但“民主”一词出现频率较低，这弥补了教材的不足。②关注时间变化背后历史事件的本质。2017、2018、2019 年全国卷都以“这种变化”设问考查过。

8. （2019 · 全国Ⅱ卷）1919 年 11 月，全国各界联合会在上海成立，发表宣言：“数月以来，国内之群众运动，风起云涌，虽受种种压迫，而前仆后继，不少顾却；大义当前，绝不退让……全国各地，知合群自救为万不可缓之图。”这说明，当时参加联合会的各界团体（　　）

A. 对社会改造道路认识趋于一致　　B. 爱国觉悟得到提高

C. 反思资产阶级个人主义的弊端　　D. 接受了马克思主义

考点：五四新文化运动。

考查方式：通过说明、体现类选择题，考查学生的时空观念、历史解释和家国情怀素养。

考向预测：关注主干知识“五四运动的历史影响”，尤其是通过新的切入点来考核此考点。

9. （2019 · 全国Ⅲ卷）1916 年 1 月，陈独秀在《青年杂志》撰文称：“个人之人格高，斯国家之人格亦高。个人之权巩固，斯国家之权亦巩固。而吾国自古相传之道德政治胥（皆）反乎是。”陈独秀意在（　　）

A. 主张国家至上　B. 批判封建伦理　　C. 反对西方民主　　D. 传播马克思主义

考点：新文化运动。

考查方式：通过背景、目的类选择题，考查学生的时空观念、历史解释和家国情怀素养。

考向预测：增加古文阅读量，考查新文化运动代表人物的思想观。

10. （2018 · 全国Ⅰ卷）五四运动后，出现了社会主义是否适合中国国情的争论，有人反对走如俄国式的道路，认为救中国只有一条路，就是“增加富力”，发展实业；还有人主张“采用劳农主义的直接行动，达到社会革命的目的”。这场争论（　　）

A. 确定了新民主主义革命的道路

B. 使思想界认清了欧美的社会制度

C. 在思想上为中国共产党的成立准备了条件

D. 消除了知识分子在救亡图存方式上的分歧

考点：五四运动后，马克思主义对中国的影响。

考查方式：通过影响、意义类选择题，考查学生的历史解释和家国情怀素养。

考向预测：马克思主义在中国的传播。

11. （2018·全国Ⅱ卷）1923 年底，孙中山认为，“俄革命六年成功，而我则十二年尚未成功，何以故？则由于我党组织之方法不善，前此因无可仿效。法国革命八十年成功，美国革命血战八年而始得独立，因均无一定成功之方法，惟今俄国有之，殊可为我党师法”。其意在（ ）

A. 走苏俄革命的道路　　B. 放弃资产阶级代议制

C. 加强革命的领导核心　　D. 改变反封建的斗争目标

考点：孙中山的思想。

考查方式：通过说明、体现类选择题，考查学生的时空观念和历史解释素养。

考向预测：孙中山思想变化背景和新旧三民主义内容。

12. （2018·全国Ⅲ卷）1920 年，一些人撰文批评工读互助等社会改良活动，认为“零零碎碎的救济”“无补大局”，主张对社会进行“根本改造”，走进工厂，深入工人群众。这表明当时（ ）

A. 民主与科学观念广泛传播　　B. 实业救国运动如火如荼

C. 马克思主义影响日益增强　　D. 批判传统礼教成为共识

考点：马克思主义在中国的传播。

考查方式：通过说明、体现类选择题，考查学生的历史解释和唯物史观素养。

考向预测：关注高考当年热点“2018 年是马克思主义诞生 200 周年”。

13. （2017·全国Ⅰ卷）1904 年，湖南、四川、江苏、广东、福建等长江流域与东南沿海 9 个省份留日学生共计 1 883 人，占全国留日学生总数的 78%，直隶亦有 172 人，山西、陕西等其他十几个省区仅有 351 人。影响留日学生区域分布不平衡的主要因素是（ ）

A. 地区经济文化水平与开放程度有别　　B. 革命运动在各地高涨程度存在差异

C. 清政府鼓励留学的政策发生变化　　D. 西方列强在中国的势力范围不同

考点：近代中国思想解放潮流。

考查方式：通过背景、目的类选择题，考查学生的唯物史观、历史解释和时空观念素养。

考向预测：区域之间政治、经济和文化的差异及原因，在近几年高考试题中多次出现。

14. （2017·全国Ⅱ卷）1913 年《申报》登载的“艾罗补脑汁”广告称：“欲图一国之进步，当先使一国之人民精神日旺，思想日新，舍补脑之外另无精神思想也。故善国者必先得卫生，善谋卫生者必先得谋补脑。”由于广告成功，产品一上市就十分畅销。这反映出当时（ ）

A. 新文化运动的影响日益广泛　　B. 追求新思想成为社会时尚

C. 改良社会风俗成为国民共识　　D. 广告成为推进文明的工具

考点：近代社会生活变迁。

考查方式：通过说明、体现类选择题，考查学生的史料实证、历史解释和时空观念素养。

考向预测：①高考不直接考时间，但时间往往是解题的突破口。②史料实证的试题往往采用新材料、新情境，但仍是对主干知识进行考查。

15. （2017·全国Ⅲ卷）20 世纪 30 年代，上海市政府组织举办集体婚礼。仪式上，喜字纱灯引导，乐队演奏钢琴曲，新郎着蓝袍黑褂，新娘穿粉色旗袍，头披白纱，手持鲜花，婚礼场面整齐宏大。这反映了当时上海（　　）

A. 民众实现了婚姻自主　　B. 中西习俗融合成为时尚

C. 门当户对观念已颠覆　　D. 政府主导社会习俗演变

考点：近代社会生活变迁。

考查方式：通过说明、体现类选择题，考查学生的历史解释和时空观念素养。

考向预测：西方工业文明冲击下，近代社会生活习俗的变迁。

16. （2016·全国Ⅰ卷）甲午中日战争爆发前夕，有些西方人士认为中国拥有一定的军备优势，“毫无疑问的是日本必然最后被彻底粉碎”。他们做出上述判断的主要依据应是，中国（　　）

A. 已完成对军队的西式改革　　B. 集权制度有利于作战指挥

C. 近代化努力收到较大成效　　D. 能获得更广泛的外部援助

考点：洋务运动。

考查方式：通过史实对应类选择题，考查学生的历史解释和史料实证素养。

考向预测：洋务运动的积极意义在西方得到肯定，洋务运动开启了中国的早期近代化。

17. （2016·全国Ⅱ卷）1930 年，鄂豫皖革命根据地英山县水稻单位面积产量增加二三成，有的甚至达到五成，出现“赤色区米价一元一斗，白色区一元只能买四五升”的情况。这主要是因为根据地（　　）

A. 农民生产的积极性高涨　　B. 红军英勇奋战保卫农民生产

C. 政府主要精力用于增产　　D. 人民打破国民党的经济封锁

考点：根据地建设与土地革命。

考查方式：通过比较类选择题，考查学生的时空观念、历史解释和唯物史观素养。

考向预测：①关注国共十年对峙时期的经济，弥补教材缺陷。②运用唯物史观分析生产关系的变革解放和发展了生产力这一作用。

18．（2016·全国Ⅲ卷）1903 年，张之洞等拟《奏定学堂章程》，其中规定禁止使用“团体”“膨胀”“舞台”“影响”“组织”“运动”“报告”“观念”等新名词，其根本目的在于（　　）

A．抵制维新思想的传播　　B．保证民族语言的纯洁性

C．反对向西方学习　　D．维护传统的意识形态

考点：清末教育改革。

考查方式：通过背景、目的类选择题，考查学生的历史解释、史料实证和家国情怀素养。

考向预测：掌握主干知识“近代中国救亡图存”，弥补教材不足。

19．（2015·全国Ⅰ卷）《申报》“时评”栏目曾评述说：“今之时局，略似春秋战国时期之分裂。中央政府之对于各省，犹东周之对于诸侯也。南北相攻，皖直交斗，滇蜀不靖，犹诸侯相侵伐也。”这一时局出现在（　　）

A．太平天国运动时期　　B．义和团运动时期

C．辛亥革命时期　　D．北洋军阀统治时期

考点：北洋军阀统治时期的史实。

考查方式：通过史实对应类选择题，考查学生的史料实证和历史解释素养。

考向预测：关注教材疏漏之处“北洋军阀时期的政治与经济状况”。

20．（2015·全国Ⅱ卷）康有为在《新学伪经考》中认为，被奉为儒家经典的古文经实系伪造。1891 年该书刊印后风行国内，但很快遭到清政府禁毁。这主要是因为该书旨在（　　）

A．揭露历史真相　B．引介西方理论　C．倡导变法维新　D．颠覆孔孟学说

考点：维新思想。

考查方式：通过背景、目的类选择题，考查学生的历史解释和家国情怀素养。

考向预测：关注主干知识“维新变法”。

21．（2014·全国Ⅰ卷）1898 年，梁启超等联合百余举人上书，请废八股取士之制。参加会试的近万名举人，“闻启超等此举，嫉之如不共戴天之仇，遍播谣言，几被殴击”。这一事件的发生表明（　　）

A．废八股断送读书人政治前途　　B．改制缺乏广泛的社会基础

C．知识分子在政治上极为保守　　D．新旧学之间矛盾不可调和

考点：维新变法。

考查方式：通过说明、体现类选择题，设置新情境，考查学生的唯物史观和历史解释素养。

考向预测：关注戊戌变法的不足。用白话文创设新情境。

22.（2014·全国Ⅱ卷）1926年，有报纸评论说：“自从蒋介石抬出三民主义，大出风头以后，许多人都觉得主义是值钱的，于是乎孙传芳标榜三爱（爱国、爱民、爱敌），东三省有人主张三权（民权、国权、人权）。听说四川有些军人到处请教人替他们想个主义玩玩。”这种现象反映了当时（　　）

A. 政治宣传促使各界思想趋同　　B. 标榜主义成为军阀自保的主要手段

C. 民主思想已经成为社会潮流　　D. 各地军阀对三民主义理解存在差异

考点：近代思想。

考查方式：通过说明、体现类选择题，考查学生的历史解释和家国情怀素养。

考向预测：关注主干知识“20世纪20年代民主思想在中国的传播和影响”。

23.（2014·大纲卷）明清时期，纂修族谱以尊崇人伦成为一种普遍的社会现象，名门望族、寒门小姓都以修谱为大事。这一现象反映出（　　）

A. 宗族观念受到人口流动的冲击　　B. 宗族成为社会等级的表现形式

C. 理学成为维系宗族的思想基础　　D. 先秦时期的宗法制度得以重建

考点：明清·理学影响。

考查方式：通过说明、体现类选择题，考查学生的历史解释和家国情怀素养。

考向预测：关注主干知识“中国古代主流思想儒学的演变”。

24.（2013·广东卷·15）“革命，革命，剪掉辫子反朝廷；独立，独立，中国岂是鞑子的！”这首歌谣反映了当时（　　）

A. 革命的主要目的是移风易俗　　B. 民族主义思想已影响到民众

C. 民族区域自治思想深入人心　　D. 反对帝国主义成为思想主流

考点：辛亥革命。

考查方式：通过说明、体现类选择题，考查学生的历史解释、时空观念和家国情怀素养。

考向预测：关注主干知识“中国近代反侵略、求民主的潮流”。

25.（2013·广东卷·16）毛泽东主张用事实反击敌人的毁谤：“敌人说：‘广东共产’，我们说：‘请看事实’……敌人说：‘广州政府勾联俄国丧权辱国’，我们说：‘请看事实’。敌人说：‘广州政府治下水深火热民不聊生’，我们说：‘请看事实’。”这些“事实”都发生于（　　）

A. 辛亥革命时期　　B. 国民革命时期

C. 抗日战争时期　　D. 解放战争时期

考点：国民革命。

考查方式：通过历史概念类选择题，考查学生的时空观念、历史解释和家国情怀素养。

考向预测：①关注主干知识“近代中国反侵略、求民主的潮流”。②掌握国民党政权名称变化：辛亥革命时期建立的是南京临时政府，国民革命时期建立的是广州国民政府，抗日战争时期和解放战争时期建立的是南京国民政府。

26.（2013·大纲卷）张之洞在戊戌变法期间撰写的《劝学篇》，在知识分子中产生了极大影响，行销百万册。这反映出（　　）

A. 保守势力转而支持改革　　B. 洋务派“中体西用”思想已过时

C. 清政府成为变革的主导者　　D. 洋务派与维新派思想有共同之处

考点：戊戌变法。

考查方式：通过说明、体现类选择题，考查学生的史料实证、历史解释和家国情怀素养。

考向预测：关注海峡两岸关系。关注主干知识“近代中国思想解放潮流”，注意弥补教材不足。

27.（2012·全国卷）梁启超在论述中国古代专制政治发展时说：“专制权稍薄弱，则有分裂，有分裂则有力征，有力征则有兼并，兼并多一次，则专制权高一度，愈积愈进。”从中国古代历史整体来看，这一论述中可以确认的是（　　）

A. 君主专制是维系统一的主要条件　　B. 分裂动荡是专制权力产生的前提

C. 专制程度随历史进程而不断加强　　D. 武力夺取政权是专制制度的基础

考点：古代中国专制主义中央集权制。

考查方式：通过说明、体现类选择题，考查学生的历史解释和史料实证素养。

考向预测：关注主干知识“古代中国专制主义中央集权制”。

28.（2012·大纲卷）1928 年，南京国民政府制定的《海关进口税则》确定进口货物税率为 7.5% ~27.5%，这废止了近代某一条约的相关规定。这一条约是（　　）

A.《南京条约》　B.《天津条约》　C.《马关条约》　D.《辛丑条约》

考点：协定关税，收回关税主权。

考查方式：通过史实对应类选择题，考查学生的历史解释和家国情怀素养。

考向预测：关注近现代中国收回关税主权的历程。

29.（2011·全国卷）洪秀全尊奉“皇上帝”，自命为上帝之子下凡救世，认为其他一切偶像皆为妖魔。太平天国运动初期，太平军所到之处毁学宫、拆孔庙、查禁孔孟“妖书”；而在后期洪秀全则要求“学尧舜之孝悌忠信，尊孔孟之仁义道德”。太平天国运动由反孔到尊孔主要是因为（　　）

A. 拜上帝教不足以支撑其政权　　B. 太平天国定都天京后战局出现逆转

C. 反孔受到传统士绅的抵制　　D. 太平天国未能得到西方势力的支持

考点：太平天国运动前、后期对“孔学”态度的变化。

考查方式：通过背景、目的类选择题，考查学生的历史解释和家国情怀素养。

考向预测：中国传统文化主流思想的演变。

30. （2011 · 大纲卷）图 2 – 12 所示为 1960—1965 年中国工业总产值的变化，这一变化主要是由于（　　）

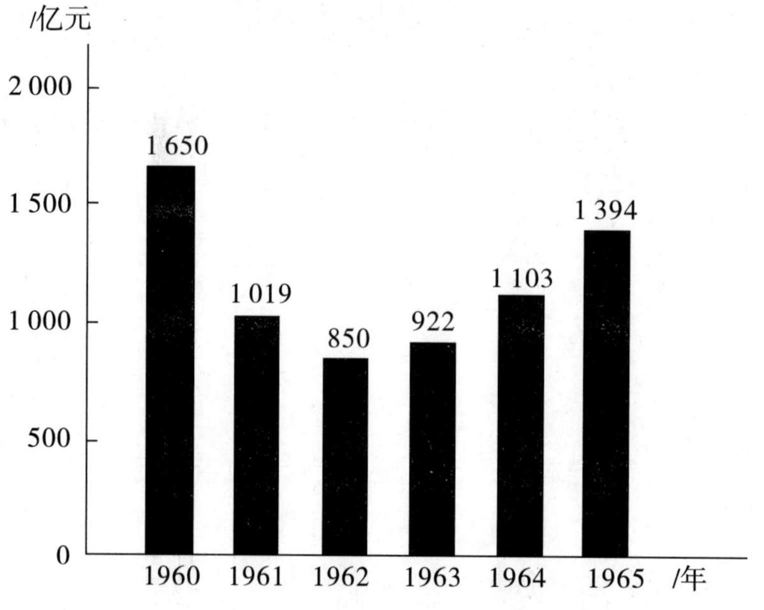

图 2 – 12

A. 经济政策的变化　　B. 工业结构的调整

C. 农业经济的波动　　D. 中苏关系的变化

考点：中国现代社会主义经济的探索。

考查方式：通过背景、目的类选择题，考查学生的历史解释和唯物史观素养。

考向预测：新中国社会主义经济建设的探索。

专题七　30题题型研究
——中国近代民国后期

1. （2021·全国甲卷）表2－11是1931—1934年中国钢铁业情况表（单位：吨）。根据表2－11可知，当时（　　）

表2－11

单位：吨

年份	铁砂产量	铁砂及生铁输出量	钢铁消费量	钢铁输入量
1931	1 840 279	831 652	804 000	557 625
1932	1 839 212	758 441	404 000	430 655
1933	1 903 466	992 521	694 000	525 673
1934	2 135 031	864 107	770 000	617 726

A. 中国民族工业失去发展空间　　B. 民族企业规模日益萎缩

C. 国民政府实业政策无甚成效　　D. 中国工业基础薄弱落后

考点：近代经济之工业化历程。

考查方式：通过表格类选择题，考查学生的历史解释、时空观念和史料实证素养。

考向预测：表格类选择题的解题方法。不仅要注意表格题头，还要注意表格项目内容。

2. （2021·全国乙卷）土改后，太行山区某农民要买一头驴，谈好价钱后，他表示要回家和妻子商量，理由是“我们村上好多人家都立下了新规矩，男的开支一斗米以上要得到女人的同意，女人开支二升米以上要得到男人的同意”。这件事可以反映出，当时解放区（　　）

A. 男尊女卑观念消亡　　B. 家庭成员经济地位发生变化

C. 按劳分配得到实施　　D. 传统的社会伦理秩序被颠覆

考点：解放战争时期的土地改革。

考查方式：通过说明、体现类选择题，考查学生的历史解释和家国情怀素养。

考向预测：此题是弥补教材不足。关注红色文化，以及不同时期中共对资产阶级的政策。关注中共近现代土地改革的措施。

3. （2021·江苏卷）中共早期领导人恽代英曾在无锡省立第三师范学院演讲。据亲历者回忆：“一位穿着竹布长衫的青年登上讲台，一下子就吸引了全场。他从孙中山逝世谈

起，讲到打倒帝国主义和封建军阀，反对当时反动、卖国的北洋政府，号召青年奋起救国。”此类演讲有利于（　　）

A. 国民革命的发展　　B. 新文化运动的兴起

C. 土地革命的开展　　D. 革命统一战线的建立

考点：马克思主义在中国的传播。

考查方式：通过影响、意义类选择题，考查学生的时空观念、史料实证和家国情怀素养。

考向预测：关注社会热点红色文化——中共的革命探索。

4.（2021·广东卷·8）在广州召开的中国共产党第三次全国代表大会指出，当前中国“资产阶级不能充分发展，因之无产阶级也自然不能充分发展，阶级分化不充分的全国人民，皆受制在资本帝国主义，及本国军阀之下，不能不要求经济发展而行向国民革命”，这说明中国共产党（　　）

A. 适应国情调整革命策略　　B. 总结经验教训开展武装斗争

C. 统一认识促进经济发展　　D. 根据矛盾变化扩大阶级基础

考点：中国共产党的创立与国民大革命。

考查方式：通过说明、体现类选择题，考查学生的唯物史观和时空观念素养。

考向预测：关注红色文化之中共的革命探索。

5.（2021·广东卷·9）对于毛泽东的重庆之行，民主人士柳亚子赋诗称颂为“弥天大勇”。重庆《大公报》发表社评说：“毛先生能够惠然肯来，其本身就是一件大喜事。”这反映了当时（　　）

A. 国共力量对比出现逆转　　B. 民主党派认同新民主主义革命纲领

C. 国家重建成为国人共识　　D. 民族矛盾的上升推动国共走向和谈

考点：重庆和谈。

考查方式：通过说明、体现类选择题，考查学生的时空观念和家国情怀素养。

考向预测：关注红色文化之国共关系。

6.（2020·全国Ⅰ卷）1949年5月，中共中央发出指示：“只强调和资本家斗争，而不强调联合愿意和我们合作的资本家……这是一种实际上立即消灭资产阶级的倾向”，“和党的方针政策是在根本上相违反的”。这一指示有利于当时（　　）

A. 在经济领域实行公私合营　　B. 接管城市后生产的恢复发展

C. 确立国营经济的主导地位　　D. 对新民主主义政策进行调整

考点：中共对资产阶级的政策。

考查方式：通过影响、意义类选择题，考查学生的历史解释、家国情怀和唯物史观素养。

考向预测：弥补教材不足。关注红色文化，以及不同时期中共对资产阶级的政策。

7.（2020·全国Ⅱ卷）1937年，陕甘宁边区组织民主普选，参选率达70%，其中延长等4个县当选县参议员中各阶层所占比例如表2－12所示。

表2－12 延长等4县县参议员各阶层所占比例

单位:%

工人	贫农	中农	富农	商人	知识分子	地主
4	65	25	1	1	2	2

表2－12反映出当时边区（　　）

A. 新民主主义理论在实践中推广　　B. 抗日民主政权性质的根本改变

C. 各阶层参加的联合政府的建立　　D. 抗日民族统一战线得到了落实

考点：红色文化之新民主主义与中国共产党。

考查方式：通过说明、体现类选择题，考查学生的时空观念、历史解释和史料实证素养。

考向预测：①关注红色文化，增强道路自信，认同党的领导。②关注隐性时空，常以某一事件、地名、人物切入，2017、2020年都出现过“陕甘宁边区”。

8.（2020·全国Ⅲ卷）20世纪40年代中后期，中国许多工矿企业尽管账面上获得利润，但难以维持再生产，故“很多工厂把囤积原料作为主业，反以生产作为副业”。这说明，当时（　　）

A. 商业的繁荣带动了工业生产　　B. 抗日战争的胜利推动生产恢复

C. 国统区的经济秩序遭到破坏　　D. 国民党军阀混战扰乱经济发展

考点：抗日战争时期的经济。

考查方式：通过说明、体现类选择题，考查学生的时空观念和历史解释素养。

考向预测：①关注抗日战争时期的经济发展情况，尤其是该时期民族工业的曲折发展。②关注时空所描述的历史阶段的政治、经济、文化特征。

9.（2019年·全国Ⅰ卷）1940年，毛泽东在一篇文章中指出，中国是一个半殖民地半封建社会，资产阶级还具有一定的革命性，这是中国与俄国的不同之点，在俄国“无产阶级的任务，是反对资产阶级，而不是联合它”。毛泽东的分析意在（　　）

A. 借鉴俄国革命的经验　　B. 扩大中国共产党的阶级基础

C. 阐释中国革命的性质　　D. 批判右倾错误的危害

考点：毛泽东思想。

考查方式：通过历史概念类选择题，考查学生的历史解释和家国情怀素养。

考向预测：关注毛泽东思想，尤其要理解历史概念“新民主主义革命”和“右倾错误”。

10. （2019·全国Ⅱ卷）1948年10月底，中共中央要求各地通过党校、军校以及其他方式，对干部进行培训，在条件可能的情况下开办正规大学，尽快使干部熟悉政治、经济、文化各方面的管理和技术。这一做法的目的是（　　）

A. 推动土地改革进一步深入　　B. 为工作重心的转移做准备

C. 重视科学和文化以推进工业化建设　　D. 提高执政能力以发展社会主义生产

考点：新民主主义与中国共产党。

考查方式：通过背景、目的类选择题，考查学生的时空观念、历史解释和家国情怀素养。

考向预测：关注中国共产党在不同时期的工作重心及其背景。

11. （2019·全国Ⅲ卷）20世纪30年代中期，《新中华》载文："现在你随便拉住一个稍稍留心中国经济问题的人，问他中国经济性质如何，他就毫不犹豫地答复你：中国经济是半殖民地性半封建性经济。"这可以用来说明当时（　　）

A. 知识界对中国社会性质的认识相同　　B. 官僚资本主义在中国迅速膨胀

C. 经济理论问题引起民众的普遍关注　　D. 马克思主义思想方法得到传播

考点：马克思主义的影响。

考查方式：通过说明、体现类选择题，考查学生的历史解释和家国情怀素养。

考向预测：关注20世纪30年代社会性质的论战。

12. （2018·全国Ⅰ卷）1948—1949年夏，英、法、美等国通过各自渠道同中国共产党接触，试探与将要成立的新政府建立某种形式的外交关系的可能性。中共中央考虑：不接受足以束缚手脚的条件；可以采用积极办法争取这些国家承认；也可以等一等，不急于争取这些国家的承认。这反映出（　　）

A. 中国共产党奉行独立自主的外交政策　B. 西方国家放弃了对国民党政权的支持

C. 中国突破了美国的外交孤立　　D. 新政府不急于获取国际支持

考点：新中国的外交。

考查方式：通过说明、体现类选择题，考查学生的时空观念和史料实证素养。

考向预测：关注新情境，弥补教材关于新中国外交叙述的不足，补充新中国成立前夕的外交。

13. （2018·全国Ⅱ卷）美国记者曾生动地记述抗日根据地："如果你遇见这样的农民——他的整个一生都被人欺凌，被人鞭笞、被人辱骂……你真正把他作为一个人来对待，征求他的意见，让他投票选举地方政府……让他自己决定是否减租减息。如果你做到了这一切，那么，这个农民就会变成一个具有奋斗目标的人。"这一记述表明，抗日根据地（　　）

A. 农民的抗日热情得到激发　　B. 废除了封建土地制度

C. 国民革命的任务得以实现　　　　D. 排除了国民党的影响

考点：抗日战争时期的土地政策。

考查方式：通过说明、体现类选择题，考查学生的历史解释、时空观念和家国情怀素养。

考向预测：抗日时期中共的作用主要集中在以下几方面进行考核：抗日根据地、基层民主建设、减租减息。

14.（2018·全国Ⅲ卷）1956 年，刘少奇在中共八大政治报告中指出："我们目前在国家工作中的迫切任务之一，是着手系统地制定比较完备的法律，健全我们国家的法制。"这反映了当时（　　）

A. 法制建设开始迈向制度化

B. 法制工作围绕组建新政权展开

C. 法制建设与国内主要矛盾的变化密切相关

D. 政治体制改革推动了依法治国的全面实行

考点：新中国法治建设。

考查方式：通过说明、体现类选择题，考查学生的时空观念和历史解释素养。

考向预测：新中国社会主义建设的探索和实践。

15.（2017·全国Ⅰ卷）陕甘宁边区政府在一份文件中讲到："政府的各种政策，应当根据各阶级的共同利害出发，凡是只对一阶级有利，对另一阶级有害的便不能作为政策决定的根据……现在则工人、农民、地主、资本家，都是平等的有权利。"这一精神的贯彻（　　）

A. 推动了土地革命的顺利开展　　　　B. 适应了民族战争新形势的需要

C. 巩固了国民革命的社会基础　　　　D. 壮大了反抗国民党政府的力量

考点：抗日战争。

考查方式：通过影响、意义类选择题，考查学生的历史解释、家国情怀和时空观念素养。

考向预测：关注抗战时期国共两党各自政策的调整。

16.（2017·全国Ⅱ卷）抗日战争胜利后，山东根据地已有农会、工会、妇女会、青年团、儿童团等中国共产党领导的群众组织，成员达 404 万人，占根据地总人口的 27%；中共党员占总人口的 1% 左右，几乎村村有党员。这反映出（　　）

A. 革命工作的重心开始转移　　　　B. 工农武装割据局面已经形成

C. 统一战线范围进一步扩大　　　　D. 国共力量对比变化趋势加强

考点：抗日战争。

考查方式：通过说明、体现类选择题，考查学生的历史解释、唯物史观和家国情怀素养。

考向预测：关注抗日战争的史实。关注新史料对教材的补充，侧重抗日战争的民族性和人民性。

17. (2017·全国Ⅲ卷) 1949年，渡江战役即将发起时，英国军舰擅自闯入长江人民解放军防线。人民解放军奋起反击，毙伤英军百余人，并要求英、美、法等国的武装力量“迅速撤离中国的领水、领海、领土、领空”。人民解放军的这一行动（　　）

A. 有利于巩固社会主义阵营

B. 是对列强在华特权的否定

C. 切断了西方国家对国民党的军事援助

D. 反映出“另起炉灶”外交政策的确立

考点：解放战争时期的渡江战役。

考查方式：通过推断类选择题，考查学生的历史解释、史料实证和时空观念素养。

考向预测：新中国成立前后的外交。

18. (2016·全国Ⅰ卷) 1943年8月，国民党颁布《抗战期间宣传名词正误表》，把“亲日派”“长征时代”“争取民主”“国共合作”“抗日民族统一战线”等归为“谬误名词”，禁止刊载。这反映了国民党（　　）

A. 努力缓和与其他党派的矛盾　　B. 竭力塑造战时政府的形象

C. 与中共争夺抗战的领导权　　D. 力图维护一党专制的局面

考点：抗日战争时期国民党的专制政策。

考查方式：通过说明、体现类选择题，考查学生的历史解释和史料实证素养。

考向预测：近几年高考关注国民政府的正面形象，弥补了教材重在关注国民政府的负面形象的缺陷。

19. (2016·全国Ⅱ卷) 抗战胜利后，国民政府将日伪纺织企业合并，成立了国有的中纺公司。政府高层解释称，商民在抗战之后，对于所接收之敌伪纱厂，“即便有人承购，事实上仍需由政府予以维持，等于仍由政府自行拨款接办，国库并不因出售纱厂而有大量之收入”。这反映了此时期（　　）

A. 政府试图缓解民族工业困境

B. 国家实行对轻纺工业的统制

C. 民族资本主义工业开始衰落

D. 政府在经济中主导地位加强

考点：抗战胜利后民族工业的发展。

考查方式：通过说明、体现类选择题，考查学生的历史解释和家国情怀素养。

考向预测：抗日战争胜利后国民政府对待日伪企业和民族工业的政策。

20.（2016·全国Ⅲ卷）图2－13是1932年出产的一款火柴上的图案。据此可知，当时中国（　　）

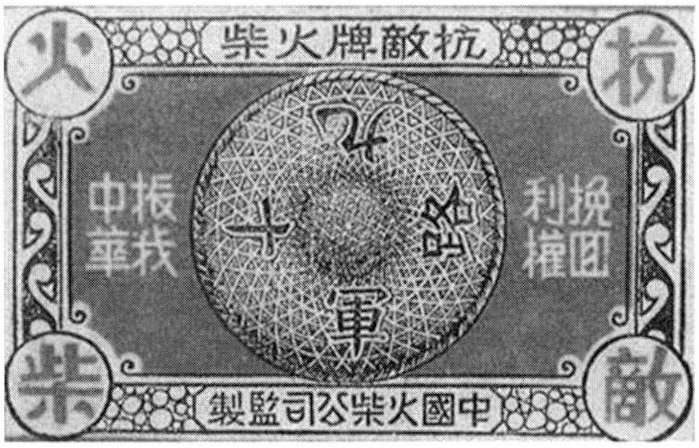

图2－13

A. 民族火柴工业举步维艰　　B. 新的营销方式得到采用

C. 开始兴起实业救国思潮　　D. 全国抗日救亡运动高涨

考点：1932年民族工业的发展。

考查方式：通过推断类选择题，考查学生的时空观念、历史解释和家国情怀素养。

考向预测：关注主干知识“民族工业的发展”。

21.（2015·全国Ⅰ卷）1933年到1937年上半年，国民政府军事委员会先后统筹完成了江宁、镇江、虎门、马尾、连云港等要塞区的建设，又大规模构筑了京沪、沪杭、豫北、晋北、绥东等侧重于城市和交通线防御的工事。它反映了国民政府（　　）

A. 力图防范各地兴起的反蒋运动　　B. 对日持久防御作战的战略意图

C. 全力“围剿”红军的企图　　D. 试图削弱各地军阀的实力

考点：全民族抗战。

考查方式：通过说明、体现类选择题，考查学生的时空观念、历史解释和家国情怀素养。

考向预测：关注国民党对抗日战争的备战和贡献，侧重进行正面评价，弥补教材不足，培养学生的思辨能力。

22.（2015·全国Ⅱ卷）1938年，日本侵略者在北平设立“中国联合准备银行”，发行“联银券”，流通于平、津、鲁、豫等地；同时还发行了大量不具备货币性质的“军用票”，流通于市场。日本侵略者上述行径的目的是（　　）

A. 扰乱国统区金融秩序　　B. 转嫁战争负担

C. 封锁抗日根据地经济　　D. 强化物资管制

考点：日本对中国的经济侵略。

考查方式：通过背景、目的类选择题，考查学生的时空观念、历史解释和家国情怀素养。

考向预测：①抗战期间日本与国民党对经济掠夺方式的差异。②与高考当年时政热点“世界反法西斯战争胜利70周年”吻合。

23.（2014·全国Ⅰ卷）20世纪20年代，上海成为中国电影的制作中心，当时上海放映的各种影片中，外国片与国产片比例约为2∶1；而在北京和天津，这一比例高达5∶1甚至6∶1。上海与京津放映中外电影比例不同，能够说明这一现象的应是（　　）

A. 外国电影的制作水平较高　　B. 京津民众对外来事物更具热情

C. 中国电影拷贝流通税费重　　D. 上海民众的社会心态更为开放

考点：20世纪20年代·社会生活的变迁。

考查方式：通过说明、体现类选择题，考查学生的唯物史观和历史解释素养。

考向预测：20世纪20年代社会生活变迁。对教材补充列强侵略对中国社会生活的影响。

24.（2014·全国Ⅱ卷）1937年11月，中国代表顾维钧在一次国际会议上说：“目前远东和平的恢复与维护，要求其他与会各国采取道义上的、物资上的、财政和经济上的具体行动。”否则，远东的暴力和动乱“就会达到不经受另一次世界大战的考验和磨难，就不可能制止和控制的程度”。他的主要目的在于（　　）

A. 争取各国对华同情和帮助　　B. 警示世界大战爆发的可能性

C. 批评列强对日的绥靖政策　　D. 敦促列强维护原有世界格局

考点：抗日战争。

考查方式：通过背景、目的类选择题，考查学生的时空观念、历史解释和家国情怀素养。

考向预测：①关注20世纪30年代第二次世界大战与东亚战场。②对抗战时期的考查主要集中在国民党一党专政和抗战措施，或是中共思想与抗日根据地对抗战的作用。

25.（2014·大纲卷）表2－13是国民政府中央农业试验所的一组全国性抽样调查数据：

表2－13

年份	佃农/%	半佃农/%	自耕农/%
1935	29	24	47
1936	30	24	46
1937	37	26	37
1938	38	27	35

表2－13反映了当时农村（　　）

A. 土地所有制度的变革　　B. 生产结构的调整

C. 农业耕作方式的变化　　D. 土地兼并的趋势

考点：民国时期的土地兼并。

考查方式：通过图表、漫画类选择题，考查学生的历史解释和唯物史观素养。

考向预测：教材较少提及民国土地制度，弥补教材不足。

26.（2013·全国Ⅰ卷）1928年中共六大通过的《政治议决案》指出：各省自发的农民游击战争，只有和“无产阶级的城市的新的革命高潮相联结起来”，才可能变成“全国胜利的民众暴动的出发点”。这反映了当时中共中央（　　）

A. 主张走农村包围城市的革命道路　　B. 坚持以城市为中心的革命模式

C. 重视农民战争与城市暴动的结合　　D. 认为农民阶级是取得革命胜利的主导

考点：1928年中共六大。

考查方式：通过说明、体现类选择题，考查学生的历史解释、家国情怀和唯物史观素养。

考向预测：马克思主义的中国化。

27.（2013·全国Ⅱ卷）抗日战争期间，湖北省政府曾发布《湖北省减租实施办法》，在农村推行以“减租”为内容的土地改革并取得一定成效，但未得到国民党中央的肯定。这表明当时国民党中央（　　）

A. 放弃了对农村原有土地制度的保护　　B. 阻止地方政府进行土地政策的调整

C. 无力控制地方政府的行为　　D. 无意改变农村的生产关系

考点：抗日战争时期国民政府的经济政策。

考查方式：通过说明、体现类选择题，考查考生的历史解释和家国情怀素养。

考向预测：弥补教材未涉及“抗日战争期间国民党的政策”的不足。

28.（2013·大纲卷）1863年，总理各国事务衙门正式任命英国人赫德为海关总税务司，赫德制定了管理海关的相关章程，对海关内部用人、行政等做了详细规定。这表明（　　）

A. 中国关税自主权进一步丧失　　B. 清政府加强了对海关的管控

C. 洋务运动正式展开　　D. 对外贸易完全被英国控制

考点：近代列强对中国主权的破坏。

考查方式：通过说明、体现类选择题，考查学生的历史解释和家国情怀素养。

考向预测：关注主干知识“近代列强对中国主权的破坏”。弥补教材未详述“近现代收回主权”的不足。

29.（2012·全国卷）1895年，身为状元的张謇开始筹办纱厂，他称自己投身实业是“捐弃所恃，舍身喂虎”。这反映出张謇（　　）

A. 毅然冲破视商为末业的传统观念　　B. 决心投入激烈的民族工商业竞争
C. 预见到国内工商业发展前景暗淡　　D. 具有以追求利润为目的的冒险精神

考点：中国近代工业与实业救国思潮。

考查方式：通过说明、体现类选择题，考查学生的历史解释和家国情怀素养。

考向预测：近代各阶级救亡图存。

30.（2012·大纲卷）1931 年初，红一方面军开始侦察国民党军队的无线电通讯。1932 年，红军破译了国民党军队的无线电通讯密码，这一成功（　　）

A. 确保了红军对敌处于军事优势地位　　B. 为红军取得战场主动权创造了条件
C. 加强了革命根据地间的协调作战能力　D. 有利于红军实现战略方针的转变

考点：国共十年对峙。

考查方式：通过影响、意义类选择题，考查学生的历史解释和家国情怀素养。

考向预测：红色文化。

31.（2011·全国卷）甲午战争后的“公车上书”与巴黎和会时的五四运动都是爱国救亡运动，但两者的规模与影响差别甚大，其主要原因在于（　　）

A. 民族觉醒程度与群众基础不同　　B. 外交失利导致的损害程度不同
C. 大众传媒发展水平与方式不同　　D. 列强攫取中国利权的手段不同

考点：近代资产阶级救亡图存运动。

考查方式：通过背景、目的类选择题，考查学生的历史解释和家国情怀素养。

考向预测：关注主干知识“各阶级救亡图存运动”。

32.（2011·海南卷）一位历史学家在回忆南京解放前夕的生活时称：“中央大学每月发薪水的那一天，可以说是最紧张的一天。各人在会计处拿到薪水，就得赶紧奔向新街口换成银元，立刻嘘嘘地赶到米市买米。”这反映了（　　）

A. 纸币无法用于购买粮食　　B. 市场上粮食和食品奇缺
C. 银元币值较纸币稳定　　D. 囤积银元和粮食现象普遍

考点：解放战争时期国统区的经济状况。

考查方式：通过说明、体现类选择题，考查学生的时空观念、历史解释和家国情怀素养。

考向预测：弥补教材对“解放战争时期国统区的经济”叙述的不足。

专题八　31 题题型研究
——中国现代新中国成长历程（1949 年至今）

1. （2021·全国甲卷）1982 年 12 月《人民日报》报道，浙江义乌某供销社在改革后，改变了过去“上面来货多少，下面供应多少”的状况，主动深入农户了解他们对生产资料的需求情况，采购农民所需物资；许多职工还积极寻找经营门路，开拓新的市场。出现这一现象是由于（　　）

A. 计划与市场的关系得以理顺　　B. 经济责任制逐步实行

C. 城市经济体制改革全面展开　　D. 现代企业制度的确立

考点：改革开放新时期之计划与市场的关系。

考查方式：通过背景、目的类选择题，考查学生的历史解释、时空观念和史料实证素养。

考向预测：新时期的改革开放多次考查，属典型反押题。

2. （2021·全国乙卷）1957 年，国家统计局《工人阶级队伍情况的调查报告》中有 1950 年及其后参加工作的职工社会出身情况，如表 2－14 所示。

表 2－14　职工社会出身情况

单位：%

地区	工人	劳动农民	转业军人	个体劳动者及一般市民	学生	资本家
上海	35. 52	12. 95	2. 69	18. 75	16. 08	5. 94
天津	39. 13	14. 27	3. 27	12. 29	19. 44	3. 70
陕西	26. 26	27. 99	8. 32	8. 67	22. 95	0. 52
新疆	16. 16	25. 47	23. 19	18. 18	19. 05	0. 23

据表 2－14 可知（　　）

A. 内地与沿海原有工业基础差距大　　B. 西部地区工商业改造不彻底

C. 我国的社会主义工业化基本实现　　D. 沿海地区工业发展更为迅速

考点：新中国成立初期经济发展。

考查方式：通过推断类选择题，考查学生的时空观念和唯物史观素养。

考向预测：关注新中国成立初期的经济建设和社会变化。

3. （2021·广东卷）1957 年创办于广州的中国出口商品交易会（简称“广交会”），

在新中国外贸史上占有重要的地位。周恩来指出：“一年两次的广交会是在我们被封锁的情况下不得已搞的，我们只好请人家进来看。”由此可知，广交会的创办（　　）

A. 扩展了与外部世界的交流渠道　　B. 强化了与苏联的经贸联系

C. 突破了计划经济对外贸的束缚　　D. 加速了不结盟运动的进程

考点：新中国外交。

考查方式：通过推断类选择题，考查学生的时空观念、历史解释和家国情怀素养。

考向预测：建党百年热点和新中国外交。

4.（2020·全国Ⅰ卷）1983 年，安徽某濒临倒闭的国营制药厂被 8 个年轻人承包，实行有奖有罚的经济责任制，9 个月就盈利 12 万元。后来安徽省委、省政府从中得到启示，下发通知明确提出，小型国营企业也可以实行承包经营。由此可以看出（　　）

A. 市场经济体制在全国逐步建立　　B. 政企职责不分弊端得到解决

C. 经济所有制结构开始发生变化　　D. 企业的经营自主权逐渐扩大

考点：经济体制改革。

考查方式：通过推断类选择题，考查学生的历史解释、时空观念和家国情怀素养。

考向预测：经济体制改革。

5.（2020·全国Ⅱ卷）1978 年底，中央工作会议上印发了《战后日本、西德、法国经济是怎样迅速发展起来的》以及新加坡、韩国等经济发展情况的材料，主要是为了讨论（　　）

A. 增强国营企业活力　　B. 积极利用外资和先进技术

C. 建立市场经济体制　　D. 调整优先发展重工业战略

考点：对外开放。

考查方式：通过背景、目的类选择题，考查学生的历史解释、时空观念和家国情怀素养。

考向预测：关注国史、党史、社会主义发展史和改革开放史，尤其是教材中未提及的历史细节，即对教材进行拓展。

6.（2020·全国Ⅲ卷）1983 年，北京四个最大的百货商场与北京市第一商业局签订合同，规定：超额完成利润承包额的，超额部分国家与商场对半分成；完不成利润承包额的，差额部分由企业利润留成和浮动工资弥补。这反映出（　　）

A. 企业活力逐步得到增强　　B. 国企改革全面展开

C. 市场经济体制目标确立　　D. 现代企业制度建立

考点：改革开放新时期中国的经济体制改革。

考查方式：通过说明、体现类选择题，考查学生的时空观念、历史解释和家国情怀素养。

考向预测：经济体制改革。

7.（2019·全国Ⅰ卷）据统计，1954 年 1 月到 4 月，中国科学院图书馆上海分馆俄文书刊借阅总数为 1953 年同期的 5 倍，为 1952 年同期的 50 倍，东北各研究所俄文书刊借阅量也大幅增加。这表明当时（　　）

A. 科学研究已与国际前沿接轨　　B. 科教兴国战略已展开

C. 对苏联经验的反思蔚然成风　　D. 工业化建设需求迫切

考点：新中国经济建设与外交活动。

考查方式：通过说明、体现类选择题，考查学生的时空观念和历史解释素养。

考向预测：新中国经济建设曲折发展和外交活动。

8.（2019·全国Ⅱ卷）1979—1981 年，中国减少粮食播种面积 5 000 万亩，有计划地扩大了经济作物的种植面积，在有条件的地方还开始逐步退耕还林还牧，鼓励农村在经济合理原则下举办社队企业。这些政策（　　）

A. 推动了农村经济结构的调整　　B. 加快了私营企业发展

C. 完善了家庭联产承包责任制　　D. 健全了市场经济体制

考点：新时期经济体制改革。

考查方式：通过影响、意义类选择题，考查学生的唯物史观、历史解释和家国情怀素养。

考向预测：①结合经济学知识分析改革开放是社会经济发展的必由之路。②关注高考当年的"周年"大事。

9.（2019·全国Ⅲ卷）图 2－14 是 1953 年创作的年画。该作品（　　）

图 2－14　《数他劳动强》

A. 继承了中国传统文人画作的基本风格

B. 描绘了农民参与社会主义生产的场景

C. 体现了"双百"方针提倡的创作精神

D. 倡导了适应国家建设需要的社会新风

考点：新中国成立初期的"一五计划"。

考查方式：通过图表、漫画类选择题，考查学生的时空观念、史料实证和家国情怀素养。

考向预测：①新中国成立初崇尚劳动的新风气。②从社会史观角度分析中国近现代社会生活巨变。

10. （2018·全国Ⅰ卷）图2－15是1953年的一幅漫画，描绘了资源勘探队员来到深山，手持“邀请函”叩响山洞大门的情景。这反映了当时我国（　　）

图2－15

A. 已经初步改变工业落后局面

B. 开始进行对矿产资源的开采

C. 国民经济调整任务基本完成

D. 大规模的经济建设正在展开

考点：新中国经济建设。

考查方式：通过图表、漫画类选择题，考查学生的时空观念、唯物史观和历史解释素养。

考向预测：新中国经济建设的探索与实践。

11. （2018·全国Ⅱ卷）图2－16为1956年的一幅漫画《两把尺》（画中字：“奶奶的尺——量布做新衣。阿姨的尺——测量祖国，建设社会主义。”该漫画反映了（　　）

A. 社会主义建设以工业化为中心

B. 女性成为国家建设的重要力量

C. 人民公社化运动蓬勃发展

D. 城乡差别发生根本性改变

图2－16　《两把尺》

考点：新中国经济建设。

考查方式：通过图表、漫画类选择题，考查学生的时空观念、历史解释和家国情怀素养。

考向预测：20世纪50至70年代探索社会主义建设道路的实践。

12.（2018·全国Ⅲ卷）

表2－15　中国乡镇企业行业分布表

单位：万个

年份	农业	工业	建筑业	交通运输业	商、饮、服务业
1982	29.28	74.92	5.38	9.58	17.01
1988	23.28	773.52	95.58	372.55	623.23

表2－15中的数据变化说明，这一时期我国（　　）

A. 农村剩余劳动力大量转移　　B. 城乡一体化逐步实现

C. 社会主义市场经济体制已建立　　D. 工业结构趋于合理

考点：经济体制改革。

考查方式：通过图表、漫画类选择题，考查学生的时空观念、历史解释和唯物史观素养。

考向预测：对唯物史观的考查多从社会存在与社会意识关系、生产力与生产力关系、经济基础与上层建筑关系、人民群众是历史的创造者等角度切入。

13.（2017·全国Ⅰ卷）1990年，一份提交中央的报告说，理论上的凯恩斯主义和实践中的罗斯福新政，实际上是把计划用作国家干预的一种手段，从那时候起，计划与市场相结合成为世界经济体制优化的普遍趋势。据此可知，该报告的主旨是（　　）

A. 肯定国家干预经济的发展模式　　B. 阐明融入经济全球化的必要

C. 主张摆脱传统经济模式的束缚　　D. 剖析西方经济体制的实质

考点：中国经济体制改革。

考查方式：通过推断类选择题，考查学生的时空观念和唯物史观素养。

考向预测：关注主干知识“各国经济体制的创新与调整”。

14.（2017·全国Ⅱ卷）1977年，我国各大专院校录取新生27.3万人，至1988年高校在校生总规模达206万人，2001年增长至719万人。在此期间，高等职业教育和各种形式的成人高等教育的入学人数也有很大增长。由此可知（　　）

A. 社会对专业人才的需求得到了解决

B. 高等教育实现了与生产劳动相结合

C. 人才选拔制度的改革适应了经济社会发展

D. 恢复统一高考制度促进了高等教育的普及

考点：新中国教育。

考查方式：通过推断性选择题，考查学生的时空观念、历史解释和唯物史观素养。

考向预测：运用唯物史观分析经济基础对上层建筑的作用。

15.（2017·全国Ⅲ卷）图2－17为1954年某画家创作的《婆媳上冬学》，这一作品（　　）

图2－17　《婆媳上冬学》

A. 继承了传统文人画的特点　　B. 受同期西方流行画派影响

C. 体现了现实主义绘画风格　　D. 注重表现作者的艺术想象

考点：新中国教育。

考查方式：通过图表、漫画类选择题，考查学生的唯物史观和历史解释素养。

考向预测：①关注新中国教育和美术作品主要流派的特征。②关注社会热点，培养公民意识，构建文明社会。

16.（2016·全国Ⅰ卷）1965年，中国大陆与西方国家的贸易额在进出口总额中所占的比重，由1957年17.9%上升到52.8%。这种变化的外交背景是，我国（　　）

A. 实现了与西方国家关系的正常化　　B. 调整了与苏联的外交政策

C. 推行了全方位外交的政策　　D. 打破了欧美对华经济封锁

考点：新中国的外交。

考查方式：通过比较类选择题，考查学生的时空观念、历史解释和唯物史观素养。

考向预测：①关注主干知识“新中国的外交”，对教材进行补充和深化。②补充20世纪60年代新中国的外交。

17.（2016·全国Ⅱ卷）“一五”计划期间，我国住宅建设占基本建设投资额的比重不断减少，其他非生产性建设投资也开始受到抑制。这表明我国（　　）

A. 致力于奠定工业化基础　　B. 国民经济结构臻于平衡

C. 大力压缩基本建设投资规模　　D. 城市化的进程趋于缓慢

考点：新中国成立初“一五”计划。

考查方式：通过说明、体现类选择题，考查学生的唯物史观、历史解释和史料实证素养。

考向预测：新中国经济建设的曲折发展。

18.（2016 · 全国Ⅲ卷）1980 年与 1975 年相比，我国粮食播种面积减少 6 884 万亩，总产量却增加674 亿斤；棉花播种面积减少53 万亩，总产量增加652 万担；油料作物和甜菜播种面积共扩大3 626 万亩，其总产量分别增加 70% 和 150%。出现这一现象的主要原因是（　　）

A. 农民生产自主权的扩大　　B. 农业生产技术有了革命性的改变

C. 农村经济体制改革完成　　D. 国家取消对农副产品的统销政策

考点：农村经济体制改革。

考查方式：通过背景、原因类选择题，考查学生的唯物史观、历史解释和史料实证素养。

考向预测：关注主干知识新时期“中国经济体制改革”。

19.（2015 · 全国Ⅰ卷）图 2 – 18 为新中国第一个五年计划期间中国、美国、英国主要工业指标年均增长速度的比较。据此可以推知（　　）

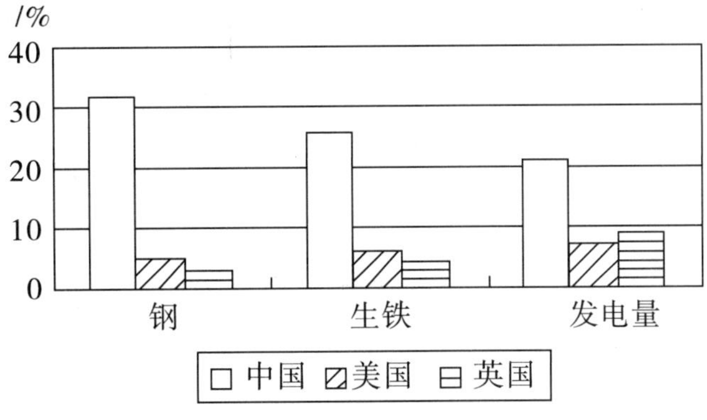

图 2 – 18

A. 中国原有工业基础很薄弱　　B. 冷战制约美英工业发展

C. 中国重工业发展急躁冒进　　D. 美英传统工业产业衰落

考点：新中国成立初“一五”计划。

考查方式：通过推断类选择题，考查学生的历史解释、唯物史观和史料实证素养。

考向预测：关注主干知识“新中国的经济建设曲折发展”。

20.（2015 · 全国Ⅱ卷）到 1952 年底，新中国已建立多所俄文专科学校，北京大学、清华大学等多所高校和一批中学开设了俄文课程，许多中小城镇也掀起了学习俄语的热潮。这是我国当时（　　）

A. 外交政策转变的需要　　B. 计划经济体制的需要

C. 文化教育改革的需要　　D. 国家发展战略的需要

考点：新中国成立初期国家发展战略。

考查方式：通过说明、体现类选择题，考查学生的唯物史观和历史解释素养。

考向预测：新中国成立初期的国家发展战略与工业化建设。

21.（2014 · 全国Ⅰ卷）“一五”计划期间，我国实行粮食计划供应制度，各地根据国家粮食计划供应的相关规定，以户籍为依据确定粮食供应的对象与数量。这一制度的实行（　　）

A. 有利于资本主义工商业改造　　B. 保障了工业化战略实施

C. 缓解了灾害造成的粮食短缺　　D. 加速了国民经济的恢复

考点：新中国成立初“一五”计划。

考查方式：通过推断类选择题，考查学生的历史解释和家国情怀素养。

考向预测：关注主干知识“中国经济建设的曲折发展”。

22.（2014 · 全国Ⅱ卷）1953 年 10 月，中共中央决定在全国范围内实行粮食的统购统销，在农村向余粮户实行粮食计划收购的政策，由国家严格控制粮食市场。粮食的统购统销（　　）

A. 加快了我国农村经济的恢复和发展　　B. 有力地促进了各地农村的政权建设

C. 将农民经济生活纳入国家计划体制　　D. 为国家工业化建设提供劳动力资源

考点：新中国成立初“一五”计划。

考查方式：通过推断类选择题，考查学生的历史解释、唯物史观和时空观念素养。

考向预测：关注主干知识“新中国经济建设的曲折发展”。

23.（2014 · 大纲卷）1958 年一则新闻报道称，某县一农业社创造了平均亩（0.067 公顷）产 36 956 斤（18 478 千克）的惊人纪录。来自各地的参观者普遍认为，人的智慧和大自然的潜力是无穷无尽的。这（　　）

A. 显示出农业合作化运动激发农民生产积极性

B. 体现了集体经营对提高生产效率有一定作用

C. 反映了科学技术进步极大提高了粮食产量

D. 折射出人们改变经济落后面貌的迫切愿望

考点：大跃进和人民公社化运动。

考查方式：通过影响、意义类选择题，考查学生的历史解释、家国情怀和唯物史观素养。

考向预测：关注主干知识“新中国经济建设的曲折发展”。

24.（2013 · 山东卷）20 世纪 50 年代，中苏两国对中国的某一新生事物产生了不同看法。前者认为它是“中国加速社会主义建设，向共产主义过渡的最好形式”；后者则认为 20 至 30 年代的苏联曾有过类似尝试，但“在经济上是不合理的”。“它”是指（　　）

A. 土地改革　　B. “一五”计划　　C. 社会主义三大改造　　D. 人民公社

考点：大跃进和人民公社化运动。

考查方式：通过历史概念类选择题，考查学生的时空观念、历史解释和家国情怀素养。

考向预测：关注主干知识“新中国经济建设的曲折发展”。

25. （2013 · 全国Ⅱ卷）新中国成立之初，全国各高校遵照中央政府要求开设公共必修课，恩格斯所著《劳动在从猿到人转变过程中的作用》成为指定教科书，文化部还举办了以“从猿到人”等为宣传主题的大型科学知识展览会。其主要目的是（　　）

A. 构建与国家政权相适应的意识形态　　B. 确立马克思主义在全党的指导地位

C. 用科学文化知识破除封建迷信思想　　D. 探索引导宣传舆论工作的全新形式

考点：新中国成立初期的教育。

考查方式：通过背景、目的类选择题，考查学生的历史解释和唯物史观素养。

考向预测：关注主干知识“新中国的教育”。

26. （2013 · 大纲卷）从 20 世纪 60 年代初期开始，大批沿海城市人口向内地迁移，在内地形成了一批新的城镇，促进了中国城市分布向中西部扩散的格局。出现这种状况的主要原因是（　　）

A. 国家调整了工业布局　　B. 人口急剧膨胀

C. 国家实行城镇化战略　　D. 大跃进运动的开展

考点：20 世纪 60 年代初期我国的工业布局。

考查方式：通过背景、目的类选择题，考查学生的历史解释和唯物史观素养。

考向预测：关注主干知识“新中国经济建设的曲折发展”。

27. （2013 · 安徽卷）从 1950 年到 1957 年，中国人的平均寿命从 36 岁延长到 57 岁。学龄儿童的入学率同期从 25% 增至 50%，进入大中学校的人数也大量增加。这主要取决于（　　）

A. 人们对健康和教育的重视　　B. 教育卫生事业的健康发展

C. 社会主义经济体系的完善　　D. 社会主义制度的逐步建立

考点：新中国成立初期的社会主义建设探索。

考查方式：通过背景、目的类选择题，考查学生的唯物史观、历史解释和家国情怀素养。

考向预测：关注主干知识“新中国经济建设的曲折发展”。

28. （2012 · 新课标全国卷）1920 年 12 月，毛泽东在致朋友的信中说：“我看俄国式的革命，是无可如何的山穷水尽诸路皆走不通了的一个变计，并不是有更好的方法弃而不采，单要采这个恐怖的方法。”这表明在当时中国共产党早期组织成员看来（　　）

A. 俄国革命道路必须与中国实际相结合

B. 在中心城市举行武装暴动是当务之急

C. 暴力革命是进行社会改造的必然选择

D. 改良仍旧是改造社会行之有效的方法

考点：红色文化之中共思想。

考查方式：通过说明、体现类选择题，考查学生的唯物史观和历史解释素养。

考向预测：弥补教材未提及“俄国十月革命为何采暴力手段”的不足，让学生认同中共的领导，坚持道路自信。

29. （2012 · 大纲卷）1980 年 12 月，我国颁发了改革开放后的第一份个体工商业营业执照。这表明（　　）

A. 公有制经济主体地位开始改变　　B. 城市经济体制改革全面展开

C. 企业承包经营责任制开始实行　　D. 单一所有制经济结构已被突破

考点：经济体制改革。

考查方式：通过说明、体现类选择题，考查学生的时空观念、历史解释和家国情怀素养。

考向预测：关注主干知识“经济体制改革”。

30. （2011 · 全国卷）1900 年 6 月 21 日，清政府颁布“向各国宣战懿旨”。6 月 26 日，两江总督刘坤一、湖广总督张之洞等与列强在上海领事商定《东南保护约款》，规定“上海租界归各国共同保护，长江及苏、杭内地均归各督抚保护，两不相扰，以保中外商民人民产业为主”。这表明（　　）

A. 列强在华势力受到有效遏制　　B. 清政府中央集权面临危机

C. 地方实力派成为列强代理人　　D. 地方势力与朝廷分庭抗礼

考点：晚清 · 地方势力强大。

考查方式：通过说明、体现类选择题，考查学生的历史解释和家国情怀素养。

考向预测：教材未论及“东南互保”和“地方势力”，但这些与义和团运动、八国联军侵华有关，弥补了教材的不足。

31. （2011 · 浙江卷）邓小平说：“证券、股市，这些东西究竟好不好，有没有危险，是不是资本主义独有的东西，社会主义能不能用？允许看，但要坚决地试。看对了，搞一两年对了，放开；错了，纠正，关了就是了。”这段话主要反映的是（　　）

A. 经济建设既要防“左”又要反“右”

B. 经济体制改革重心从农村转向城市

C. 市场经济并不是资本主义所独有的

D. 设立沿海经济特区有必要进行试验

考点：经济体制改革。

考查方式：通过说明、体现类选择题，考查学生的时空观念、历史解释和家国情怀素养。

考向预测：关注主干知识“经济体制改革”。

专题九　32 题题型研究
——世界古代史（世界文明的源头）

1.（2021·全国甲卷）古希腊阿里斯托芬在一部作品中写道，雅典某陪审员对他儿子说，他一到那里，“就有人把盗窃过公款的温柔的手”递给他，并向他鞠躬。经过这么一恳求，他的火气也就消了，随即进入法庭。这可以用于说明，在古代雅典（　　）

A. 司法审判不能体现民意　　　　B. 民主政治制度已趋于完善

C. 直接民主无法确保正义　　　　D. 公民法注重调解经济纠纷

考点：雅典民主与司法。

考查方式：通过说明、体现类选择题，考查学生的历史解释和时空观念素养。

考向预测：高考已考过 3 次雅典司法。大题一般联系古代中国法律、专制主义中央集权制进行考查。

2.（2021·全国乙卷）16 世纪起，英国国王将大量特许状授予从事海外贸易的商人团体，成立特许公司。与此同时，欧洲许多国家掀起创办海外贸易特许公司的热潮。至 18 世纪末，特许公司数量已达数百个。这反映出该时期（　　）

A. 资本输出成为海外扩张的主要形式　B. 资本主义世界市场形成

C. 划分势力范围成为列强争霸的焦点　D. 殖民扩张呈现竞争格局

考点：早期的殖民扩张。

考查方式：通过说明、体现类选择题，考查学生的历史解释和时空观念素养。

考向预测：16—18 世纪欧洲殖民扩张背景、主要国家和扩张地区。

3.（2021·广东卷）公元前 5 世纪中期，叙拉古城邦推行橄榄叶放逐法，投票时使用橄榄叶，投票数没有最低限制且可以频繁使用。许名公民因担心被流放而拒绝参与国家管理，由此引发政局混乱。这主要反映了（　　）

A. 公正性缺失导致城邦瓦解　　　B. 内部矛盾扩大了社会阶层的对立

C. 权力的滥用影响国家稳定　　　D. 轮番而治削弱了平民的政治地位

考点：古代希腊的政治制度

考查方式：通过说明、体现类选择题，考查学生的时空观念和历史解释素养。

考向预测：古希腊雅典民主政治的特点、运作方式及影响。

4.（2020·全国Ⅰ卷）雅典城邦通过抽签产生的公民陪审团规模很大，代表不同的公民阶层，负责解释法律、认定事实、审理案件等。而在罗马，通常由专业法官和法学家进行司法解释。由此可见，在雅典城邦的司法实践中（　　）

A. 职业法官拥有审判权　　　　　B. 负责司法解释的主体与罗马相同

C. 公民直接行使司法权　　　　　　　D. 公民陪审团维护所有人的法律权益

考点：雅典与罗马法律。

考查方式：通过推断类选择题，考查学生的历史解释和史料实证素养。

考向预测：弥补教材不足，突破惯性思维认为雅典只有民主政治，罗马只有法律。

5. （2020 · 全国Ⅱ卷）有学者认为："在政体形式这个关键问题上，只有完全的一致，或者多数派强大到近乎全体一致的程度，即使那些不完全赞同的人也必须尊重这种政体，才能让政治激情不至于造成流血，同时让国家所有权威部门受到人们充分而自如地平和批评。"这一论述可以用于说明（　　）

A. 雅典民主政治　B. 僭主政治　　　C. 罗马共和政体　　D. 寡头政治

考点：雅典民主政治。

考查方式：通过说明、体现类选择题，考查学生的历史解释和时空观念素养。

考向预测：关注主干知识"雅典民主政治"。

6. （2020 · 全国Ⅲ卷）1549—1560 年，约 4 776 名法国逃难者进入加尔文派控制下的日内瓦，其中 1 536 人是工匠。他们将技术和资金由奢侈品行业投入普通的钟表业，日内瓦逐步发展成为世界钟表业的摇篮。这反映出，当时（　　）

A. 人文主义传播缓和了社会矛盾　　　B. 经济发展不平衡促进技术转移

C. 工匠精神决定了城市生活面貌　　　D. 宗教改革助推日内瓦经济发展

考点：社会热点"五育并举"。

考查方式：通过说明、体现类选择题，考查学生的时空观念、唯物史观和历史解释素养。

考向预测：关注社会热点"五育并举"，落实立德树人的教育目标。

7. （2019 · 全国Ⅰ卷）在古代雅典城邦，陪审法庭几乎可以审查当时政治生活中的所有问题，甚至包括公民大会和议事会通过的法令，并进行最终判决。这说明（　　）

A. 法律服从民众意愿　　　　　　　B. 判决体现权力来源

C. 全体公民参与政治　　　　　　　D. 法律面前人人平等

考点：雅典民主政治。

考查方式：通过说明、体现类选择题，考查学生的历史解释和史料实证素养。

考向预测：关注主干知识"雅典民主政治"，突破惯性思维。区别古代雅典民主与西方现代民主。

8. （2019 · 全国Ⅱ卷）公元前 5 世纪以前，希腊哲人主要探讨的是宇宙本原等问题。其后，智者学派另提出一些命题，苏格拉底、柏拉图和亚里士多德皆有丰富的论述，希腊哲学的主题已转移到（　　）

A. 神　　　　B. 自然　　　　C. 人　　　　D. 政治

考点：古希腊人文主义。

考查方式：通过说明、体现类选择题，考查学生的历史解释和唯物史观素养。

考向预测：关注主干知识“古希腊人文主义思想”。

9.（2019·全国Ⅲ卷）16 世纪，英国自上而下地进行宗教改革，国王成为英国国教教会唯一的首脑。17 世纪 60 至 70 年代，英国国王查理二世宣布实行宗教自由，强调英国国教教会的至尊地位。此举旨在（　　）

A. 促进信仰自由　B. 巩固君主立宪　C. 强化专制统治　D. 落实《权利法案》

考点：君主专制。

考查方式：通过背景、目的类选择题，考查学生的历史解释和唯物史观素养。

考向预测：关注英国政体，弥补教材不足。

10.（2018·全国Ⅰ卷）古代雅典的梭伦在诗中写道：“作恶的人每每致富，而好人往往贫穷；但是，我们不愿意把我们的道德和他们的财富交换，因为道德是永远存在的，而财富每天在更换主人。”据此可知，梭伦（　　）

A. 反对奴隶制度　B. 主张权利平等　C. 抨击贫富差别　D. 具有人文精神

考点：古代雅典人文精神。

考查方式：通过推断类选择题，设置新情境，考查学生的历史解释素养。

考向预测：关注古代西方法治和德治。

11.（2018·全国Ⅱ卷）罗马共和国时期，平民和贵族展开了长达两个世纪的斗争，斗争的成就主要体现为其间所颁布的一系列法律，恩格斯曾评论说：“氏族贵族和平民不久便完全溶化在国家中了。”这一长期斗争的结果是（　　）

A. 贵族的特权被取消　B. 罗马法体系最终形成

C. 公民与贵族法律上平等　D. 自由民获得相同的权利

考点：古罗马法。

考查方式：通过说明、体现类选择题，考查学生的唯物史观和历史解释素养。

考向预测：①关注主干知识“罗马法”，避免偏、难、怪、深。②运用唯物史观“阶级斗争是社会发展的动力”解答试题。

12.（2018·全国Ⅲ卷）公元前 5 世纪，雅典公民获得更多表达自己想法的机会，公民的成功“依赖于在大型公共集会上谈话、论辩与说服的能力”。据此可知，在当时雅典（　　）

A. 公民必须能言善辩　B. 参政议政十分活跃

C. 民主政治出现危机　D. 内乱引发思想纷争

考点：雅典民主政治。

考查方式：通过推断类选择题，考查学生的历史解释素养。

考向预测：关注主干知识“古代雅典民主政治与人文思想”。

13.（2017·全国Ⅰ卷）在公元前9至前8世纪广为流传的希腊神话中，诸神的形象和性情与人相似，不仅具有人的七情六欲，而且还争权夺利，没有一个是全知全能和完美无缺的。这反映了在古代雅典（　　）

A. 宗教信仰意识淡薄　　B. 人文思想根植于传统文化

C. 理性占据主导地位　　D. 神话的影响随民主进程而削弱

考点：古希腊人文思想。

考查方式：通过说明、体现类选择题，考查学生的时空观念和历史解释素养。

考向预测：教材内容确定希腊人文思想出现的时间是公元前5世纪，因而这是对教材进行补充。

14.（2017·全国Ⅱ卷）在梭伦改革之后的雅典，有的执政官是未经正当选举上台的，被称为僭主。他们一般出身贵族，政绩斐然，重视平民利益，但最终受到流放等惩罚。这种现象表明，在当时的雅典（　　）

A. 贵族垄断国家政权　　B. 政治生活缺乏法制基础

C. 平民没有政治权利　　D. 民主政治已是人心所向

考点：古代雅典民主政治。

考查方式：通过说明、体现类选择题，考查学生的历史解释、史料实证和家国情怀素养。

考向预测：关注主干知识和重点知识，如古代希腊民主。

15.（2017·全国Ⅲ卷）在古代雅典，官员就职前须宣誓保证依法履行职责，陪审员须宣誓保证公正审判，年满18岁的青年男子须参加成人宣誓仪式才拥有公民的权利和义务。这些宣誓旨在（　　）

A. 限制权力滥用　B. 防止官员腐败　C. 培育权利观念　D. 增强责任意识

考点：古代雅典民主政治。

考查方式：通过背景、目的类选择题，考查学生的历史解释素养。

考向预测：关注主干知识“雅典民主与希腊城邦制度”。

16.（2016·全国Ⅰ卷）德国文学家歌德说，罗马法“如同一只潜入水下的鸭子，虽然一次次将自己隐藏于波光水影之下，但却从来没有消失，而且总是一次次抖擞精神地重新出现”。对此的正确理解应是，罗马法（　　）

A. 是近代欧洲大陆国家法律的基础　　B. 为欧洲近代社会确立了行为规范

C. 所维护的民主制度历史影响深远　　D. 不断地改变了欧洲历史发展方向

考点：罗马法。

考查方式：通过意义、影响类选择题，考查学生的历史解释素养。

考向预测：关注主干知识“罗马法”。

17. （2016·全国Ⅱ卷）公元前 5 世纪剧作家阿里斯托芬提到，雅典政府有时让行使警察职能的公共奴隶，用染成红色的绳子驱使公民去参加公民大会。若有人因此在衣服上留下红色痕迹，他将被处以罚款。这反映出在当时的雅典（　　）

A. 公民大会形同虚设　　B. 民众失去政治热情

C. 参政是公民的义务　　D. 政府丧失民众信任

考点：雅典民主政治。

考查方式：通过说明、体现类选择题，考查学生的史料实证和历史解释素养。

考向预测：平时教学只关注雅典民主政治的先进性，忽略其局限性。应注意弥补教材不足。

18. （2016·全国Ⅲ卷）古希腊悲剧《被缚的普罗米修斯》讲述的是，普罗米修斯为人类盗取火种而遭到主神宙斯严厉惩罚的故事，剧中借普罗米修斯之口说：“说句老实话，我憎恨所有的神。”该剧深受雅典人的喜爱。这反映出当时雅典人（　　）

A. 宗教意识淡薄　B. 反对神灵崇拜　C. 注重物质生活　D. 强调人的价值

考点：西方人文精神的起源。

考查方式：通过说明、体现类选择题，考查学生的历史解释能力。

考向预测：关注主干知识“西方人文精神的起源”。

19. （2015·全国Ⅰ卷）图 2－19 为古罗马正义女神像。它体现了罗马法的诸多原则，如高擎的秤体现的是裁量公平，手握利剑体现的是法律的强制力。据此，双眼蒙布所体现的原则是，法官审案应（　　）

A. 主要依据道德良知

B. 侧重听取证人证言

C. 不受表象迷惑，洞察事实真相

D. 排除一切干扰，遵从民众意愿

图 2－19

考点：古罗马法。

考查方式：通过推断类选择题，考查学生的史料实证素养。

考向预测：①关注主干知识“罗马法”。②关注社会主义核心价值观。

20. （2015·广东卷）《十二铜表法》中说：“以后凡人民会议的所有决定都应具有法律效力。”对此理解正确的是（　　）

A. 奴隶参与了立法　　B. 习惯法的内容被摒弃

C. 贵族对法律的垄断被打破　　D. 成文法的规定不能改变

考点：罗马法。

考查方式：通过说明、体现类选择题，考查学生的历史解释和史料实证素养。

考向预测：罗马法、成文法、习惯法、自然法等概念的理解，罗马法的特点及影响。

21.（2014·全国Ⅰ卷）古代雅典法律规定：如果公民试图自杀，必须事先提出申请，以获得批准；未经允许的自杀被视为犯罪行为。这反映出在古代雅典（　　）

A. 法律体系已达到完备的程度　　B. 法律具有尊重生命价值的人文精神

C. 公民个人自由受到严格限制　　D. 自杀有违崇尚自然法则的理性精神

考点：雅典的民主政治。

考查方式：通过说明、体现类选择题，考查学生的历史解释素养。

考向预测：关注学术新观点，雅典民主有民主无自由，对教材进行补充。

22.（2014·全国Ⅱ卷）罗马共和国早期，当罗马遭受外族进攻时，平民曾多次将自己组织的队伍撤离罗马，拒绝作战，迫使贵族在政治上做出让步，《十二铜表法》的制定就是这种斗争的成果之一。可见当时（　　）

A. 贵族逐步丧失制定法律的主导地位　　B. 平民采取有效方式争取自身权益

C. 贵族让步在法制发展中起决定作用　　D. 平民与贵族的政治诉求日趋一致

考点：古罗马法。

考查方式：通过推断类选择题，考查学生的时空观念和历史解释素养。

考向预测：关注主干知识，弥补教材不足。

23.（2014·广东卷）公元6世纪东罗马帝国皇帝钦定的法学教科书中说："皇帝的决定也具有法律效力，因为根据赋予他权力的王权法，人民把他们的全部权威和权力移转给他。"这说明（　　）

A.《社会契约论》影响深远　　B. 王权法丧失了法律效力

C. 古罗马皇帝崇尚"君权神授"　　D. 古罗马有重视法律的传统

考点：罗马法。

考查方式：通过说明、体现类选择题，考查学生的时空观念和历史解释素养。

考向预测：罗马法的特点、影响等。

24.（2013·全国Ⅰ卷）有学者说，在古代雅典，"政治领袖和演说家根本就是同义语"。这一现象是雅典（　　）

A. 政治体制的产物　　B. 社会矛盾缓和的反映

C. 频繁改革的结果　　D. 思想文化繁荣的体现

考点：雅典民主政治。

考查方式：通过说明、体现类选择题，考查学生的历史解释素养。

考向预测：关注主干知识"雅典民主政治"。

25. （2013·全国Ⅱ卷）公元前 340 年，雅典一下层女子因亵渎神灵被控犯罪，按法律当处死。辩护人用动情的言辞质问："难道你们忍心让这位阿芙洛狄特（古希腊美丽女神）的弟子香消玉殒吗？"这打动了陪审团。经投票，陪审法庭判其无罪。这反映出在古代雅典（　　）

A. 民主原则贯穿司法过程　　B. 妇女享有广泛政治权利

C. 法律注重保护平民权益　　D. 司法审判缺乏严格程序

考点：雅典的民主政治。

考查方式：通过说明、体现类选择题，考查学生的历史解释素养。

考向预测：关注主干知识"雅典民主政治"。

26. （2013·广东卷）雅典的陶片放逐法规定，每年召开特别的公民大会，投票决定将那些严重威胁民主政治的人流放海外。据此，下列行为中可能使公民遭到流放的是（　　）

A. 不按时参加公民大会　　B. 不同意授予外邦人公民权

C. 为赢得个人政治声望资助贫穷公民　　D. 拒绝参加城邦举行的戏剧表演

考点：雅典民主政治。

考查方式：通过推断类选择题，考查学生的历史解释素养。

考向预测：雅典民主政治的特点及局限。

27. （2012·全国卷）古罗马法学家盖尤斯记述过一个案例：有人砍伐了邻居家的葡萄树，被告上法庭，原告虽提供了确凿证据，却输掉了官司。原因是原告在法庭辩论中把"葡萄树"说成了"葡萄"，而《十二铜表法》只规定了非法砍伐他人"树木"应处以罚金。该案例说明当时在罗马（　　）

A. 不重视私有财产的保护　　B. 法律具有形式主义特征

C. 审判程序缺乏公正性　　D. 审判结果取决于对法律的解释

考点：罗马法。

考查方式：通过说明、体现类选择题，考查学生的历史解释和史料实证素养。

考向预测：罗马法的特点及影响。

28. （2011·广东）有学者认为："古代雅典政治建立在一种非常不民主的基础之上。"下列雅典民主政治鼎盛时期的史实，可以支持该论断的是（　　）

A. 公民大会是最高权力机构

B. 居民中奴隶数量多于自由民

C. 有不少功勋卓著的公民经陶片放逐法被流放国外

D. 五百人议事会的成员以抽签方式从 10 个选区中选出

考点：雅典民主政治。

考查方式：通过推断类选择题，考查学生的历史解释素养。

考向预测：雅典民主政治的特点、影响。

29.（2011·北京卷）雅典民主改革后，工商业者获得一定权利。一位雅典公民濒临破产，却不愿让家中女眷制作面包和衣服出售，认为只有蛮族和奴隶才做这种“低贱营生”。苏格拉底劝导说，为了家庭生计，自由的女人运用技艺从事商品生产是“最高贵”的行为，通过学习和练习可增进美德。这说明（　　）

①苏格拉底认为雅典社会道德沦丧

②古希腊城邦时期开始出现手工工场

③苏格拉底认为人应当求知并付诸实践

④雅典民主改革后仍有公民对工商业抱有偏见

A. ①③　　B. ②④　　C. ①②　　D. ③④

考点：西方人文精神的起源。

考查方式：通过说明、体现类选择题，考查学生的时空观念、历史解释和史料实证素养。

考向预测：关注主干知识“古代西方人文精神的起源”，其代表人物之一苏格拉底的主张是高频考点。

30.（2011·全国卷）苏格拉底在受审时申辩说：“打一个可笑的比喻，我就像一只牛虻，整天到处叮住你们不放，唤醒你们、说服你们、指责你们……我要让你们知道，要是杀死像我这样的人，那么对你们自己造成的损害就会超过对我的残害。”这段话表明苏格拉底（　　）

A. 维护公民生存权利　　B. 捍卫思想自由原则

C. 抗议雅典司法不公　　D. 反对贵族专权暴政

考点：雅典民主政治与古希腊人文主义思想。

考查方式：通过说明、体现类选择题，考查学生的时空观念、历史解释素养。

考向预测：关注主干知识“雅典民主政治”，其弊端是高频考点，注意西方古代民主与现代西方民主的关联。

专题十　33 题题型研究
——世界近代史（欧洲中心的形成时期）

1.（2021·全国甲卷）1871 年，巴黎公社建立后，当时在巴黎的俄国革命者拉甫罗夫说：这次革命“与其他革命迥然不同”，革命领导者都是“无名的人”，“法国最有名望的人物所不敢做和不能做成的事情”，这些普通人却轻而易举地做成了。据此可知，巴黎公社（　　）

A. 建立了稳固的工农联盟　　B. 废除了君主专制制度

C. 体现工人政权鲜明特征　　D. 深受俄国革命的影响

考点：国际社会主义运动之巴黎公社。

考查方式：通过推断类选择题，考查学生的历史解释、时空观念和史料实证素养。

考向预测：关注高考当年的周年热点事件。

2.（2021·全国乙卷）18 世纪 90 年代初，法国国民议会取消监禁专制授权令，否定了家长或家族可不经审讯就将孩子投进监狱的做法；国民议会还规定，由新建立的家事评议庭专司听审父母和 20 岁以下子女的争讼，21 岁的家庭成员不分男女，不再受父权的管辖控制。上述内容体现了（　　）

A. 个人意志即个人权利　　B. 个人与国家间的契约关系

C. 男女的政治地位平等　　D. 家族利益凌驾于国家利益

考点：启蒙思想与西方民主政治。

考查方式：通过反映、推断类选择题，考查学生的历史解释和时空观念素养。

考向预测：民主政治道路多元性的特点；时空观念和历史解释素养。

3.（2021·广东卷·12）15 世纪下半叶，德国艺术家逐渐减少了从圣徒中选择创作主题。骑士、商队、城市市场、大学生活、士兵行军和野营等场景越来越多地出现在作品中。这反映德国（　　）

A. 理性主义的产生　　B. 人文主义的兴起

C. 宗教改革的开始　　D. 浪漫主义的发展

考点：文艺复兴。

考查方式：通过说明、体现类选择题，考查学生的时空观念和历史解释素养。

考向预测：关注欧洲的三大思想解放运动。

4.（2021·广东卷·13）1873 年 5 月，法兰西共和国总统梯也尔对君主派议员说：“你们不要弄错，民众绝大多数都站在共和国一边。”君主派议员占优势的议会随后通过对政府的不信任案，梯也尔被迫辞职。这反映了（　　）

A. 巴黎公社的政治影响　　B. 主权在民观念的淡化

C. 代议制度的曲折发展　　D. 三权分立体制的确立

考点：资本主义的代议制·艰难曲折的法国共和之路。

考查方式：通过说明、体现类选择题，考查学生的时空观念和历史解释素养。

考向预测：法国君主派与共和派实力相当，代议制确立过程曲折。

5. （2020·全国Ⅰ卷）16 世纪的思想家蒙田从教育要培养“完全的绅士”理念出发，强调要注重培养身心和谐发展的“完整的人”，即不仅体魄强健、知识渊博，而且具有良好的判断力和爱国、坚韧、勇敢、关心公益等优秀品质。蒙田的教育主张（　　）

A. 体现了文艺复兴思想对人的认识　　B. 推动了资产阶级革命的高涨

C. 反映了启蒙运动生而平等的理念　　D. 摆脱了宗教观念的长期束缚

考点：社会热点“五育并举”。

考查方式：通过推断类选择题，考查学生的历史解释素养。

考向预测：近代西方人才培养的要求，全面发展是古今中外的共识。

6. （2020·全国Ⅱ卷）15 世纪中叶，西尔维乌斯在《论自由教育》一文中，强调培养身心俱健的人，要求通过体育、军事训练与合理饮食来强健身体，通过文学、哲学和文艺的学习来丰富精神世界，使人拥有信仰、美德、知识和智慧。这一主张（　　）

A. 丰富了人文主义的教育思想　　B. 重申了启蒙运动的思想内容

C. 强调信仰对教育的决定作用　　D. 奠定了宗教改革的理论基础

考点：社会热点“五育并举”。

考查方式：通过影响、意义类选择题，考查学生的历史解释素养。

考向预测：近代西方人才培养的要求，全面发展是古今中外的共识。

7. （2020·全国Ⅲ卷）美国建国初期，制宪会议的参加者麦迪逊认为，新宪法授予联邦政府的权力很少，并有明确的规定；各州所保留的权力很多，却没有明确规定。在第一届国会上，麦迪逊提出宪法修正案：除了明确授予中央政府的权力以外，其余的权力由各州自行保留。这一主张（　　）

A. 赋予各州主权　　B. 恢复邦联制度

C. 体现了分权与制衡原则　　D. 旨在扩大联邦政府权力

考点：近代西方代议制。

考查方式：通过推断类选择题，考查学生的历史解释素养。

考向预测：美国没有权力中心，是三权分立。美国中央集权与古代中国不同。

8. （2019·全国Ⅰ卷）有研究认为，美国独立后不到半个世纪，拉丁美洲经过独立战争，推翻了殖民统治，但拉美国家并没有像近邻美国那样独立后进入现代化的快车道，而是发展停滞，究其原因，殖民统治难辞其咎。“难辞其咎”主要是指殖民者在拉丁美洲

（　　）

A. 奴役掠夺土著居民　　　　B. 建立的殖民统治最早

C. 进行了大量的移民　　　　D. 移植了本国生产方式

考点：殖民扩张。

考查方式：通过史实对应类选择题，考查学生的历史解释和史料实证素养。

考向预测：教材较少涉及拉美社会状况的不足，弥补教材不足。

9.（2019·全国Ⅱ卷）图 2－20 可以用来说明，当时欧洲（　　）

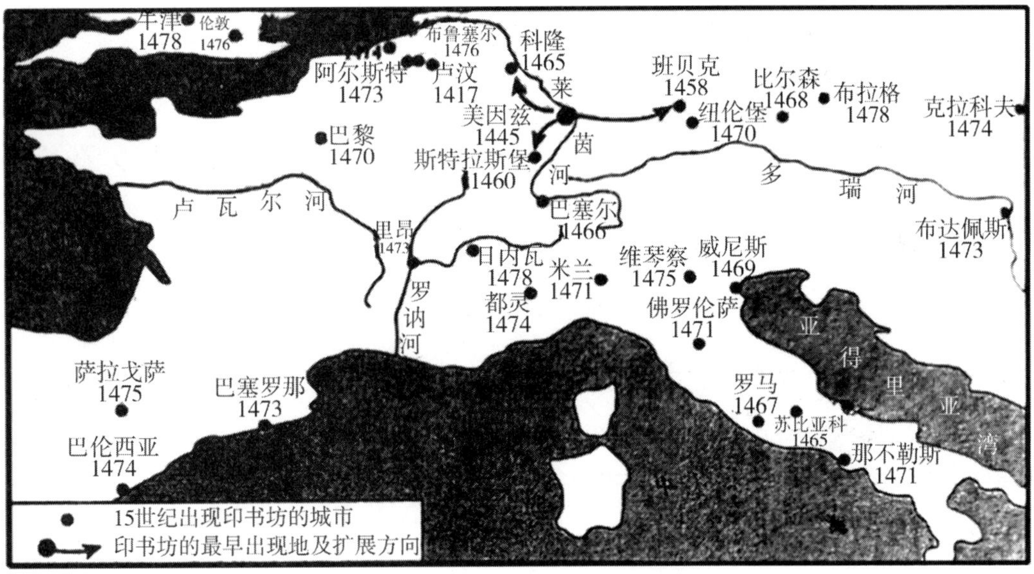

图 2－20

A. 文化趋于活跃　B. 政治变革加速　　C. 市民阶级出现　　D. 新教传播广泛

考点：文艺复兴。

考查方式：通过历史地图类选择题，考查学生的史料实证素养。

考向预测：①特别重视考查知识的综合性，需要借助地理知识。②不同教材版本互补。人教版“16 世纪以后文艺复兴从意大利传播到其他欧洲国家，在文学、艺术等很多方面硕果累累”。

10.（2019·全国Ⅲ卷）恩格斯在评价某一文学艺术流派时说：“除细节的真实外，还要真实地再现典型环境中的典型人物。”属于这一流派的作品是（　　）

A.《哈姆雷特》　B.《等待戈多》　　C.《人间喜剧》　　D.《西风颂》

考点：批判现实主义。

考查方式：通过史实对应类选择题，考查学生的历史解释素养。

考向预测：关注主干知识“近现代文学流派”。

11.（2018·全国Ⅰ卷）1847 年 6 月，正义者同盟改名为共产主义者同盟，以“全世界无产者，联合起来”的新口号代替“人人皆兄弟”的旧口号，并规定同盟的目的是：

"通过传播财产公有的理论并尽快地求其实现，使人类得到解放。"这一变化说明（　　）

A. 共产主义者同盟接受了马克思的革命理论

B. 马克思主义的诞生推动了无产阶级的斗争

C. 工人运动在欧洲的主要资本主义国家开始兴起

D. 无产阶级与资产阶级的矛盾成为社会主要矛盾

考点：马克思主义。

考查方式：通过说明、体现类选择题，考查学生的历史解释、时空观念和唯物史观素养。

考向预测：关注主干知识"马克思主义"。

12. （2018·全国Ⅱ卷）图2－21可以用来说明，奴隶贸易（　　）

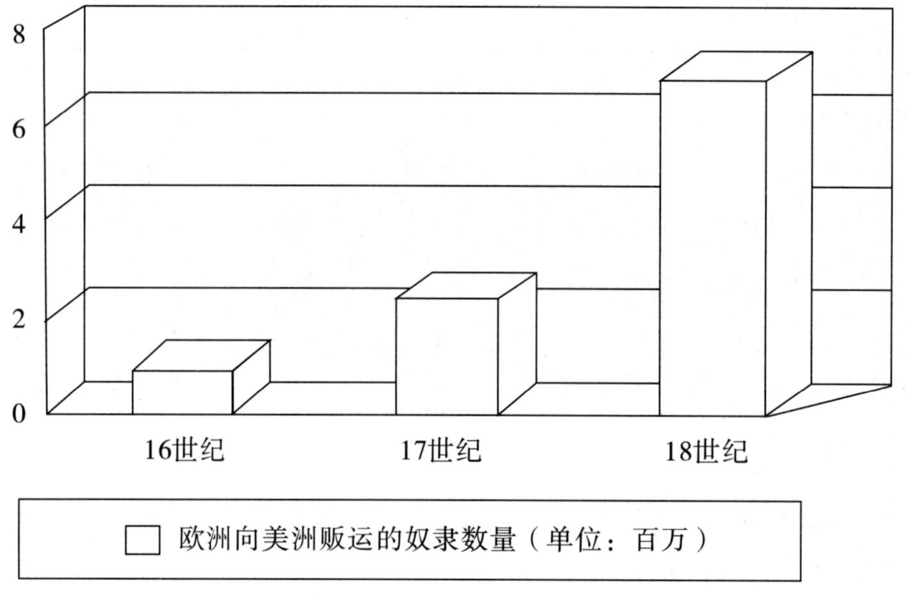

图2－21

A. 是早期资本主义扩张的手段　　B. 促成世界殖民体系最终确立

C. 导致"日不落帝国"的产生　　D. 因白银开采的需要达到极盛

考点：16世纪至18世纪的奴隶贸易。

考查方式：通过图表、漫画类选择题，考查学生的时空观念和历史解释素养。

考向预测：关注主干知识"早期殖民扩张"。

13. （2018·全国Ⅲ卷）18世纪前半期的法国，先前往来于凡尔赛宫的思想家、文学家、戏剧家们，开始热衷于参加沙龙聚会，讨论的话题广泛，不再局限于传统的信仰和礼仪，思想极为活跃，上流社会不少人也乐于资助他们。这表明（　　）

A. 启蒙思想逐渐流行　　B. 宫廷文化普及到民间

C. 专制王权已经衰落　　D. 贵族与平民趋于平等

考点：法国的启蒙思想。

考查方式：通过说明、体现类选择题，考查学生的历史解释、唯物史观和时空观念素养。

考向预测：①关注主干知识“欧洲三大思想解放运动”。②运用唯物史观“社会意识和社会存在的反作用”分析试题。

14.（2017·全国Ⅰ卷）

表2-16 英国国民总收入变化表

年份	约1770	约1790—1793	约1830—1835
数额/百万英镑	140	175	360
英国工人实际工资变化表（即按实际购买力计算的工资，1851年为100）			
年份	1755	1797	1835
指数	42.74	42.48	78.69

综合表2-16可知，在工业革命期间，英国（　　）

A. 工人实际收入与经济发展同步增长　　B. 经济快速发展依赖于廉价的劳动力

C. 工人生活整体上没有改善　　D. 社会贫富差距进一步拉大

考点：约1770—1835年的工业革命。

考查方式：通过图表、漫画类选择题，考查学生的唯物史观和史料实证素养。

考向预测：关注主干知识“工业革命”。

15.（2017·全国Ⅱ卷）13世纪后半期，佛罗伦萨市政府决定扩建一座小而简陋的教堂，并专门发布公告称，教堂要与“佛罗伦萨的众多市民的意志结合而成的高贵的心灵相一致”。这反映出，当时佛罗伦萨（　　）

A. 工商业阶层成长壮大　　B. 人文主义广泛传播

C. 教会权威进一步提升　　D. 新教理论初步形成

考点：13世纪后半期的工商业。

考查方式：通过说明、体现类选择题，考查学生的历史解释和时空观念素养。

考向预测：文艺复兴前后欧洲社会的变化。

16.（2017·全国Ⅲ卷）雨果在小说《九三年》中描述1793年法国唯一的最高权力机关国民公会，“既是正式选举会议又是十字街头，既是权威机关又是平民大众，既是法庭又是被告”。这里的国民公会所体现的政治理念是（　　）

A. 三权分立　　B. 君主立宪　　C. 人民主权　　D. 法律至上

考点：法国政治理念。

考查方式：通过说明、体现类选择题，考查学生的史料实证素养。

考向预测：关注主干知识“法国走向共和的曲折历程”。

17.（2016·全国Ⅰ卷）1702年英国国王威廉三世去世，安妮女王即位。当时议会内部存在两个党派，安妮厌恶占多数席位的辉格党，于是解除了辉格党人的行政要职，代之以托利党人。这说明在当时英国（　　）

A. 议会无权制约国王　　B. 君主立宪制尚未完善

C. 内阁制已基本确立　　D.《权利法案》遭到破坏

考点：英国君主立宪制。

考查方式：通过说明、体现类选择题，考查学生的历史解释素养。

考向预测：关注主干知识"资本主义政体的确立"。

18.（2016·全国Ⅱ卷）英国18世纪人口死亡率明显下降，但1816年以后死亡率上升。1831—1841年，工厂集中的伯明翰每千人死亡率由14.6上升到27.2，利物浦由21.0上升到34.8。导致上述情况发生的重要原因是（　　）

A. 城市环境极其恶劣　　B. 化学工业污染严重

C. 人口膨胀食物短缺　　D. 医疗技术水平下降

考点：工业革命。

考查方式：通过背景、目的类选择题，考查学生的历史解释素养。

考向预测：关注主干知识"工业革命"。

19.（2016·全国Ⅲ卷）19世纪60年代，总长超过3万英里的美国铁路有多种轨距。南部铁路轨距以5英尺居多，北部最普遍的轨距是4.9英尺，部分地区还采用6英尺、5.6英尺的轨距。这反映出当时美国（　　）

A. 尚未形成成熟的统一国内市场　　B. 铁路是经济增长的主导部门

C. 科技水平限制了制造业的发展　　D. 战争破坏了基础交通设施建设

考点：19世纪60年代·美国工业革命。

考查方式：通过说明、体现类选择题，设置新情境，考查学生的时空观念和历史解释素养。

考向预测：综合理解工业革命在美国的延伸、美国南北战争等史实。

20.（2015·全国Ⅰ卷）18世纪中叶，一位英国内阁成员在议会发言中说："诸位都知道媾和与开战的权力是由国王掌握的……我们的宪法始终表明，国王在决定和平与战争时有权利让议会参与，也有权利不让议会参与。没有哪位明智的国王真的会冒险不让议会参与。"这表明在当时的英国（　　）

A. 光荣革命成果受到挑战　　B. 立宪政体未能阻止国王专权

C. 内阁依旧为国王所控制　　D. 国王仍旧保留某些名义权力

考点：18世纪中叶·英国君主立宪制。

考查方式：通过说明、体现类选择题，考查学生的历史解释素养。

考向预测：关注英国君主立宪制的特征。

21.（2015·全国Ⅱ卷）

表2－17　英、美、法、德工业生产总和在世界工业生产中所占比例表

年份	1870	1896—1900	1913
比例	78%	74%	72%

由表2－17可以推知，19世纪70年代到20世纪初（　　）

A. 欧美发达国家已经开始盛极而衰　　B. 世界各地的工业化有所发展

C. 世界各国工业发展差距明显缩小　　D. 世界经济结构发生重大变化

考点：第二次工业革命。

考查方式：通过推断类选择题，考查学生的史料实证素养。

考向预测：两次工业革命。

22.（2014·全国Ⅰ卷）根据美国1787年宪法，众议员名额按照各州人口比例分配，各州人口数“按自由人总数加上所有其他人口的五分之三予以确定”。这一规定违背了《独立宣言》中提倡的（　　）

A. 主权在民原则　B. 天赋人权原则　C. 各州自治原则　D. 各州平等原则

考点：美国1787年宪法。

考查方式：通过说明、体现类选择题，考查学生的史料实证素养。

考向预测：关注主干知识“1787年宪法”。

23.（2014·全国Ⅱ卷）有人描述19世纪初英国的情景时说，妇女和女孩们曾从黎明到深夜整天不断地使用的嘤嘤作响的纺车，如今已被弃置屋隅。那些打着拍子砰然作响的手织机也多半闲置无闻。这说明（　　）

A. 生产领域出现革命性变化　　B. 工业革命推动妇女解放

C. 重工业成为国民经济主导　　D. 家庭手工业已不复存在

考点：工业革命。

考查方式：通过说明、体现类选择题，考查学生的历史解释素养。

考向预测：关注主干知识“两次工业革命”。

24.（2014·大纲卷）1928年初，斯大林视察西伯利亚农村后说，苏维埃制度不能长久建立在两种不同的基础上，即“联合的社会主义工业化的工业和以生产资料私有制为基础的个体小农经济”。这种认识在实践中体现为（　　）

A. 提出了第一个五年计划　　B. 建立城乡市场交换关系

C. 实行农业生产关系改造　　D. 加快重工业的发展速度

考点：1928年初·苏联的农业集体化运动。

考查方式：通过说明、体现类选择题，考查学生的历史解释素养。

考向预测：关注主干知识“苏联的经济建设”。

25.（2013·全国Ⅰ卷）1952年，苏共领导人马林科夫在十九大的政治报告中指出：“今年谷物的总收获量达到80亿普特，而最主要的粮食作物小麦总收获量比1940年增加了48%。以前认为是最尖锐、最严重的问题——谷物问题，就这样顺利地解决了，彻底而永远地解决了。”这一论断（　　）

A. 与实际情况完全相符　　B. 成为加快工业化的依据

C. 是对农业改革的肯定　　D. 是对斯大林模式的维护

考点：1952年·苏联的经济发展。

考查方式：通过历史概念类选择题，考查学生的历史解释素养。

考向预测：从不同角度认识斯大林模式。

26.（2013·全国Ⅱ卷）华盛顿在1787年3月致麦迪逊的信中说：“凡是有判断能力的人，都不会否认对现行制度进行彻底变革是必需的。我迫切希望这一问题能在全体会议上加以讨论。”这里所说的“彻底变革”是指（　　）

A. 革除联邦体制的弊端　　B. 建立三权分立的共和体制

C. 废除君主立宪制　　D. 改变松散的邦联体制

考点：1787年宪法颁布的背景。

考查方式：通过历史概念类选择题，考查学生的时空观念和历史解释素养。

考向预测：关注主干知识“1787年宪法”。

27.（2013·大纲卷）19世纪60年代中期，普鲁士政府提出军事改革议案，要求扩充常备军、延长服役期、增加税收与军费，遭到议会强烈反对。这一斗争反映出（　　）

A. 国内市场不统一导致严重政治分歧

B. 普鲁士内部存在统一方式之争

C. 普鲁士与奥地利争夺民族统一领导权

D. 普鲁士与其他各邦存在统一与反统一之争

考点：19世纪60年代中期·德意志的统一。

考查方式：通过说明、体现类选择题，考查学生的历史解释和时空观念素养。

考向预测：关注主干知识“1871年《德意志帝国宪法》”。

28.（2012·大纲卷）一份历史文献《告人民书》指出，帝国、君主政体和议会制至今所强加给人民的，“是专制的、不合理的、专横的和令人难以忍受的集权”。这份历史文献出现于（　　）

A. 英国资产阶级革命时期　　B. 美国内战时期

C. 俄国二月革命期间　　D. 巴黎公社期间

考点：近代西方的政治体制。

考查方式：通过史实对应类选择题，考查学生的历史解释和时空观念素养。

考向预测：巴黎公社政权的性质。

29.（2011·全国卷）1603 年，一位旅居西班牙的法国人说："我在这里听到一个谚语：本地除白银外，所有东西都价格高昂。"之所以出现这一谚语，主要是因为西班牙（　　）

A. 贵族阶层生活奢靡　　B. 工商业的发展迅速

C. 对殖民地疯狂掠夺　　D. 矿产资源十分丰富

考点：殖民扩张。

考查方式：通过背景、目的类选择题，考查学生的历史解释素养。

考向预测：关注早期殖民扩张的影响。

30.（2011·大纲卷）美国首都华盛顿所在地原是一片荒无人烟的灌木丛林。联邦政府机构位于城市中心，国会大厦建在全城最高点"国会山"上，在其两侧分别是总统府和联邦最高法院。以建都时各州名称命名的 15 条大道由内向外辐射，覆盖全城。华盛顿的建筑规划体现的美国政治文化是（　　）

A. 白手起家的开拓精神　　B. 议会中心与共和意识

C. 三权分立与制衡原则　　D. 平等独立的州权观念

考点：近代美国政治制度。

考查方式：通过说明、体现类选择题，考查学生的史料实证、历史解释和时空观念素养。

考向预测：关注主干知识"古今中外的民主追求"。

31.（2011·广东卷）有学者认为："19 世纪 70 年代的新欧洲……可以看作是唯物辩证法所指的历史上阶级斗争的新阶段。"该观点依据的史实是（　　）

A. 第一次工业革命　　B. 俄国十月革命

C.《共产党宣言》发表　　D. 巴黎公社革命

考点：巴黎公社。

考查方式：通过史实对应类选择题，考查学生的时空观念、历史解释和唯物史观素养。

考向预测：关注主干知识"巴黎公社"。

专题十一　34 题题型研究
——世界现代史（两次世界大战期间）

1.（2021·全国甲卷）苏俄国内战争时期，在察里津和卡卢加一带，当地苏维埃政权没有禁止粮食的自由贸易，而是向贩粮者征税，用于支援战争和救济饥民。这一史实可用来说明，当时苏俄（　　）

A. 粮食短缺问题得到解决　　B. 自由贸易成为经济活动常态

C. 战时经济措施存在弊端　　D. 粮食税已经代替余粮收集制

考点：社会主义道路之列宁时期。

考查方式：通过说明、反映类选择题，考查学生的时空观念、历史解释素养。

考向预测：考查主干知识“战时共产主义政策”的缺陷。

2.（2021·全国乙卷）青年时代的普朗克曾被告诫，物理学是一门已经完成了的科学，不会再有多大的发展。1900 年，物理学家开尔文也断言：“在已经基本建成的科学大厦中，后辈物理学家只能做一些零碎的修补工作。”由此可知在当时（　　）

A. 物理学领域的问题已全部解决　　B. 物理学对微观世界的思考尚未开始

C. 经典物理学仍然处于统治地位　　D. 量子力学得到物理学界的普遍认可

考点：经典力学和量子力学。

考查方式：通过推断类选择题，考查学生的时空观念、历史解释素养。

考向预测：史料实证能力，根据材料推断史实或得出结论。

3.（2021·广东卷）下面的漫画可用来说明当时美国（　　）

（该图原文为英文）

图 2－22

A. 货币贬值已缓解了经济危机　　B. 经济模式改弦易辙势在必行

C. 社会保障制度已经建立　　D. 国家干预政策初见成效

考点：经济大萧条与罗斯福新政。

考查方式：通过说明、体现类选择题，考查学生的时空观念、历史解释素养。

考向预测：经济大萧条与罗斯福新政。

4.（2020·全国Ⅰ卷）有人描写19世纪六七十年代的巴黎：人们在巴黎内部建立了两座截然不同、彼此敌对的城市，一座是“奢靡之城”，另一座是“悲惨之城”，前者被后者包围。当时“悲惨之城”的形成，主要是因为（　　）

A. 波旁王朝的苛政　　B. 资产阶级的贪婪

C. 贸易中心的转移　　D. 教会统治的腐朽

考点：法国第二帝国时期。

考查方式：通过说明、体现类选择题，考查学生的历史解释素养。

考向预测：工业革命扩展到法国，加剧了贫富分化。

5.（2020·全国Ⅱ卷）19世纪末，德皇威廉一世去世，威廉二世继任，支持俾斯麦的政党联盟在帝国议会选举中失败，与威廉二世意见相左的俾斯麦辞职。这一系列事件表明德国（　　）

A. 议会加强对政府的监督　　B. 皇帝个人权力强大

C. 对外政策发生根本变化　　D. 分权制衡体制成熟

考点：德意志帝国政体。

考查方式：通过说明、体现类选择题，考查学生的历史解释素养。

考向预测：①关注主干知识“近代西方代议制”。②军国主义与专制主义易搞混，军国主义针对战争，专制主义针对君主权力大。

6.（2020·全国Ⅲ卷）图2－23为西方绘画作品《第一步》，其代表的绘画流派（　　）

图2－23　第一步

A. 注重内心的“自我感受” B. 强化了直观印象的作用
C. 强调素描的准确性 D. 追求画面严整和谐

考点：工业革命。

考查方式：通过说明、体现类选择题，考查学生的史料实证、历史解释和家国情怀素养。

考向预测：关注主干知识“工业革命”。

7. （2019·全国Ⅰ卷）工业革命前，英国矿井里使用蒸汽唧筒抽水。1765年，修理过唧筒的瓦特发明了一种单动式蒸汽机，后在工厂主的合作和资助下，终于改进制成“万能蒸汽机”，并广泛使用到工业领域。该过程表明，第一次工业革命期间生产领域的主要发明创造（ ）

A. 源自于劳动实践 B. 依赖于科学理论的突破
C. 取决于资金保障 D. 得益于各阶层广泛参与

考点：工业革命。

考查方式：通过说明、体现类选择题，考查学生的历史解释素养。

考向预测：关注主干知识“工业革命”。

8. （2019·全国Ⅱ卷）法国史学家索布尔认为，从某种角度而言，法国大革命大大超过了以往的历次革命，包括英国革命和美国革命。可以用来说明这一观点的是，在启蒙思想的指导下，法国大革命（ ）

A. 创建了民主共和政体 B. 以暴力为革命主要方式
C. 根除了专制复辟危险 D. 以社会平等为首要目标

考点：启蒙思想和法国大革命。

考查方式：通过说明、体现类选择题，考查学生的历史解释素养。

考向预测：①关注主干知识“法国大革命和启蒙思想”。②关注高考当年的“周年”与“次周年”大事，如2019年是法国大革命230周年。

9. （2019·全国Ⅲ卷）1947—1948年，美国部分印第安人部族面临饥荒，美国政府拒绝提供救济，因为有人指控他们部族公社的生活方式是共产主义式的而不是美国式的。这反映出（ ）

A. 三权分立体制存在重大缺陷 B. 意识形态影响政府政策
C. 执政者力图重塑国家精神 D. 国家对经济的干预加强

考点：三权分立。

考查方式：通过说明、体现类选择题，考查学生的历史解释素养。

考向预测：对教材进行补充，对美国的种族歧视政策进行延伸解读。

10.（2018·全国Ⅰ卷）传统观点认为，英国成为工业革命发源地，是因为英国最早具备了技术、市场等经济条件；后来有研究者认为，其主要原因是英国建立了君主立宪制度；又有学者提出，煤铁资源丰富、易于开采等自然条件是其重要因素。据此可知，关于工业革命首先在英国发生的认识（　　）

A. 只能有一种正确合理的观点　　B. 随着研究视角拓展而趋于全面

C. 缺少对欧洲其他国家的观察　　D. 后期学者研究比传统观点可信

考点：史学理论。

考查方式：通过史观类选择题，考查学生的历史解释、时空观念素养。

考向预测：关注英国成为工业革命发源地的研究的不同角度和得出的不同认识。

11.（2018·全国Ⅱ卷）1836 年，俄国著名戏剧家果戈里发表剧作《钦差大臣》，描写的是一名小官吏路过某偏僻小城，当地人们误把他当作钦差大臣而竞相巴结、行贿。该作品（　　）

A. 抨击了资本主义政治腐败　　B. 揭露了专制体制的腐朽

C. 体现了浪漫主义文学风格　　D. 讽刺了拜金主义的风气

考点：批判现实主义文学。

考查方式：通过史实对应类选择题，考查学生的历史解释、时空观念素养。

考向预测：关注世界近代以来的主要文学流派。

12.（2018·全国Ⅲ卷）

表 2－18　1929—1931 年美国部分行业工人周工资变化表

类别	时间	
	1929—1930 年	1930—1931 年
烟煤业	－12.3%	－19.1%
金属矿业	－6.6%	－18.3%
制造业	－7.2%	－11.3%

据表 2－18 可知，当时美国（　　）

A. 最低工资标准失效　　B. 产业结构迅速调整

C. 经济危机不断加深　　D. 政府财政支出锐减

考点：经济危机。

考查方式：通过图表、漫画类选择题，考查学生的时空观念、历史解释和唯物史观素养。

考向预测：①关注主干知识“罗斯福新政”。②运用唯物史观“人民群众是历史的创造者”分析罗斯福新政成功的原因。

13.（2017 · 全国Ⅰ卷）

图 2－24

图 2－24 是苏联时期的一幅漫画《又是斯大林格勒》。该漫画表明（　　）

A. 外国对苏俄的武装干涉彻底失败　　B. 苏联在帝国主义包围中仍实现工业化

C. 二战期间苏联经济建设并未停滞　　D. 遏制政策未能阻止苏联经济的发展

考点：二战后 · 苏联经济建设。

考查方式：通过图表、漫画类选择题，考查学生的史料实证、历史解释和时空观念素养。

考向预测：二战期间苏联的经济发展。关注时空观。

14.（2017 · 全国Ⅱ卷）1800 年，美国总统、联邦党人亚当斯要求政见不同的内阁成员皮克林辞职，遭到皮克林拒绝，于是亚当斯将其免职。皮克林因此成为美国历史上第一位被总统免职的内阁成员。亚当斯此举（　　）

A. 加强了联邦政府的行政权力　　B. 体现了总统与内阁之间权限不明

C. 行使了宪法赋予总统的职权　　D. 反映了联邦党与其他党派的斗争

考点：1800 年 · 美国三权分立。

考查方式：通过说明、体现类选择题，设置新情境，考查学生的历史解释素养。

考向预测：关注主干知识“美国 1787 年宪法”。

15.（2017 · 全国Ⅲ卷）1953 年，苏共中央决定，改变集体农庄劳动报酬发放办法，由以前每年发放一次物质报酬改为按季度或按月发放，同时在一些集体农庄试行工资制度，农民可以像工人一样每月领取工资。这一措施旨在（　　）

A. 调动农民生产积极性　　B. 改变计划经济管理体制

C. 消除城乡之间的差别　　D. 推动农民走集体化道路

考点：1953 年 · 苏联的经济体制改革。

考查方式：通过推断类选择题，考查学生的时空观念和历史解释素养。

考向预测：关注主干知识“苏联的经济体制改革”。

16.（2016·全国Ⅰ卷）

表 2－19

成立时间	名称
1955 年	国际茶叶委员会
1960 年	石油输出国组织
1962 年	可可生产者联盟
1970 年	天然橡胶生产者协会

推动表 2－19 所列国际组织出现的主要因素是（　　）

A. 发达国家经济高速增长造成的资源紧缺　B. 新兴独立国家应对不利的国际经济秩序

C. 经济全球化开始扩展到生产领域　D. 经济的区域集团化取得显著成就

考点：二战后世界经济的发展。

考查方式：通过背景、目的类选择题，考查学生的时空观念和历史解释素养。

考向预测：二战后殖民体系的瓦解。

17.（2016·全国Ⅱ卷）1928 年，苏联开始实施第一个五年计划，并未受到美国人的关注。4 年以后这种情况发生变化，美国出版了大量关于苏联的著作，如《俄罗斯的黎明》《俄国今日：我们从中能学到什么?》。当时，苏联吸引美国人的主要是（　　）

A. 经济危机造成的破坏较小　B. 工业化取得显著成就

C. 农业集体化保证城市供应　D. 公有制显示出优越性

考点：苏联的社会主义建设。

考查方式：通过背景、目的类选择题，考查学生根据推断进行历史解释的能力。

考向预测：关注 20 世纪二三十年代的美苏阶段特征。

18.（2016·全国Ⅲ卷）图 2－25 为近代以来具有代表性的美术作品。这 4 幅作品反映出近代以来（　　）

图 2－25

A. 传统美术流派相继被淘汰　B. 理性思维的不断深化

C. 批判精神备受重视的趋势　D. 美术流派演变的历程

考点：世界美术。

考查方式：通过史实对应型选择题，考查学生的史料实证素养。

考向预测：关注主干知识“近代世界美术发展的主要流派”。

19.（2015·全国Ⅰ卷）1935年8月，美国国会通过法案，其中规定凡年满65岁的退休人员，根据原工资水平每月可获得一定数额的养老金。与该规定属于同一法案的是（　　）

A. 制订公平经营章程　　B. 建立失业保险制度

C. 提供农副产品补贴　　D. 规定最低工资水平

考点：罗斯福新政。

考查方式：通过史实对应型选择题，考查学生的时空观念和历史解释素养。

考向预测：关注主干知识“罗斯福新政”，教材提到的新政四大措施要牢记。

20.（2015·全国Ⅱ卷）1930年苏联粮食产量为835.4亿千克，1931年降至694.8亿千克；1930年苏联粮食出口483亿千克，1931年增至518亿千克。这表明苏联（　　）

A. 人民为国家工业化建设做出贡献　　B. 农业投入不足造成粮食供不应求

C. 粮食减产严重制约工业发展速度　　D. 农业集体化影响农民生产积极性

考点：苏联工业化。

考查方式：通过说明、体现类选择题，考查学生的时空观念和历史解释素养。

考向预测：苏联经济建设的经验和教训。

21.（2014·全国Ⅰ卷）1928年，苏联按照国家计划在乌拉尔地区建设两个钾矿矿井，一个由苏联自主建设，另一个由德国公司负责。这反映出苏联在工业化初期（　　）

A. 缺少基本的技术基础　　B. 突破了计划经济指令的制约

C. 依赖外资建设重工业　　D. 采取新经济政策的某些做法

考点：苏联工业化和新经济政策。

考查方式：通过说明、体现类选择题，设置新情境，考查学生的历史解释素养。

考向预测：关注新经济政策，学会辩证地看问题，改变传统的认为新经济政策在20世纪20年代末就结束了的观点。

22.（2014·全国Ⅱ卷）20世纪30年代，美国每周有成千上万的人去电影院，轻歌曼舞的幻想型影片备受欢迎，当红童星秀兰·邓波儿通常在电影中扮演孤儿去感化富人。这一现象（　　）

A. 表明了新政已使全国重现繁荣的景象　B. 体现了民众身陷危机淡定应对的精神

C. 反映了民众逃避现实希求慰藉的心态　D. 说明了现代主义艺术得到社会的认可

考点：20世纪30年代·经济危机。

考查方式：通过说明、体现类选择题，设置新情境，考查学生的唯物史观和历史解释素养。

考向预测：关注主干知识“经济大萧条”。

23.（2013·全国Ⅰ卷）图 2－26 中①②③④分别是不同时期的欧洲局部图。符合德国历史发展进程的是（　　）

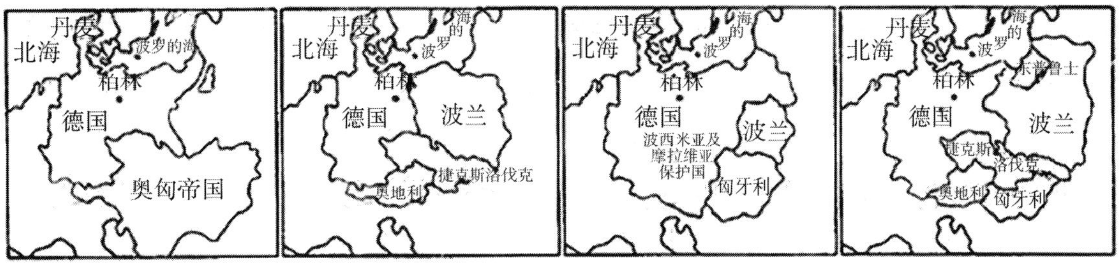

①　　②　　③　　④

图 2－26

A. ③②④①　　B. ④③①②　　C. ①④③②　　D. ④①②③

考点：两次世界大战前后·德国在历史上的疆界变化。

考查方式：通过历史地图类选择题，考查学生的史料实证、时空观念素养。

考向预测：教材只涉及德国政体与两次世界大战，未涉及版图，弥补教材不足。

24.（2013·全国Ⅱ卷）19 世纪晚期德国的现代化进程中，经济突飞猛进与政治民主发展滞后形成巨大反差。出现这种现象的原因在于（　　）

A. 皇权与贵族结盟掌握政权　　B. 国家分裂阻碍政治民主化

C. 经济发展消解政治改革诉求　　D. 对外战争影响国内民主进程

考点：19 世纪晚期·德国的政治制度。

考查方式：通过背景、目的类选择题，考查学生的历史解释、唯物史观素养。

考向预测：关注德国经济发展，弥补教材不足。

25.（2013·大纲卷）《大西洋宪章》宣称，“尊重各民族自由选择其所赖以生存的政府形式的权利”，“各民族中的主权和自治权有横遭剥夺者，两国俱欲设法予以恢复”，“使全世界所有人类悉有自由生活，无所恐惧，亦不虞匮乏的保证”。在现代国际文件中，该宪章首次提出的主张是（　　）

A. 维持世界和平　B. 保障民族自决　　C. 尊重国家主权　　D. 消除世界贫困

考点：两次世界大战。

考查方式：通过比较类选择题，考查学生的史料实证素养。

考向预测：弥补教材不足，对比 1919 年《国际联盟盟约》就有提出维护世界和平，保障民族自决。

26.（2012·全国卷）1917 年 4 月，列宁根据当时俄国政局的特点。不赞成立即推翻临时政府，主张首先争取全部政权归苏维埃，然后再把小资产阶级政党排除出苏维埃，建立无产阶级专政。列宁提出这一主张的重要依据是（　　）

A. 存在着两个政权并存局面　　B. 世界大战尚未结束

C. 红军取得了国内战争的胜利　　　　D. 尼古拉二世已经宣布退位

考点：十月革命。

考查方式：通过史实对应类选择题，考查学生的历史解释素养。

考向预测：十月革命的历史意义。

27.（2012 · 大纲卷）1941 年 6 月，英国首相丘吉尔在得知纳粹德国进攻苏联后说，“如果希特勒入侵地狱，我也会在下院为恶魔说几句好话”。这反映出丘吉尔（　　）

A. 愿意承担绥靖政策失败的责任　　　　B. 希望尽快开辟第二战场

C. 认为支持苏联符合英国利益　　　　D. 力主建立反法西斯同盟

考点：两次世界大战。

考查方式：通过反映、说明类选择题，考查学生的历史解释、史料实证素养。

考向预测：弥补教材不足，关注冷点“两次世界大战”。

28.（2011 · 大纲卷 · 20）19 世纪 30 年代，印度书店中的英文版书籍畅销，教科书社在两年内售出英语书籍达 3.1 万册。这表明当时（　　）

A. 印度社会精英普遍接受西方教育　　　　B. 西方文化随殖民扩张在印度传播

C. 欧洲启蒙思想在印度影响广泛　　　　D. 英语已成为印度人的主要语言

考点：殖民扩张。

考查方式：通过说明、体现类选择题，考查学生的历史解释素养。

考向预测：殖民扩张的双重影响。

29.（2011 · 大纲卷 · 21）第二次世界大战中，反法西斯主要大国之间在军事上既合作又斗争。下列实物中，最能反映这一情况的是（　　）

A. 一枚铸有苏、美、英国旗和“1944 年 6 月”的纪念币

B. 一份“1940—1944 年租借法受援国及物资”的清单

C. 一本 20 世纪 40 年代的中文版《开罗宣言》

D. 一张布雷顿森林会议场景的照片

考点：第二次世界大战。

考查方式：通过说明、体现类选择题，考查学生的历史解释和史料实证素养。

考向预测：关注第二次世界大战过程中的重大历史事件，弥补教材对此叙述不足，冷点“二战”也要关注。

专题十二　35 题题型研究
——世界现代史（战后世界格局的调整）

1.（2021·全国甲卷）1930—1931 年，纽约市儿童餐厅提供的廉价午餐数量猛增，曾在 1917—1918 年因战争而畅销的香烟产量再次剧增，许多穿着整洁西装的商贩在街头兜售苹果，也成为城市一景。这反映出，当时美国（　　）

A. 经济危机持续加深　　B. 社会矛盾趋于缓和

C. 新政取得良好成效　　D. 福利制度已经确立

考点：资本主义道路发展之经济危机。

考查方式：通过说明、体现类选择题，考查学生的历史解释素养。

考向预测：考查主干知识“经济大萧条”。

2.（2021·全国乙卷）20 世纪四五十年代，美国纽约画派领衔人物杰克逊·波洛克以将油墨滴洒和倾泼在大块画布上的创作方法而著称，画作没有任何可识别的主题。美国中央情报局竭力推崇该画派，并资助其在海外展览，以显示自由、个性的表达。这表明（　　）

A. 纽约画派的创作方式受到各国民众欢迎

B. 纽约画派的创作具有浓厚意识形态色彩

C. 美国政府旨在扩大纽约画派的影响力

D. 美国政府借助艺术领域渗透冷战思维

考点：19 世纪以来世界美术作品。

考查方式：通过说明、体现类选择题，考查学生的历史解释和家国情怀素养。

考向预测：①二战后国际政治格局的演进历程及大国间关系的变化。②经济全球化与中国。

3.（2021·广东卷）

表 2－20　美国与西欧对苏联、东欧国家贸易出口额比较

单位：百万美元

时间	美国对苏联、东欧国家	西欧对苏联、东欧国家
1948 年	397	582
1949 年	145	765
1950 年 1—6 月	41	268

表 2－20 作为直接论据，可用来探究的论题是（　　）

A. 马歇尔计划的出台及其历史背景　　B. 两极格局与西方国家滞胀的根源
C. 世界贸易与布雷顿森林体系形成　　D. 欧洲市场与资本主义阵营的分化
考点：美苏两极对峙格局的形成之资本主义阵营的分化。
考查方式：通过图表、漫画类选择题，考查学生的历史解释和时空观念素养。
考向预测：关注主干知识“经济区域集团化与全球化以及资本主义阵营的分化”。

4.（2020·全国Ⅰ卷）1992 年，墨西哥签订《北美自由贸易协议》以后，又制定了一系列负面清单，如规定外资占商业银行的投资比例不得高于普通股本的 30%，外资不得经营内陆港口、海运及空港等。这些规定旨在（　　）
A. 发展国家特色产业　　B. 改善对外贸易的机制和环境
C. 保障国家经济安全　　D. 巩固区域经济集团化的成果
考点：区域经济集团化。
考查方式：通过背景、目的类选择题，考查学生的历史解释素养。
考向预测：关注主干知识“经济区域集团化与全球化”。

5.（2020·全国Ⅱ卷）1958 年，美苏签订“文化、技术和教育领域的交流协议”。两国展开了一系列文化往来，赴美的苏联学者 90% 为科学家、工程师，而赴苏联的美国学者 90% 是人文社会科学领域的专家。这表明（　　）
A. 美国旨在缓和与苏联的紧张关系　　B. 经济全球化的进程进一步加快
C. 冷战格局下美苏交流与对抗并存　　D. 苏联旨在对美国输出先进科技
考点：冷战。
考查方式：通过说明、体现类选择题，考查学生的历史解释素养。
考向预测：关注细枝末节，冷战史主要着眼于美苏及其盟友在政治、经济和军事上的斗争，而忽视了文化政策。

6.（2020·全国Ⅲ卷）1964 年，主要由亚非拉国家组成的七十七国集团成立。在 1975—2006 年联合国决议中，围绕着裁军和国际安全议题，七十七国集团成员的意见基本一致。这种状况（　　）
A. 确立了世界多极化的格局　　B. 维护了发展中国家的共同利益
C. 遏制了战后全世界范围内的军备竞赛　　D. 改变了发达国家主导国际政治的局面
考点：发展中国家的崛起。
考查方式：通过影响、意义类选择题，考查学生的历史解释素养。
考向预测：二战后世界政治格局的演变。

7.（2019·全国Ⅰ卷）第一次世界大战期间，一些青年艺术家在瑞士组成艺术群体“达达派”。他们用纸片、抹布、电车票、火柴盒等进行创作，甚至把瓷质的小便器命名为“喷泉”搬上展览会。这类作品（　　）

A. 抒发了浪漫情怀　　B. 遵循了写实原则

C. 突出了理性思维　　D. 表达了幻灭反叛

考点：现代主义美术。

考查方式：通过说明、体现类选择题，考查学生的历史解释和时空观念素养。

考向预测：深入理解历史“概念浪漫主义”和“现代主义”的区别。理解艺术上的浪漫主义与生活中的浪漫不同。

8.（2019·全国Ⅱ卷）

表 2－21　苏联 1970 年计划完成情况

单位：吨

类别	1961 年对 1970 年的预测或计划任务	1970 年实际产量
钢	1.45 亿	1.15 亿
煤	3.9 亿	3.35 亿
肉	2 500 万	1 230 万
蔬菜与瓜类	4 700 万	1 300 万

表 2－21 可以说明当时苏联（　　）

A. 经济发展的问题积重难返　　B. 经济政策保持了连续性

C. 经济改革的重点转向农业　　D. 社会生活需求发生变化

考点：1970 年苏联的经济改革。

考查方式：通过图表、漫画类选择题，考查学生的史料实证和历史解释素养。

考向预测：①关注苏联的经济发展，以史为鉴，启迪未来。②关注高考当年的“周年”与“次周年”大事，如 1970 年对应的是勃列日涅夫改革。

9.（2019·全国Ⅲ卷）20 世纪 70 年代中后期，法国国内生产总值年平均增长率由 2.6%下降到 1.3%，物价上涨了 1 倍。1981 年，密特朗就任总统后，推行包括国有化在内的一系列措施，其结果（　　）

A. 加剧了经济恶化　　B. 实现了物价下降

C. 推动了通货紧缩　　D. 放弃了经济自由

考点：20 世纪 70 年代后资本主义国家经济调整。

考查方式：通过意义、影响类选择题，考查学生的史料实证和历史解释素养。

考向预测：教科书对 20 世纪 70 年代经济滞胀的解释缺位或不详细。

10.（2018·全国Ⅰ卷）图 2－27 反映了 1945—1975 年联合国成员国的变化情况，这表明（　　）

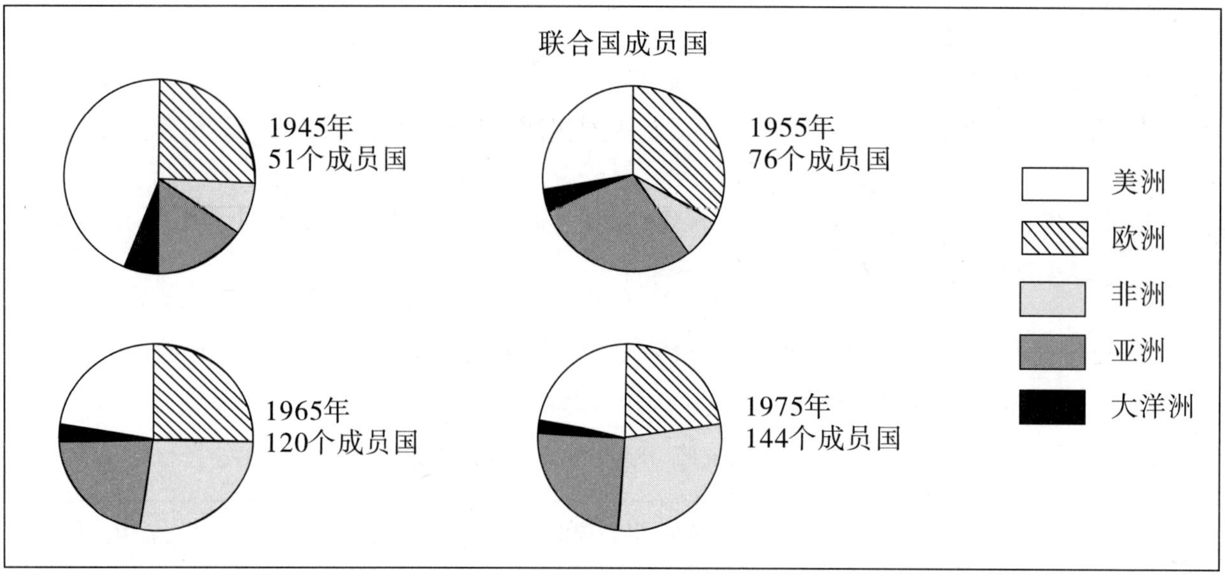

图 2－27

A. 第三世界发展壮大　　B. 欧共体的成员增加

C. 世界贸易范围明显扩大　　D. 经济区域化的趋势加强

考点：联合国。

考查方式：通过说明、体现类选择题，考查学生的时空观念、史料实证和历史解释素养。

考向预测：关注教材主干知识“二战后世界政治格局和时空观”。

11. （2018·全国Ⅱ卷）20 世纪六七十年代，法国、联邦德国和意大利北部原本落后的农村迅速实现了机械化，数百万农民成了相对富裕的农场主，这一变化的原因是（　　）

A. 马歇尔计划开始发挥作用　　B. 欧洲经济一体化的推动

C. 西欧社会福利制度的确立　　D. 布雷顿森林体系的瓦解

考点：欧洲经济一体化。

考查方式：通过背景、目的类选择题，考查学生的唯物史观和历史解释素养。

考向预测：关注主干知识“欧洲经济一体化的曲折发展”。

12. （2018·全国Ⅲ卷）1959 年，苏共二十一大讨论通过了七年经济计划，规定 7 年内工业生产总值提高 80%，其中发电量、钢铁产量都要求成倍增长。这反映出七年经济计划（　　）

A. 未能摆脱斯大林模式　　B. 是应对马歇尔计划的举措

C. 是新经济政策的延续　　D. 加强了国家对经济的控制

考点：二战后的苏联的经济改革。

考查方式：通过说明、体现类选择题，考查学生的历史解释素养。

考向预测：关注主干知识“斯大林模式”。

13.（2017·全国Ⅰ卷）1976 年，美、英、法等西方国家组成七国集团，协调经济政策以解决世界经济难题，俄罗斯加入后成为八国集团。1999 年，八国集团国家和中国、巴西、印度等组成二十国集团，寻求合作以促进国际金融稳定和经济持续增长。从这一历程可看出（　　）

A. 世界格局的变化冲击旧的世界经济秩序　B. 经济全球化深入到贸易金融领域

C. 越来越多的亚非拉国家进入世界体系　D. 区域经济集团从封闭走向开放

考点：二战后世界政治格局的演变。

考查方式：通过说明、体现类选择题，考查学生的时空观念和历史解释素养。

考向预测：关注旧的国际经济秩序带来的问题，发达国家与发展中国家都在积极调整。

14.（2017·全国Ⅱ卷）20 世纪 70 年代至今，《赫鲁晓夫回忆录》多次出版，并被翻译成多种语言。因其内容的复杂性，不同年代版本的内容均有所不同。由此可知，此回忆录作为一种史料（　　）

A. 能够准确记述作者的事迹　B. 比相关研究著作的可信度更高

C. 版本越新越接近历史真相　D. 反映出时代对历史叙述的影响

考点：史学理论。

考查方式：通过推断类选择题，考查学生的史料实证素养。

考向预测：分辨史料的分类，正史、回忆录、笔记，能区别史料的可信度。

15.（2017·全国Ⅲ卷）20 世纪 70 年代初，美国联邦政府机构臃肿，财政支出庞大。总统尼克松在咨文中呼吁，应当“使权力和资源开始从华盛顿流回到州和地方，更重要的是回到全体人民手中。我们要使各州和地方担负更多的责任，我们将同他们分享收入”。由此可知，美国联邦政府试图（　　）

A. 消除国家干预经济的弊端　B. 将权力下放到州政府

C. 扩大福利政策的覆盖范围　D. 恢复自由放任的传统

考点：美国经济新自由主义。

考查方式：通过推断类选择题，考查学生的历史解释素养。

考向预测：20 世纪 70 年代美国、英国、法国等针对经济滞胀的应对措施。

16.（2016·全国Ⅰ卷）1947 年，美国国务卿马歇尔提出援助欧洲复兴计划，并敦促欧洲方面首先拟定一项联合性质的计划，要求该计划即使不能得到所有欧洲国家的同意，也应征得一部分国家的同意。马歇尔计划体现出来的美国对欧政策（　　）

A. 有利于煤钢联营的建立　B. 促成了欧美平等伙伴关系

C. 导致欧洲出现对峙　D. 成为德国分裂的根源

考点：马歇尔计划。

考查方式：通过影响、意义类选择题，考查学生的史料实证素养。

考向预测：关注主干知识“二战后世界经济区域集团化和全球化”。

17.（2016·全国Ⅱ卷）20世纪50年代中期，美国一位著名黑人爵士乐演唱家，在美国新闻署的资助和安排下，多次赴非洲等地巡演，赢得了大量歌迷，很多人通过他的演唱知道了美国。美国政府机构支持该演唱家海外巡演的主要目的是（　　）

A. 争取国内黑人选民支持　　B. 展示美国的经济实力

C. 抵制不结盟运动的发展　　D. 与苏联争夺中间地带

考点：20世纪50年代中期·两极格局。

考查方式：通过背景、目的类选择题，考查学生的历史解释素养。

考向预测：关注主干知识“二战后世界政治格局的演变”。

18.（2016·全国Ⅲ卷）1875年以后，法国确立了共和政体，议会处于政治运行的中心，党派林立，内阁更迭频繁。1958年，戴高乐就任总统，修改宪法，规定总统拥有任命总理、解散议会等权力。这一政治体制的变化（　　）

A. 有利于政局稳定　　B. 确立了总统国家元首的地位

C. 剥夺了议会的主要权力　　D. 有助于两党制的形成

考点：1875年后·法国共和政体的演变。

考查方式：通过影响、意义类选择题，考查学生的历史解释素养。

考向预测：关注主干知识“近代资本主义政体”，补充教材未涉及二战后各国政体演变的不足。

19.（2015·全国Ⅰ卷）世界银行在1968年的贷款项目为62个，贷款总额为9亿美元；1981年贷款项目为266个，贷款总额为124亿美元。出现这一变化是因为（　　）

A. 新兴独立国家大量增加　　B. 各国关税税率明显降低

C. 美国西欧经济实力下降　　D. 世界贸易组织大力推动

考点：20世纪中期·新兴独立国家的崛起。

考查方式：通过背景、目的类选择题，考查学生的历史解释素养。

考向预测：关注主干知识“二战后资本主义经济体系的确立和发展”。

20.（2015·全国Ⅱ卷）如果以“两极格局的确立与解体”为题撰写专著，贯穿全书的主线应该是，美苏两国（　　）

A. 根本利益的趋同　　B. 军事冲突的加剧

C. 国家实力的消长　　D. 敌对意识的淡化

考点：二战后·美苏两极格局。

考查方式：通过背景、目的类选择题，考查学生的史料实证素养。

考向预测：关注主干知识“二战后的世界政治格局”。

21.（2014·全国Ⅰ卷）有学者指出，欧元作为具有震撼力的新事物，它的问世成为21世纪初欧洲甚至是国际金融领域的重大事件。欧元的巨大作用表现在（　　）

A. 推动欧盟内部统一市场的发展　　B. 消除了欧盟各成员国之间的贸易壁垒

C. 促进了欧盟对外贸易额的增加　　D. 巩固了欧洲在世界经济中的领导地位

考点：21 世纪初·欧洲一体化。

考查方式：通过推断类选择题，考查学生的历史解释素养。

考向预测：关注欧洲一体化内部的矛盾及发展趋势，弥补教材叙述的不足。

22.（2014·全国Ⅱ卷）图 2－28 为波兰开放边境线时的情景，它反映的是（　　）

图 2－28

A. 冷战结束　　B. 华约解体　　C. 北约东扩　　D. 欧盟扩大

考点：二战后·欧盟。

考查方式：通过说明、体现类选择题，考查学生的史料实证素养。

考向预测：关注主干知识“苏联解体与世界格局”。

23.（2014·大纲卷）共和党人艾森豪威尔成为美国总统后说：“如果任何政党试图要废除社会保障、劳工法和农场项目，那你就不会在美国历史上再听说这个政党了。”这反映出艾森豪威尔的主张（　　）

A. 受到罗斯福新政的影响　　B. 与民主党政策逐渐趋于一致

C. 强调国家对经济的干预　　D. 延续了共和党传统经济政策

考点：20 世纪·罗斯福新政。

考查方式：通过说明、体现类选择题，考查学生的历史解释和史料实证素养。

考向预测：关注主干知识“罗斯福新政”。

24.（2013·全国Ⅰ卷）有俄罗斯学者认为，中国 20 世纪 80 年代的改革属于新版的苏俄新经济政策。这一认识的依据是两者都（　　）

A. 处于相似的国内外经济环境　　B. 面临着处理计划与市场的关系问题

C. 巩固了农村的集体所有制经济　　　　D. 促进了社会主义工业化

考点：苏俄新经济政策与中国经济体制改革。

考查方式：通过比较类选择题，考查学生的史料实证和家国情怀素养。

考向预测：中国与苏俄（联）的革命与建设对比。

25.（2013·全国Ⅱ卷）1931年，斯大林说："我们比先进国家落后了50—100年，我们应当在10年内跑完这段距离。"这一思想（　　）

A. 完全符合当时的苏联国情　　　　B. 推动了苏联经济模式的形成

C. 与战时共产主义政策一致　　　　D. 延续了新经济政策的精神

考点：1931年·苏联高度集中的经济体制。

考查方式：通过影响、意义类选择题，考查学生的历史解释、时空观念和唯物史观素养。

考向预测：关注主干知识"苏联高度集中的斯大林模式"。

26.（2013·大纲卷）凯恩斯学派主张国家应干预经济，以扩大需求，刺激经济发展。20世纪70年代末，面对"经济滞胀"局面，英国撒切尔政府采取不同于凯恩斯学派的经济政策，其做法是（　　）

A. 增加货币发行量　　　　B. 扩大政府开支

C. 推行国有企业民营化　　　　D. 增加政府税收

考点：20世纪70年代·资本主义经济政策的变化。

考查方式：通过史实对应类选择题，考查学生的历史解释素养。

考向预测：关注20世纪80年代资本主义国家的经济调整，弥补教材对此叙述的不足。

27.（2012·全国卷）图2－29为世界贸易中国家和地区所占份额示意图。它反映出（　　）

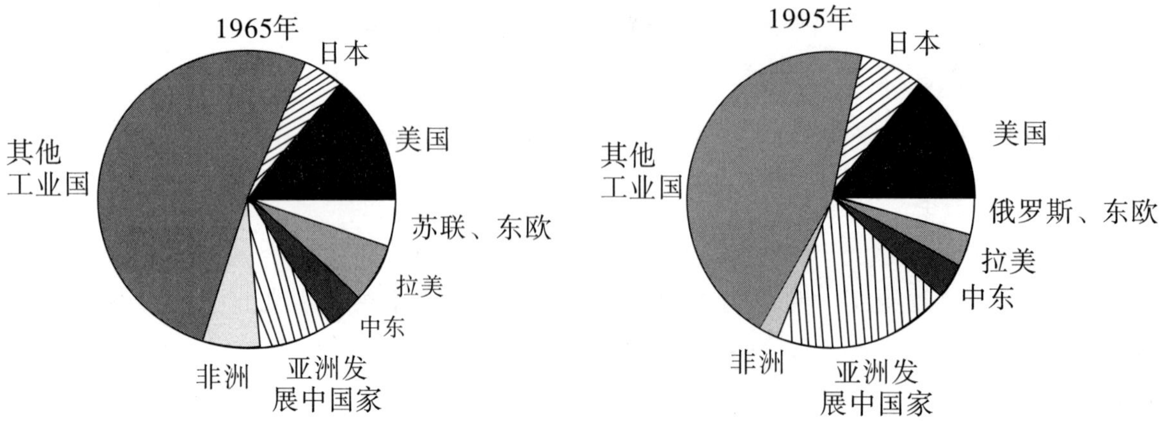

图2－29

A．关贸总协定维持了世界贸易秩序的基本稳定

B．率先进行新技术革命的国家贸易量增加

C．20 世纪世界经济重心的转移趋势

D．多极化趋势取代了冷战时期的世界格局

考点：二战后世界经济格局变化。

考查方式：通过说明、体现类选择题，考查学生的史料实证素养。

考向预测：关注 20 世纪 80 年代资本主义国家的经济调整，弥补教材对此叙述的不足。

28．（2012・大纲卷）冷战期间，美苏两大阵营不断采取针锋相对的措施。北大西洋公约组织成立 6 年后，华沙条约组织于 1955 年宣告成立。促使华约成立的直接原因是（　　）

A．第一次柏林危机　　　　B．两个德国分立

C．联邦德国加入北约　　　　D．共产党情报局成立

考点：20 世纪 70 年代・资本主义经济政策的变化。

考查方式：通过史实对应类选择题，考查学生的历史解释素养。

考向预测：关注发展中国家经济的发展，积极倡导建立合理公正的国际经济新秩序。

29．（2012・广东卷）1962 年法国某报纸说，戴高乐总统应该时刻准备亮出持有的大量美元这张外交王牌，通过向美国购买黄金而对其施压。美国政府对此颇为重视，认为“法国持有的美元所表现的既是一个政治问题，也是一个经济问题”。这反映了（　　）

①世界的多极化趋势　　　　②不结盟运动的发展

③布雷顿森林体系面临挑战　　　　④法国抵制马歇尔计划

A．①②　　B．①③　　C．②④　　D．③④

考点：二战后世界经济区域集团化。

考查方式：通过说明、体现类选择题，考查学生的时空观念、历史解释和唯物史观素养。

考向预测：关注主干知识“二战后的政治、经济发展趋势”。

30．（2011・全国卷）哥白尼、牛顿和爱因斯坦被称为近代以来最伟大的科学家，其理论的共同之处是（　　）

A．得到了科学实验的验证　　　　B．改变了人类对自然世界的认识

C．推动了技术的重大突破　　　　D．科学地概括出物质运动的定律

考点：近现代科学革命。

考查方式：通过比较类选择题，考查学生的史料实证素养。

考向预测：科技是第一生产力。

31.（2011·大纲卷）1985年，邓小平指出，“过去我们的观点一直是战争不可避免，而且迫在眉睫”；“这几年我们仔细地观察了形势”，“由此得出结论，在较长时间内不发生大规模的世界战争是有可能的”。这一判断（　　）

A. 缘于美苏关系的全面缓和　　B. 基于世界格局的重大变化

C. 有利于推进国内经济建设　　D. 有助于确立改革开放方针

考点：改革开放。

考查方式：通过推断类选择题，考查学生的历史解释和家国情怀素养。

考向预测：关注中共探索史，树立制度自信、道路自信、理论自信、文化自信等四个自信。

32.（2011·广东卷）二战后初期，有政治家认为，当时美国在欧洲实施的某项战略措施“最初不过是一种经济手段，现在却成为了美国武器库里对付苏联的一种主要武器”。这一措施是（　　）

A. 推行马歇尔计划　　B. 建立布雷顿森林体系

C. 组建北大西洋公约组织　　D. 倡议签订《关税与贸易总协定》

考点：冷战。

考查方式：通过史实对应类选择题，考查学生的时空观念、历史解释和史料实证素养。

考向预测：关注主干知识“二战后的重大历史事件”。

第三篇

中外历史大事年表

时空观念是历史学科特有的属性，也是历史学科核心素养之一。教师在平时教学中常常会忽视，学生在考试中常常失分的一个原因就是未关注时空观。针对平时学生答题中表述不准确而失分的现象，我们不仅对古今中外主要历史事件按时序进行梳理，而且把对历史事件的规范表述，作为高考前必备金句，力争做到既强化学生的时空观，又做到对史实的规范表述。在百日冲刺的关键时刻，无论是教师还是学生，都应该充分利用大事年表挖掘历史事件的内涵和外延，提高核心素养，赢得高考。

需要说明的是，史学界对于世界史的划分阶段有分歧。本篇采用经济视角划分法，世界近代史为1500年左右—1900年左右，世界现代史为1900年左右至今。

中国古代史主要历史事件时序梳理

距今170万年，中国境内目前已确认的最早古人类“元谋人”。

距今约70万—20万年，北京周口店“北京人”。

距今约1万年，进入新石器时代，原始农业产生。

距今约7 000—5 000年，黄河中游地区进入仰韶文化时期，黄河下游出现大汶口文化，长江下游有河姆渡文化。

距今约5 000年，中国进入新石器时代晚期，黄河中下游有龙山文化，辽河上游有红山文化，长江下游有良渚文化。

公元前2070年，禹建立夏朝，禹死后，传位给儿子启，禅让制被王位世袭制取代。

公元前1600年，汤灭夏，建立商朝。

公元前1046年，周武王灭商，建立周。西周实行分封制、宗法制、礼乐制。分封制的主体是同姓亲族，通过分封，周王确立了天下共主的地位。宗法制的核心是嫡长子继承制，大宗和小宗的关系是相对的，嫡长子继承制把“国”和“家”结合起来。礼乐制是维护宗法制、分封制的工具。

公元前770年—前221年，春秋战国（东周），社会大变革大动荡，出现百家争鸣。

公元前221年，秦朝建立，秦朝确立的政治制度为以后的王朝长期沿用，影响深远。

公元前207年—前202年，楚汉之争。

公元前202年，刘邦建立西汉。汉初政治上无为而治，经济上实行轻徭薄赋。汉武帝时期盐铁官营，采取董仲舒的建议“罢黜百家，独尊儒术”，用思想统一巩固政治统一，使儒学居于统治地位（治国思想发生变化：秦朝尚法—汉初奉行黄老无为—汉武帝后独尊儒术）。

公元前138年，张骞首次出使西域。

25年，刘秀重建汉朝，史称“东汉”。

220年，东汉灭亡。

220—589年，魏晋南北朝，经济总体水平较低。

581年，北周外戚杨坚代周称帝，建立隋朝。

589年，隋灭陈，统一中国。

618年，隋灭亡，唐朝建立。

7世纪前期，“贞观之治”。

8世纪前期，“开元盛世”。

875年，黄巢起义爆发。

907 年，朱温废唐称帝，建立后梁，唐朝灭亡，五代开始。

960 年，北宋建立。

1038 年，党项族首领元昊建立西夏。

1069 年，王安石开始变法。

1115 年，女真族首领完颜阿骨打建立金朝。

1125 年，金灭辽。

1127 年，金宋对峙。

1276 年，南宋灭亡。

13 世纪，指南针传入欧洲。

14 世纪，火药经阿拉伯人传入西欧。

1368 年，朱元璋建立明朝。

1405—1433 年，郑和七次下西洋，此后走向闭关锁国；朝贡体制；殖民者侵扰和反侵略斗争（葡萄牙、倭寇、荷兰、沙俄）。

16 世纪中期，葡萄牙人获得澳门租住权。

1644 年，清军入关，建立全国性政权。

1684 年，清朝设置台湾府，隶属福建省。

1689 年，中俄签订《尼布楚条约》，从法律上确定了黑龙江等地是中国领土。

1727 年，清朝开始派驻藏大臣。

1762 年，清朝设立伊犁将军。

1793 年，清朝颁布治理西藏的章程。

世界古代史主要历史事件时序梳理

距今约 1 万年，原始农业产生。

约公元前 3100 年，埃及初步实现统一。

约公元前 18 世纪，古巴比伦王国基本统一两河流域。

约公元前 1762 年，《汉谟拉比法典》是迄今世界上最早的一部完整保存下来的成文法典。

公元前 8 世纪，希腊城邦开始兴起。

公元前 594 年，梭伦改革为雅典民主政治奠定基础。

公元前 6 世纪末，克利斯提尼改革，确立雅典民主政治。

公元前 5 世纪中叶，伯利克里改革，雅典民主进入“黄金时代”。

公元前 509 年，罗马共和国建立。

公元前 492 年，希波战争爆发。

公元前 449 年，罗马颁布《十二铜表法》。

公元前 27 年，罗马统一地中海地区，建立帝国。

公元 1—2 世纪，罗马帝国空前繁荣。

公元 1 世纪，耶稣创立基督教。

公元 3 世纪，随着罗马疆域的扩大，商品经济和贸易不断发展，罗马万民法取代了公民法。万民法成为适用于罗马帝国境内一切自由民的法律。罗马帝国派使臣到汉朝。

4 世纪初，笈多帝国在恒河中游兴起。

4 世纪，阿克苏姆王国进入鼎盛时期。

5 世纪后期，西罗马帝国灭亡，欧洲开始进入封建社会。

6 世纪，《罗马民法大全》编订并颁布，标志着罗马法体系最终完成。

646 年，日本大化改新。

7 世纪末，新罗初步统一朝鲜半岛，仿照中国建立中央集权国家。

7 世纪初，穆罕默德创立伊斯兰教。

8 世纪中期，阿拉伯人建立地跨亚非欧三洲的大帝国。

843 年，查理曼帝国一分为三，逐渐形成法兰西、德意志和意大利三个封建国家。

10—11 世纪，西欧城市兴起。

10—15 世纪，东非沿海地区产生一系列国家。

10 世纪初，高丽王朝建立。

12 世纪末，日本建立镰仓幕府。

14—15 世纪，津巴布韦进入鼎盛时期。

中国近代史主要历史事件时序梳理

1840 年，鸦片战争爆发，中国开始沦为半殖民地半封建社会。

1842 年，中英《南京条约》签订，中国被迫开放五口通商，丧失关税主权；割香港岛给英国，使领土主权遭到破坏。

1844 年，中美《望厦条约》、中法《黄埔条约》签订。

1856—1860 年，第二次鸦片战争。两次鸦片战争，严重损害了中国的主权独立和领土完整，但客观上推动中国的近代化。

1859 年，太平天国运动后期提出《资政新篇》，是中国人首次提出发展“资本主义”的方案。

1864 年，天京陷落，太平天国运动失败。

1866 年，铁匠方举赞在上海创办发昌机器厂，民族资本主义开端。

1872 年，李鸿章创办上海轮船招商局，这是地主阶级洋务派创办的第一家民用工业。

1872 年，陈启源创办广东继昌隆缫丝厂，这是资产阶级创办的最早民族工业之一。

1883—1885 年，中法战争。

1894—1895 年，甲午中日战争，中日《马关条约》签订。

1895 年 11 月，三国干涉还辽。

1898 年，戊戌变法，创办京师大学堂。

1900 年，义和团运动，八国联军侵华。

1905 年，同盟会在东京成立；孙中山正式提出“三民主义”。

1911 年 10 月 10 日，武昌起义，辛亥革命爆发。

1912 年 2 月，清帝退位，标志统治中国 260 多年的清朝结束，君主专制被推翻。

1912 年 3 月，《中华民国临时约法》颁布，实行责任内阁制。

1912—1919 年，民族工业短暂的春天。

1915 年，陈独秀创办《青年杂志》，新文化运动开始。

1915 年，袁世凯接受日本提出的亡国的“二十一条”。

1915 年 12 月—1916 年 2 月，袁世凯复辟帝制。

1917 年，张勋复辟。

1917 年 8 月，中国加入第一次世界大战协约国方面作战。

1917 年，蔡元培任校长，北大成为新文化运动中心。

1918 年，李大钊发表《庶民的胜利》和《布尔什维克主义的胜利》，马克思主义传入中国。

1919 年，五四运动，新民主主义革命开始。

1921 年 7 月，中共成立。

1922 年，中共二大，制定最高和最低革命纲领，第一次明确提出了反帝反封建的民主革命纲领。

1923 年元旦，孙中山发表《中国国民党宣言》，实现了从依靠地方军阀到依靠广大民众的转变。

1924 年，国民党一大召开，第一次国共合作正式形成。

1926 年，国共两党合作北伐，国民革命取得重大进展。

1927 年，国民党右派叛变革命，蒋介石发动四一二反革命政变，汪精卫发动七一五反革命政变，国民革命失败。

1927 年秋，宁汉合流，国民党专制独裁统治确立。

1927 年，八一南昌起义；八七会议；秋收起义；进军井冈山。

1927—1936 年，国民政府推行“国民经济建设运动”，民族工业有了较快的发展。

1928 年，毛泽东、朱德在井冈山胜利会师。

1928 年，张学良“东北易帜”，国民政府形式上完成统一。

1930 年，蒋介石开始三次围剿革命根据地。

1931 年，中华苏维埃共和国在江西瑞金成立。

1931 年，“九·一八”事变爆发，日本侵华。

1932 年，“一·二八”事变，蔡廷锴、蒋光鼐率领十九路军上海抗战。

1932 年，伪满洲国在长春成立，以溥仪为傀儡。

1934 年 10 月，红军被迫开始长征。

1935 年，遵义会议召开。

1935 年 10 月，中央红军第一方面军长征到达陕北。

1936 年 10 月，甘肃会宁会师，标志着长征胜利结束。

1936 年，西安事变（双十二事变）及其和平解决，抗日民族统一战线初步形成。

1937 年，“七七”事变，全民族抗战开始。

1937 年 9 月，国共第二次合作实现，平型关大捷，忻口战役。

1937 年 12 月，南京大屠杀。

1942 年，中共制定“双减双收”的土地政策，由消灭地主阶级到联合地主阶级抗日，扩大抗日民族统一战线。

1942 年，中共开展整风运动、大生产运动。

1945 年，中共七大召开，确立毛泽东思想为党的指导思想；毛泽东发表《论联合政府》，说明了废除国民党一党专政，建立工人阶级领导下的统一战线的民主联合政府的必要性。

1945 年 9 月 2 日，日本投降签字仪式举行，中国 14 年抗日战争和世界反法西斯战争胜利结束。

1946 年，旧政协在重庆召开。

1946 年 6 月，国民党军队进攻中原解放区，标志着内战爆发，人民解放战争开始。

1947 年，解放区土改，颁布《中国土地法大纲》。

1947 年，刘邓大军千里跃进大别山，战略反攻开始。

1948—1949 年，三大战役辽沈战役、淮海战役、平津战役，基本歼灭国民党军队主力。

1949 年 3 月，中共七届二中全会召开，工作重心从农村转向城市。

1949 年 4 月 21 日，渡江战役开始。

1949 年 4 月 23 日人民解放军解放南京，国民党在大陆统治覆灭，中华民国时期结束。

1949 年 9 月，中国人民政治协商会议第一届全体会议召开，通过《中国人民政治协商会议共同纲领》。

世界近代史主要历史事件时序梳理

1492年，在西班牙王室支持下，哥伦布到达美洲。

1522年，麦哲伦船队完成第一次环球航行。新航路开辟，欧洲社会出现“商业革命”和“价格革命”，促进了世界市场出现雏形，人类文明开始交融会合，成为一个整体。

15世纪末—16世纪初，西班牙和葡萄牙走上殖民扩张道路，但掠夺来的财富并没有成为资本，而是流入荷兰等西欧国家。

1547年，伊凡四世正式加冕为沙皇。

14—17世纪初，文艺复兴。

1517年，马丁·路德发布《九十五条论纲》，德意志宗教改革开始。

16—17世纪，欧洲宗教改革和近代科学革命。

16世纪，奥斯曼土耳其人建立地跨亚非欧三洲的大帝国。

17—18世纪，启蒙运动，提出“天赋人权”“法律面前人人平等”等口号，反对封建等级特权，建立资产阶级政权。

1543年，哥白尼的《天体运行论》、维萨留斯的《人体构造》。

1640年，英国资产阶级革命爆发。

1687年，牛顿发表《自然哲学的数学原理》，标志着经典力学体系建立。

1688年，英国“光荣革命”。

1689年，英国《权利法案》，削弱了国王的权力，增强了议会的权力，促进英国政治民主化，推动资本主义的发展。

1721年，责任内阁制形成，但国王仍有较大的行政权力，直到19世纪中叶，国王最终统而不治。

1775年，来克星顿枪声，美国独立战争开始。

1776年，北美大陆会议发表《独立宣言》。

1787年，美国《联邦宪法》生效，美国真正成为一个统一的国家。

1789年，法国大革命爆发。

1797年，华盛顿卸任，提出“孤立主义”外交政策，采取不干涉原则。

1804年，海地独立。

19世纪上半期，欧洲工人运动兴起。

18世纪中期到19世纪中期，第一次工业革命，促进了生产力的发展，促使资本主义国家在全世界抢占商品市场和原料产地，使世界许多国家被迫沦为殖民地和半殖民地国家，成为经济附庸，资本主义世界市场初步形成。

1840 年，被恩格斯称为“第一个近代工人政党”的英国宪章派协会在曼彻斯特成立。

1844 年，德意志西里西亚纺织工人起义。

1846 年，人们发现了海王星，证明了牛顿力学的合理性。

1848 年 2 月，《共产党宣言》的发表，标志着马克思主义的诞生，从此，无产阶级有了无比锐利的思想武器，对人类的进程产生了深远影响。

1859 年，达尔文发表《物种起源》，创立了生物进化论，是对封建神学创世说的有力挑战，促进了中国救亡图存的意识觉醒，推动了戊戌变法。

1860 年，林肯当选为美国第一位共和党总统，主张限制奴隶制，成为南方奴隶主发动战争的借口。

1861 年，俄国农奴制改革。

1868 年，日本明治维新。

1870 年，美国宪法修正案给予黑人投票权。

1870 年，达尔文发表《人类的起源》，进一步论证了人类是从古猿进化的观点。

1871 年，巴黎公社建立。

1875 年，法兰西第三共和国宪法颁布，标志着共和政体确立。

1889 年，象征着第二次工业革命成就的埃菲尔铁塔落成。

1898 年，美西战争爆发，是列强重新瓜分殖民地的第一次帝国主义战争，西班牙战败，美国借此对外侵略扩张。

19 世纪中后期到 20 世纪初，第二次工业革命，促进世界市场最终形成。科学与技术相结合，科学技术成为推动生产力发展的直接动力。

1900 年，德国普朗克提出“量子理论”。

1905 年，日俄战争，俄国战败引发俄国国内革命。

1905 年，爱因斯坦提出狭义相对论。

1914 年，奥匈帝国对塞尔维亚宣战，第一次世界大战爆发。

1916 年，爱因斯坦提出广义相对论。

1917 年，墨西哥颁布资产阶级宪法。

中国现代史主要历史事件时序梳理

1949 年，新政协召开，通过《共同纲领》，起着临时宪法的作用，新政协代行全国人大的职责。

1950 年，中国人民解放军展开剿匪斗争。

1951 年，西藏和平解放。

1952 年，国民经济恢复工作基本完成。

1953 年，过渡时期总路线提出；“一五”计划；三大改造（私有制变公有制）。

1953 年 2 月，周恩来提出和平共处五项原则，是新中国外交成熟的标志，从革命外交走向国家外交。

1953 年 7 月，《朝鲜停战协定》签署，中国取得了抗美援朝战争的胜利。

1954 年，第一届全国人大，颁布宪法（第一部社会主义类型宪法）。

1954 年 4 月，中国第一次以大国身份参加日内瓦会议。

1955 年 4 月，万隆会议，这是第一次没有殖民国家参加的会议，又叫有色人种会议。

1956 年，毛泽东作《论十大关系》讲话，标志着中共探索适合本国国情社会主义道路的开始。

1957 年，毛泽东《关于正确处理人民内部矛盾的问题》，创造性提出了两类矛盾学说；“一五”计划完成，我国开始改变工业落后的面貌，为社会主义工业化奠定了基础。

1958 年，八届二次会议，社会主义建设总路线；“大跃进”、人民公社运动。

1960 年，中共提出了“八字方针”，即“调整、巩固、充实、提高”的方针。

1964 年，成功爆炸第一颗原子弹。

1964 年，中法建交，标志着资本主义阵营出现分化。

1965 年，国民经济调整任务基本完成，并在一些领域取得成就。

1966—1976 年，“文化大革命”。

1966 年，中国导弹核武器试验成功。

1967 年，成功爆炸第一颗氢弹。

1970 年，东方红一号发射，中国首枚人造卫星。

1971 年，新中国重返联合国。

1972 年，尼克松访华，签署《中美联合公报》（上海公报），中美关系开始正常化。

1972 年，中日关系正常化。

1973 年，袁隆平培育杂交水稻，被誉为第二次绿色革命。

1974 年，毛泽东提出“三个世界”理论，中国明确把加强同第三世界的团结与合作作为对外政策极其重要的内容，旨在联合反霸。

1975 年，邓小平以铁路为突破口整顿国民经济。

1977 年，邓小平复出；恢复高考。

1978 年，十一届三中全会，提出改革开放的战略。

1979 年 1 月 1 日，中美建立正式外交关系，从而结束了长达 30 年之久的不正常状态。

1979 年，《告台湾同胞书》，停止炮击金门。

1980 年，设置深圳、珠海、厦门和汕头四个经济特区。

1981 年，叶剑英针对台湾回归祖国提出了“和平统一”的九条方针。

1982 年，中共十二大召开，邓小平提出要走自己的路，建设有中国特色的社会主义。

1982 年，《八二宪法》颁布。

1983 年，邓小平提出“三个面向”的教育方针。

1984 年，城市经济体制改革，重点是国企改革。

1984 年，《中英关于香港问题的联合声明》签署，英国同意于 1997 年归还香港。

1990 年，国务院做出决定开放浦东，成为 90 年代对外开放的重点和标志。

1991 年，中国加入亚太经合组织。

1992 年，邓小平“南方谈话”，提出社会主义本质理论，提出建立社会主义市场经济和判断各方面工作是非的“三个有利于”的标准。

1992 年，中共十四大召开，提出经济体制改革的目标是建立社会主义市场经济体制。

1992 年，汪辜会谈，达成“九二共识”，坚持一个中国的原则。

1994 年，中国正式接入互联网。

1995 年，提出“科教兴国”战略。

1997 年，提出“依法治国”方略。

1997 年 7 月 1 日，中国对香港恢复行使主权，中华人民共和国香港特别行政区正式成立。

1997 年 9 月，中共十五大召开，邓小平理论被确立为党的指导思想。

1998 年，《中华人民共和国村民委员会组织法》，进一步加强和扩大基层民主，推进农村的民主制度建设。

1999 年 12 月 20 日，中国对澳门恢复行使主权，中华人民共和国澳门特别行政区正式成立。

2001 年，中国正式加入世贸组织，标志着我国的对外开放进入新阶段。

2001 年，上海合作组织成立。

2002 年，中共十六大把“三个代表”重要思想确立为党的指导思想。

2003 年，“神舟五号”宇宙飞船发射成功，中国成为第三个有能力把宇航员送入太空的国家，中国的航天科技步入发达国家的行列。

2005 年 3 月，十届全国人大三次会议通过《反分裂国家法》。

2012 年，中共十八大将科学发展观确立为党的指导思想。

2013 年，习近平提出共建“一带一路”倡议。

2015 年 11 月 7 日，海峡两岸领导人习近平、马英九在新加坡会面。

2017 年，中共十九大将习近平新时代中国特色社会主义思想确立为党的指导思想，并提出推动构建人类命运共同体。

世界现代史主要历史事件时序梳理

1914 年，费迪南大公遇刺，第一次世界大战爆发，马恩河战役。

1917 年，俄国二月革命倒沙皇；《四月提纲》指方向；七月流血抛幻想；十月革命迎曙光。

1918 年，苏俄与同盟国签订《布列斯特和约》，退出一战，一战结束。

1918 年，苏俄国内战争爆发，战时共产主义政策开始。

1919 年，巴黎和会召开。

1920 年，国际联盟成立，国际联盟第一次开会，签署《凡尔赛条约》，正式结束第一次世界大战。

1920 年，甘地发动“第一次非暴力不合作运动”，反对英国对印度的统治。

1920—1940 年，拉丁美洲进入民族民主革命与改革时期。

1921 年，苏俄国内战争结束，新经济政策开始。

1921—1922 年，华盛顿会议召开。

1922 年，墨索里尼建立法西斯政权。

1922 年，苏联成立。

1922—1923 年，埃及宣布为独立的君主立宪国家，并颁布第一部宪法。

1924 年，列宁逝世。

1925 年，斯大林开始推行工业化方针。

1926 年，英国人发明电视。

1928 年，新经济政策结束。

1929 年，资本主义世界经济危机爆发，苏联借此购买设备，促进工业发展。

1933 年，希特勒在德国上台，建立法西斯统治。

1935 年，德国撕毁《凡尔赛和约》，实行义务兵役制。

1936 年，苏联颁布新宪法，标志着社会主义制度确立，斯大林模式正式确立。

1937 年，第二次世界大战在亚洲爆发。

1937 年，苏联第二个五年计划完成，实现了工业化，成为欧洲第一、世界第二的强国。

1935—1941 年，意大利侵略埃塞俄比亚。

1938 年，为了引诱国民党投降，日本首相近卫文磨提出所谓日中“善邻友好”“共同防共”“经济提携”等三原则。

1938 年，德国吞并奥地利。

1939 年，德国突袭波兰，第二次世界大战爆发。

1940 年，“战争史上一大奇迹”的敦刻尔克大撤退。

1941 年，美国通过《租借法》，向盟国提供物资援助，使得“中立法案”名存实亡。

1941 年，珍珠港事件，太平洋战争爆发，美国对日宣战，第二次世界大战全面爆发。

1942 年，签订了《联合国家宣言》，并第一次使用“联合国”一词，世界反法西斯同盟正式形成。

1942 年，斯大林格勒保卫战苏联胜利，是二战的转折点。

1944 年，布雷顿森林体系建立。

1945 年，雅尔塔体系确立。

1945 年，世界银行（长期贷款）和国际货币基金组织（短期贷款）成立。

1945 年，第二次世界大战结束。

1946 年，丘吉尔铁幕演说，冷战序幕（铁幕指苏联在东欧的扩张）。

1947 年，杜鲁门主义出台，冷战开始。

1947 年，马歇尔计划出台。

1947 年，关贸总协定签订。

1948 年，朝鲜半岛分裂。

1949 年，北约组织成立。

1949 年，苏联成立经济互助委员会。

1951 年，欧洲煤钢共同体建立。

1955 年，成立华沙条约组织。

1955 年，万隆会议召开。

1956 年，埃及收回苏伊士运河主权；苏共二十大。

1957 年，苏联成功发射第一颗人造地球卫星。

1957 年，《欧洲经济共同体条约》在罗马签订。

1958 年，欧洲经济、原子能共同体建立。

1960 年，非洲 17 国宣布独立，“非洲年”。

1961 年，苏联宇航员加加林登上太空。

1961 年，不结盟运动兴起。

1961 年，东德修建柏林墙。

1961 年，越南战争爆发。

1962 年，古巴导弹危机，冷战的顶峰和转折点。

1967 年，欧共体成立。

1969 年，尼克松上台，提出“均势外交”，打开中美关系大门是实现均势外交的重要步骤。

1969 年，美国阿波罗登月计划。

1969 年，互联网产生，美苏冷战的产物。

1973 年，石油危机导致资本主义经济滞胀。

1979 年，苏联入侵阿富汗。

1985 年，戈尔巴乔夫开始改革，侧重所有制改革，是苏联解体的直接原因。

1989 年，东欧剧变，社会性质变化，从社会主义变成资本主义。

1989 年，亚太经合组织成立，是论坛性的组织。

1990 年，立陶宛独立；苏联共产党放弃一党制，实行多党制；纳米比亚宣布脱离南非独立，标志着世界殖民体系的最终崩溃，民族解放运动蓬勃发展；东德与西德统一。

1991 年，经互会解体。华约解体。

1991 年，苏联解体，标志两极格局解体，冷战结束，但至今冷战思维还在。

1991 年，欧共体签订《欧洲联盟条约》（简称马约），经济政治一体化加快。

1993 年，欧盟正式成立。

1994 年，北美自由贸易区成立。

1995 年，世界贸易组织成立。

1997 年，亚洲金融危机。

1999 年，欧盟统一的货币欧元正式问世。

2001 年，“9・11”事件；美国发动阿富汗战争。

2002 年，欧元开始进入流通领域。

2003 年，美国发动伊拉克战争。

2011 年，叙利亚爆发内战。

2016 年，英国脱欧公投。

主要参考书目：

1.《中外历史纲要（上下册）》和选修、岳麓版必修三册。

2.《中学历史教学园地》网站部分真题和提纲。

第四篇

高中历史自主建构知识体系

（部分优秀作品）

建构主义强调学习者的主动性，认为学习是学习者基于原有的知识经验生成意义、建构理解的过程，而这一过程常常是在社会文化互动中完成的。这与当前生本教育、对分课堂以及品质课堂的精髓不谋而合。我们的建构，第一步是学生自主建构新课、单元复习课、一轮复习和二轮复习知识体系。大部分复习资料都有老师做的思维导图，但缺乏像我们这样由学生自主建构的知识体系，我们引导学生分组自主建构高中知识体系，这样可减少做笔记的时间，提高课堂效率。第二步是师生把建构的知识体系插入到教学一体案中，有利于把碎片化的知识整体化，提高学习效率，有利于建构历史学科特有的时空观，而这正是我们平时教学容易忽视，学生易失分的地方。

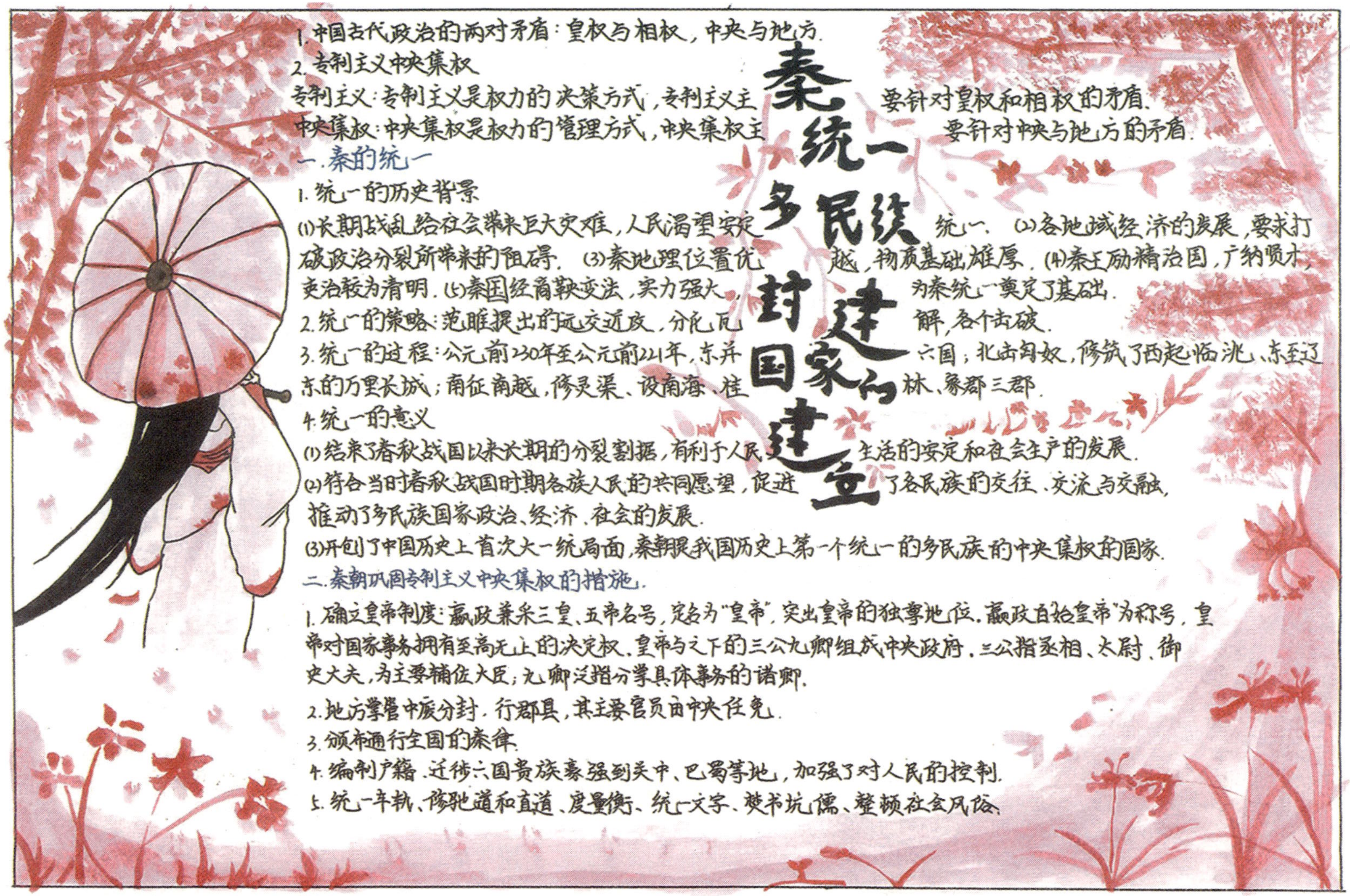
秦统一多民族封建国家的建立
1. 中国古代政治的两对矛盾：皇权与相权，中央与地方.
2. 专制主义中央集权
专制主义：专制主义是权力的决策方式，专制主义主要针对皇权和相权的矛盾.
中央集权：中央集权是权力的管理方式，中央集权主要针对中央与地方的矛盾.
一.秦的统一
1. 统一的历史背景
(1)长期战乱给社会带来巨大灾难，人民渴望安定统一. (2)各地域经济的发展，要求打破政治分裂所带来的阻碍. (3)秦地理位置优越，物质基础雄厚. (4)秦王励精治国，广纳贤才，吏治较为清明. (5)秦国经商鞅变法，实力强大，为秦统一奠定了基础.
2. 统一的策略：范雎提出的远交近攻，分化瓦解，各个击破.
3. 统一的过程：公元前230年至公元前221年，东并六国；北击匈奴，修筑了西起临洮、东至辽东的万里长城；南征南越，修灵渠、设南海、桂林、象郡三郡.
4. 统一的意义
(1)结束了春秋战国以来长期的分裂割据，有利于人民生活的安定和社会生产的发展.
(2)符合当时春秋战国时期各族人民的共同愿望，促进了各民族的交往、交流与交融，推动了多民族国家政治、经济、社会的发展.
(3)开创了中国历史上首次大一统局面，秦朝是我国历史上第一个统一的多民族的中央集权的国家.
二.秦朝巩固专制主义中央集权的措施.
1. 确立皇帝制度：嬴政兼采三皇、五帝名号，定名为"皇帝"，突出皇帝的独尊地位. 嬴政自始皇帝"为称号，皇帝对国家事务拥有至高无上的决定权. 皇帝与之下的三公九卿组成中央政府，三公指丞相、太尉、御史大夫，为主要辅佐大臣；九卿泛指分掌具体事务的诸卿.
2. 地方掌管中废分封，行郡县，其主要官员由中央任免.
3. 颁布通行全国的秦律.
4. 编制户籍，迁徙六国贵族豪强到关中、巴蜀等地，加强了对人民的控制.
5. 统一车轨、修驰道和直道、度量衡、统一文字、焚书坑儒、整顿社会风俗.

图4–1

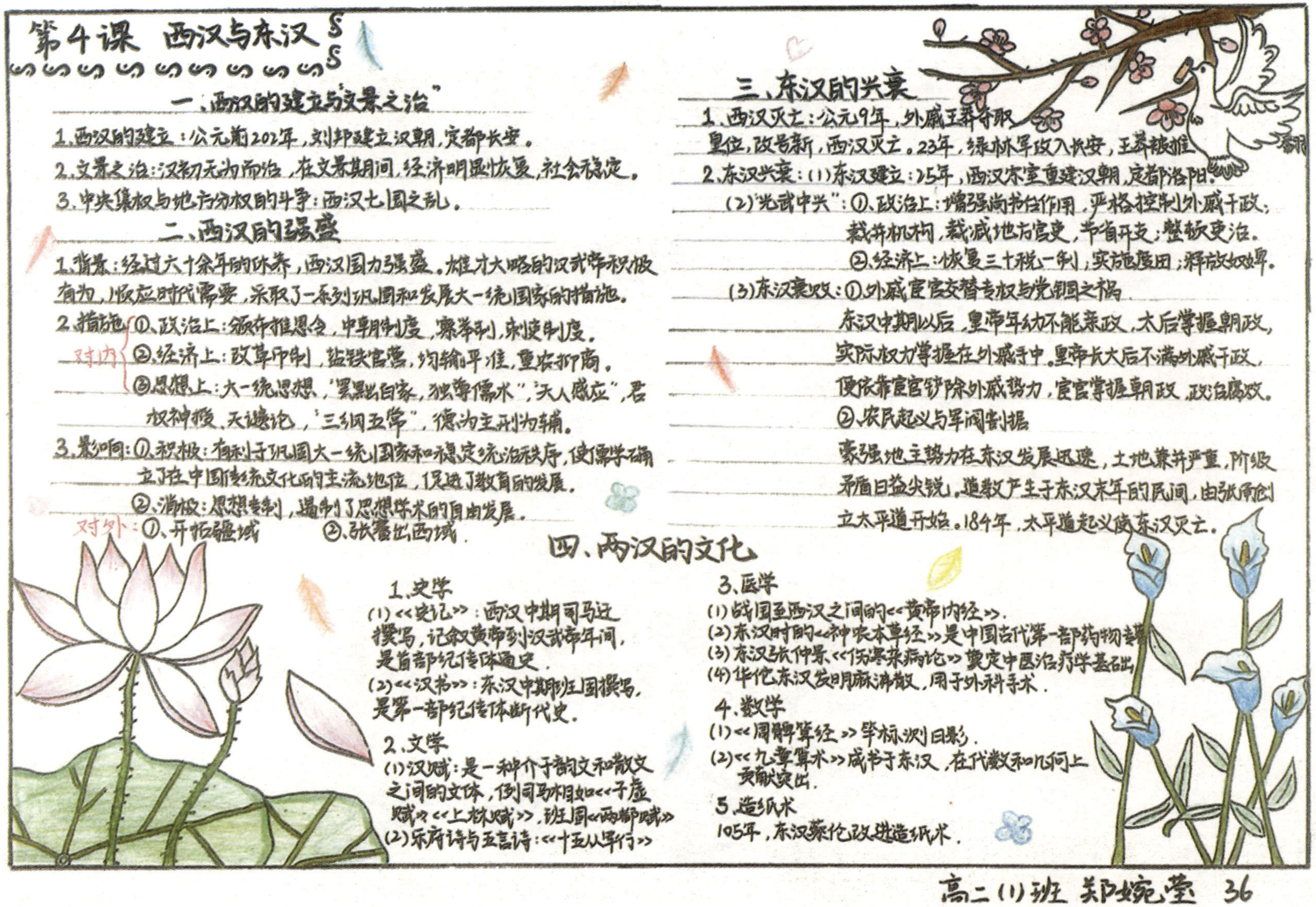
第4课 西汉与东汉
一、西汉的建立与"文景之治"
1.西汉的建立：公元前202年，刘邦建立汉朝，定都长安。
2.文景之治：汉初无为而治，在文景期间，经济明显恢复，社会稳定。
3.中央集权与地方分权的斗争：西汉七国之乱。
二、西汉的强盛
1.背景：经过六十余年的休养，西汉国力强盛。雄才大略的汉武帝积极有为，顺应时代需要，采取了一系列巩固和发展大一统国家的措施。
2.措施 对内 ①.政治上：颁布推恩令，中朝制度，察举制，刺史制度。
②.经济上：改革币制，盐铁官营，均输平准，重农抑商。
③思想上：大一统思想，"罢黜百家，独尊儒术"，"天人感应"，君权神授，天谴论，"三纲五常"，德为主刑为辅。
对外：①.开拓疆域 ②.张骞出西域
3.影响：①.积极：有利于巩固大一统国家和稳定统治秩序，使儒学确立了在中国传统文化的主流地位，促进了教育的发展。
②.消极：思想专制，遏制了思想学术的自由发展。
三、东汉的兴衰
1.西汉灭亡：公元9年，外戚王莽夺取皇位，改号新，西汉灭亡。23年，绿林军攻入长安，王莽被推翻。
2.东汉兴衰：(1)东汉建立：25年，西汉宗室重建汉朝，定都洛阳。
(2)"光武中兴"：①.政治上：增强尚书台作用，严格控制外戚干政；裁并机构，裁减地方官吏，节省开支；整顿吏治。
②.经济上：恢复三十税一制；实施度田；释放奴婢。
(3)东汉衰败：①外戚宦官交替专权与党锢之祸
东汉中期以后，皇帝年幼不能亲政，太后掌握朝政，实际权力掌握在外戚手中。皇帝长大后不满外戚干政，便依靠宦官铲除外戚势力，宦官掌握朝政，政治腐败。
②农民起义与军阀割据
豪强地主势力在东汉发展迅速，土地兼并严重，阶级矛盾日益尖锐。道教产生于东汉末年的民间，由张角创立太平道开始。184年，太平道起义使东汉灭亡。
四、两汉的文化
1.史学
(1)《史记》：西汉中期司马迁撰写，记叙黄帝到汉武帝年间，是首部纪传体通史。
(2)《汉书》：东汉中期班固撰写，是第一部纪传体断代史。
2.文学
(1)汉赋：是一种介于韵文和散文之间的文体，例司马相如《子虚赋》《上林赋》，班固《两都赋》
(2)乐府诗与五言诗：《十五从军行》
3.医学
(1)战国至西汉之间的《黄帝内经》。
(2)东汉时的《神农本草经》是中国古代第一部药物学专著
(3)东汉张仲景《伤寒杂病论》奠定中医治疗学基础
(4)华佗东汉发明麻沸散，用于外科手术。
4.数学
(1)《周髀算经》毕标测日影。
(2)《九章算术》成书于东汉，在代数和几何上贡献突出。
5.造纸术
105年，东汉蔡伦改进造纸术。
高二(1)班 郑婉莹 36

图4-2

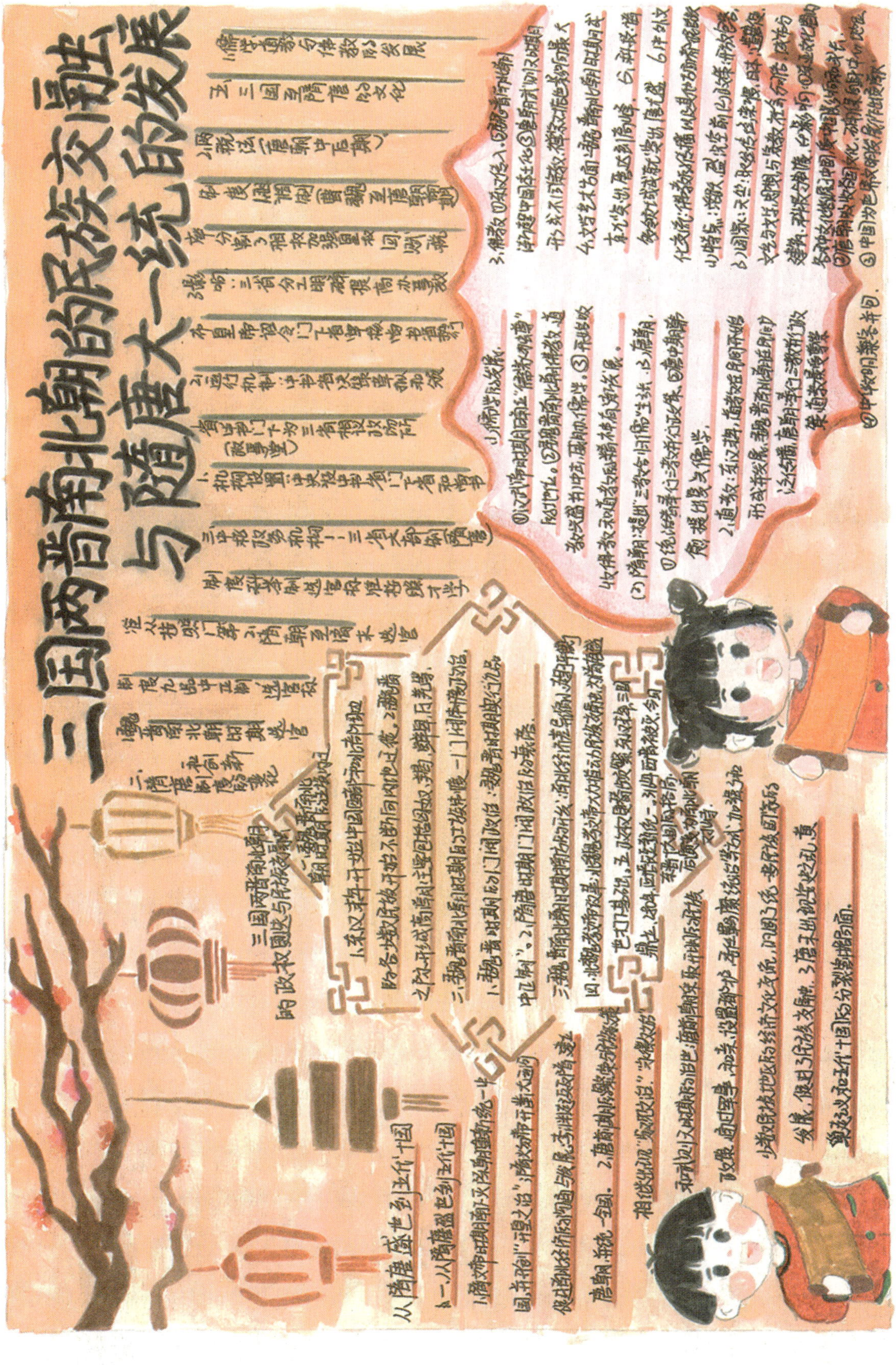

图4-3

文明的产生与早期发展
一、人类文明的产生
1.前提：(1)农耕、畜牧发展成熟 (2)农耕、畜牧发展的影响：社会分工发展；早期城市出现。2.基本标志：(1)私有制和阶级的产生；(2)国家的形成；(3)文字的出现
二、文明的早期发展 (一)大河文明 1.东北非：尼罗河流域的埃及文明(前3100年左右)成就：建立起比较完善的官僚系统；创立象形文字，生产主要材料(纸莎草)；制定世界上第一部太阳历；建造金字塔。2.西亚：两河流域的巴比伦文明(前2400年至前18世纪)成就：汉谟拉比基本统一两河流域，建立君主专制制度，颁布汉谟拉比法典；创立楔形文字；创作史诗《吉尔伽美什》涵盖洪水与方舟传说；发明60进位制。3.东亚：黄河和长江流域的中华文明 4.南亚：印度河和恒河流域的印度文明(前6世纪至前4世纪)成就：形成种姓制度，释迦牟尼创立佛教。(二)海洋文明 1.东南欧：巴尔干半岛南部的希腊文明(前8世纪至前6世纪)
成就：发展起数量众多的具有小国寡民特征的城邦。斯巴达实行少数人掌握政权的寡头政治，雅典是多数公民掌权的民主政治的典型；文学：创作出优美的神话、严肃的悲剧、诙谐的喜剧；
历史：希罗多德首创“历史”一词，是西方“历史之父”，修昔底德是政治史传统的奠基人；哲学：柏拉图和亚里士多德奠定了西方哲学的基础。
三、自然地理环境对人类早期文明的影响
地理环境很大程度上决定了文明的类型：沿海居民面向大海，形成开拓、自由、冒险的民族性格，他们从事掠夺、追求利润，以发展工商业和海外贸易为主；而大陆居民被束缚在土地上，形成守旧、依赖和安土重迁的民族性格，他们以发展农耕经济为主。
四、“轴心时代”的古代文明
共同之处：各文明都认为神灵在世界中占有统治地位；都认为自己是世界的中心；所能清晰认知的世界范围相对狭小；与其他文明之间缺乏交往和认识。
形成原因：受生产力发展水平的局限，各文明区域范围有限；受地理环境的影响，各文明相对孤立、分散。
小结：文明的早期发展具有多元和分散的特点。
高二(3)班
苏立群

图4–4

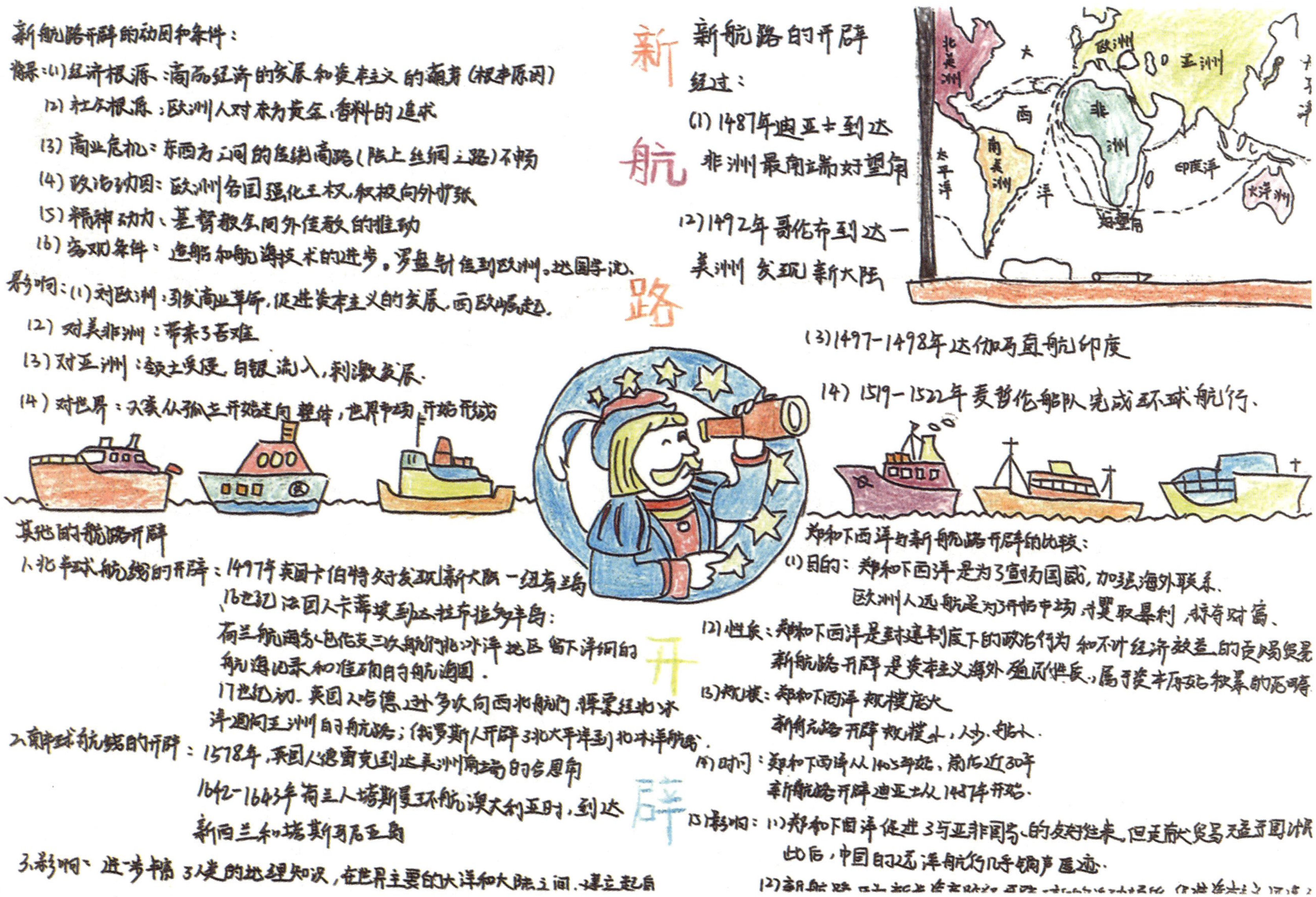
新航路的开辟
新
航
路
开
辟
新航路开辟的动因和条件：
背景：(1)经济根源：商品经济的发展和资本主义的萌芽(根本原因)
(2)社会根源：欧洲人对东方黄金、香料的追求
(3)商业危机：东西方之间的传统商路(陆上丝绸之路)不畅
(4)政治动因：欧洲各国强化王权，积极向外扩张
(5)精神动力：基督教会向外传教的推动
(6)客观条件：造船和航海技术的进步。罗盘针传到欧洲。地圆学说。
影响：(1)对欧洲：引发商业革命，促进资本主义的发展，西欧崛起。
(2)对美非洲：带来了苦难
(3)对亚洲：领土受侵，白银流入，刺激发展。
(4)对世界：人类从孤立开始走向整体，世界市场开始形成
经过：
(1)1487年迪亚士到达非洲最南端好望角
(2)1492年哥伦布到达美洲 发现新大陆
(3)1497-1498年达伽马直航印度
(4)1519-1522年麦哲伦船队完成环球航行。
北美洲
南美洲
欧洲
亚洲
非洲
大洋洲
大西洋
太平洋
印度洋
好望角
其他的航路开辟
1.北半球航线的开辟：1497年英国卡伯特发现新大陆—纽芬兰岛
16世纪法国人卡蒂埃到达拉布拉多半岛；
荷兰航海家巴伦支三次航行北冰洋地区留下详细的航海记录和准确的航海图。
17世纪初，英国人哈德逊多次向西北航行，探索经北冰洋通向亚洲的航路；俄罗斯人开辟了北太平洋到北冰洋航路。
2.南半球航线的开辟：1578年，英国人德雷克到达美洲南端的合恩角
1642-1643年荷兰人塔斯曼环航澳大利亚时，到达新西兰和塔斯马尼亚岛
3.影响：进一步扩大了人类的地理知识，在世界主要的大洋和大陆之间，建立起直
郑和下西洋与新航路开辟的比较：
(1)目的：郑和下西洋是为了宣扬国威，加强海外联系。
欧洲人远航是为了开拓市场，攫取暴利，掠夺财富。
(2)性质：郑和下西洋是封建制度下的政治行为和不计经济效益的贡赐贸易
新航路开辟是资本主义海外殖民扩张，属于资本原始积累的范畴
(3)规模：郑和下西洋规模庞大
新航路开辟规模小，人少，船小。
(4)时间：郑和下西洋从1405年开始，前后近30年
新航路开辟迪亚士从1487年开始。
(5)影响：(1)郑和下西洋促进了与亚非国家的友好往来，但耗费巨大，造成国库空虚
此后，中国的远洋航行几乎销声匿迹。
图4-5

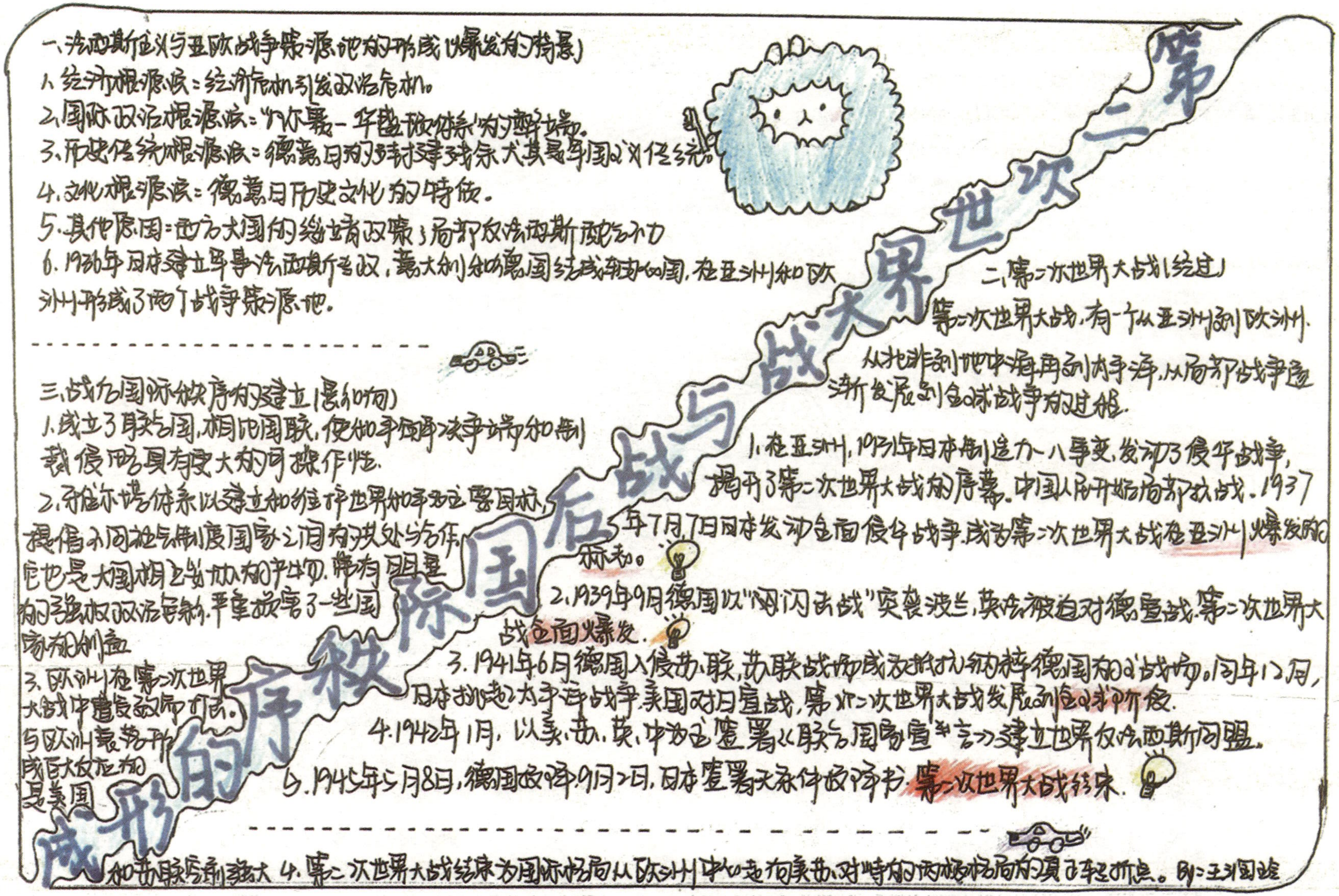
第二次世界大战与战后国际秩序的形成
一、法西斯主义与亚欧战争策源地的形成（爆发的背景）
1.经济根源：经济危机引发政治危机。
2.国际政治根源：“凡尔赛—华盛顿体系”的弊端。
3.历史传统根源：德意日封建残余大且军国主义传统。
4.文化根源：德意日历史文化的特征。
5.其他原因：西方大国的绥靖政策；局部反法西斯力量不力
6.1936年日本建立军事法西斯专政，意大利和德国结成轴心国，在亚洲和欧洲形成了两个战争策源地。
二、第二次世界大战（经过）
第二次世界大战，有一个从亚洲到欧洲，从北非到地中海再到太平洋，从局部战争逐渐发展到全球战争的过程。
1.在亚洲，1931年日本制造九一八事变，发动了侵华战争，揭开了第二次世界大战的序幕。中国人开始局部抗战。1937年7月7日日本发动全面侵华战争，成为第二次世界大战在亚洲爆发的标志。
2.1939年9月德国以“闪电战”突袭波兰，英法被迫对德宣战，第二次世界大战全面爆发。
3.1941年6月德国入侵苏联，苏联战场成为抗击纳粹德国的主战场。同年12月，日本挑起太平洋战争，美国对日宣战，第二次世界大战发展到最大规模。
4.1942年1月，以美、苏、英、中为首签署《联合国家宣言》，建立世界反法西斯同盟。
5.1945年5月8日，德国投降。9月2日，日本签署无条件投降书，第二次世界大战结束。
三、战后国际秩序的建立（影响）
1.成立了联合国，相比国联，使和平解决争端和制裁侵略更具有更大的可操作性。
2.形成了雅尔塔体系以建立和维护世界和平为主要目标，提倡不同社会制度国家之间和平共处与合作，但它也是大国相互争夺和妥协的产物，带有明显的强权政治色彩，严重损害了一些国家的利益
3.欧洲在第二次世界大战中遭受致命打击。与欧洲衰落相比，成为大国的是美国和苏联实力剧增大
4.第二次世界大战结束为国际格局从欧洲中心走向美苏对峙的两极格局奠定基础。
By：王

图4-6

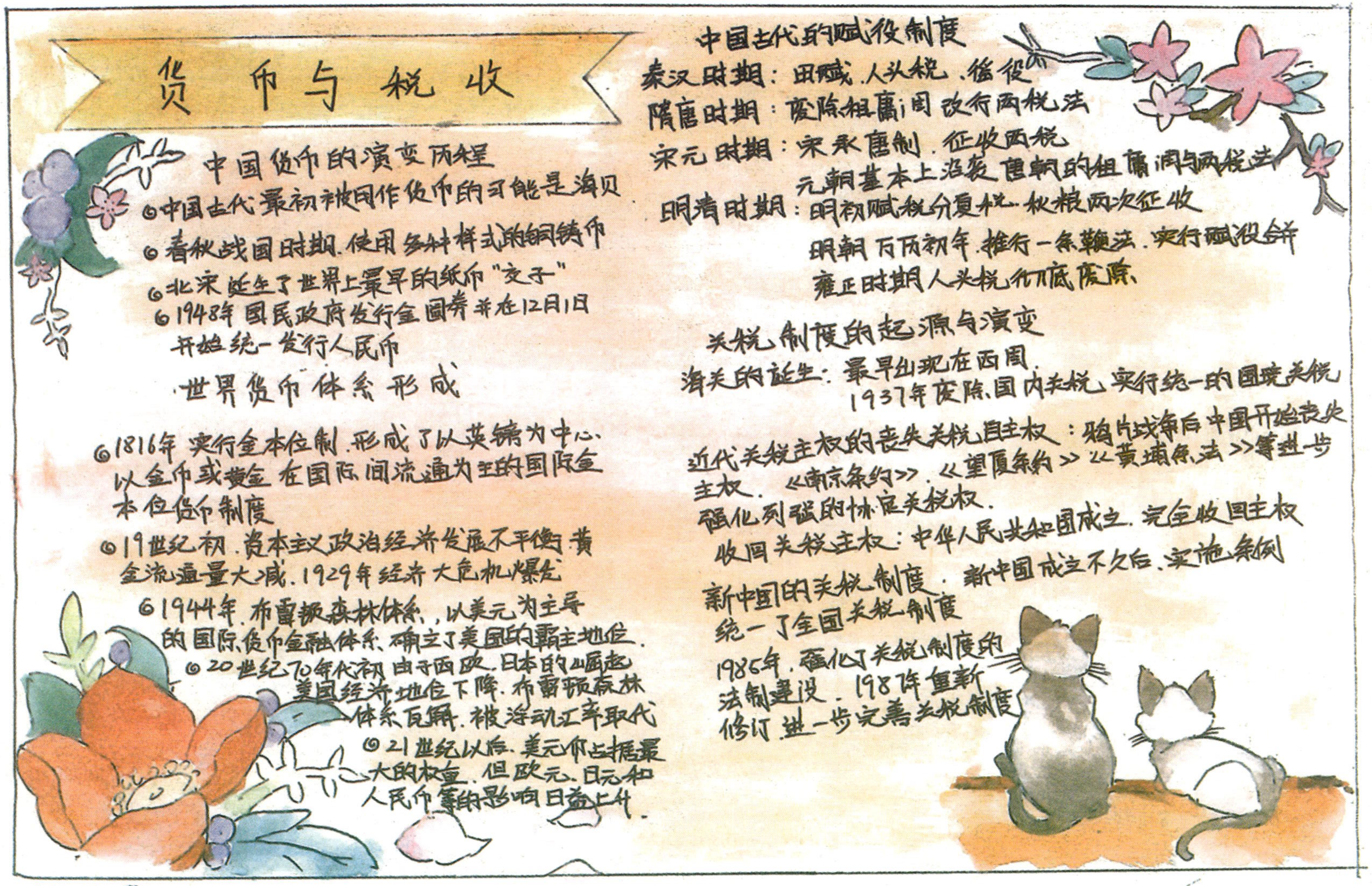
货币与税收
中国货币的演变历程
◎中国古代最初被用作货币的可能是海贝
◎春秋战国时期，使用多种样式的铜铸币
◎北宋诞生了世界上最早的纸币"交子"
◎1948年国民政府发行金圆券并在12月1日开始统一发行人民币
世界货币体系形成
◎1816年实行金本位制，形成了以英镑为中心、以金币或黄金在国际间流通为主的国际金本位货币制度
◎19世纪初，资本主义政治经济发展不平衡，黄金流通量大减，1929年经济大危机爆发
◎1944年，布雷顿森林体系，以美元为主导的国际货币金融体系，确立了美国的霸主地位
◎20世纪70年代初，由于西欧、日本的崛起，美国经济地位下降，布雷顿森林体系瓦解，被浮动汇率取代
◎21世纪以后，美元仍占据最大的权重，但欧元、日元和人民币等的影响日益上升。
中国古代的赋役制度
秦汉时期：田赋、人头税、徭役
隋唐时期：废除租庸调，改行两税法
宋元时期：宋承唐制，征收两税
元朝基本上沿袭唐朝的租庸调与两税法
明清时期：明初赋税分夏税、秋粮两次征收
明朝万历初年，推行一条鞭法，实行赋役合并
雍正时期人头税彻底废除
关税制度的起源与演变
海关的诞生：最早出现在西周
1937年废除国内关税，实行统一的国境关税
近代关税主权的丧失关税自主权：鸦片战争后中国开始丧失主权。《南京条约》、《望厦条约》、《黄埔条约》等进一步强化列强的协定关税权。
收回关税主权：中华人民共和国成立，完全收回主权
新中国的关税制度：新中国成立不久后，实施条例统一了全国关税制度
1986年，强化了关税制度的法制建设，1987年重新修订，进一步完善关税制度

姚雨霖

图4-7

第6课 近代以来中国的官员选拔与管理制度

一、晚清选官制度的变革

1. 科举制度的瓦解

(1)原因：西学的传播和洋务运动的开展。

(2)过程：①1898年，清政府加设经济特科，选拔经国济变之才。

b. 在康有为等人的建议下，废八股，改试策论，以时务策命题。

c. 戊戌变法失败后，慈禧太后令所有考试悉照旧制。

②a. 1901年，清政府实行新政，各省书院一律改为大学堂，各府州县学改为中小学堂，并多设蒙养学堂。

b. 1905年，光绪帝决定自1906年起，所有乡会试一律停止，并令学务大臣迅速颁发各种教科书，遍设学堂，集商人、取才于一途。

c. 科举制至此最终被废除。

2. 清末选官制度改革

(1)官制改革，裁减冗署冗官，改总理衙门为外务部，陆续设农工商部、巡警部、学部等部门，瓦解了六部建制。

(2)对选官制度进行部分更新，规定凡学堂考试合格毕业者，均给予贡生、举人、进士等出身，对成绩优秀者进行殿试，"再加擢用，优予官阶"。

(3)1904年初，清政府颁布《奏定学堂章程》，统一全国学制，学堂选官制度由此正式设立。不久，制定了《考验游学毕业生章程》，确立了留学毕业生选官制度。

(4)1905年后，清政府官员选拔的主要方式为学堂选官和留学毕业生选官。

二、民国时期的官员选拔制度

(一)南京临时政府(1912年1月1日—4月2日)

1. 孙中山的文官思想(进一步奠定了中国文官制度的基础)

①官员选拔方面，以考试制度为主，也就是在"五权宪法"的框架中，建立考试院，主管人才的选拔和任用。

②完善国家政治制度，建立文官的培养、任用、监察等方面的运行机制。

2. 南京临时政府出台了官员选拔方面的一系列法规草案。

①依据：孙中山的文官考试思想。

②进度：基本停留在纸面上。

③影响：对民国文官制度产生重要影响。

(二)北洋政府时期(1912年4月—1928年6月)

1. 选拔官员：考试、甄别

2. 文官考试制度建立的标志：《典试委员会编制法草案》《文官考试法草案》的颁布。

3. 文官考试由政事堂铨叙局负责。

4. 甄别：指已在文官职位上工作的人，要通过考验决定其能否留任。

(三)南京国民政府(1927.4—1949.9)

1. 重新设计和颁布了政府的人事制度，1993年颁布《公务员任用法》，标志着公务员制度的建立。

2. 公务员的选拔由最高考试机关—考试院负责。

3. 1929年，国民政府公布第一部《考试法》，允许女子参加，具有更强的开放性和平等性。

4. 利用甄别审查措施进行任用。

三、中华人民共和国的干部制度和公务员制度

1. 新中国成立后：干部制度。

2. 改革开放后：

(1)在干部制度基础上，初步建立起中国特色社会主义干部管理制度。

(2)1993年，开始推行公务员制度。2005年，《中华人民共和国公务员法》，标志着国家公务员制度正式形成，公务员录用工作正式进入法制化轨道。

图4-8

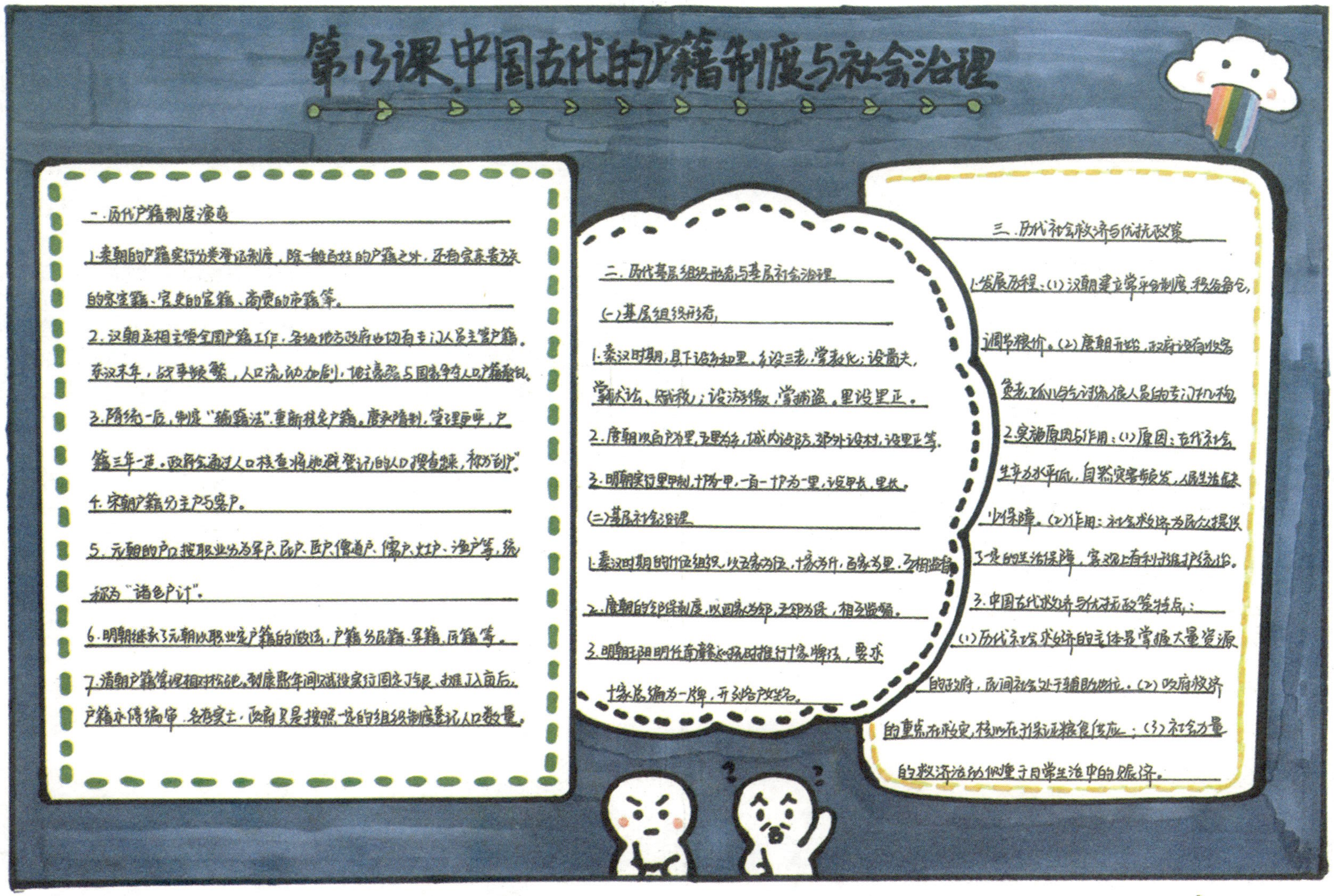
第15课 中国古代的户籍制度与社会治理
一.历代户籍制度演变
1.秦朝的户籍实行分类登记制度，除一般百姓的户籍之外，还有宗室贵族的宗室籍、官吏的宦籍、商贾的市籍等。
2.汉朝丞相主管全国户籍工作，各级地方政府也均有专门人员主管户籍。东汉末年，战事频繁，人口流动加剧，地方豪强与国家争夺人口，户籍散乱。
3.隋统一后，制定“输籍法”，重新核定户籍。唐承隋制，管理更严，户籍三年一造。政府会通过人口核查将逃避登记的人口搜查出来，称为“括户”。
4.宋朝户籍分主户与客户。
5.元朝的户口按职业分为军户、民户、匠户、僧道户、儒户、灶户、渔户等，统称为“诸色户计”。
6.明朝继承了元朝以职业定户籍的做法，户籍分民籍、军籍、匠籍等。
7.清朝户籍管理相对松弛，到康熙年间赋役实行固定丁银，摊丁入亩后，户籍不停编审，名存实亡，政府只是按照一定的组织制度登记人口数量。
二.历代基层组织形态与基层社会治理
(一)基层组织形态
1.秦汉时期，县下设乡和里，乡设三老，掌教化；设啬夫，掌诉讼、赋税；设游徼，掌捕盗，里设里正。
2.唐朝以百户为里，五里为乡，城内设坊，郊外设村，设里正等。
3.明朝实行里甲制，十户为甲，一百一十户为一里，设甲长、里长。
(二)基层社会治理
1.秦汉时期的什伍组织，以五家为伍，十家为什，百家为里，互相监督。
2.唐朝的邻保制度，以四家为邻，五邻为保，相互监督。
3.明朝王阳明在南赣地区推行十家牌法，要求十家总编为一牌，开列各户姓名。
三.历代社会救济与优抚政策
1.发展历程：(1)汉朝建立常平仓制度，移粟备仓，调节粮价。(2)唐朝开始，政府设有收容贫老孤儿与乞讨流浪人员的专门机构。
2.实施原因与作用：(1)原因：古代社会生产力水平低，自然灾害频发，人民生活缺少保障。(2)作用：社会救济为民众提供了一定的生活保障，客观上有利于维护统治。
3.中国古代救济与优抚政策特点：
(1)历代社会救济的主体是掌握大量资源的政府，民间社会处于辅助地位。(2)政府救济的重点在救灾，核心在于保证粮食供应；(3)社会力量的救济活动侧重于日常生活中的赈济。

图4-9

第二单元　官员的选拔与管理
中国古代官员的选拔、考核与监察：
一、秦汉至明清时期官员选拔与管理
(1)西周至春秋实行官位世袭的世官制，贵族世代垄断高官
(2)春秋时期，战国时期，实行军功爵制，但缺少制度化途径
(3)汉武帝采取察举制。察举制是一种比较完备的选官制度，为西汉选出了大批人才
(4)三国两晋南北朝推行九品中正制，根据家世、道德、才能选拔官员
(5)隋唐至明清实行科举制，根据考试选拔官员
二、官员管理
(1)秦汉官员考核以上计制方法为主，建立了以御史大夫为首监察体系，(2)汉武帝设刺史
(3)魏晋南北朝流于形式　(4)隋唐考核归吏部
(5)宋代台谏合一
(6)明清：考核有考满与考察，清朝的考课制度，分别考察京官和外省文官，明清两朝以都察院和六科为监察机构。
西方的文官制度
一、西方文官制度的建立
(1)英国是最早建立文官制度的国家
(2)文官制度的扩展：1883，美国国会通过文官制度改革法案，建立了美国文官制度。二战后，法国、德国、日本等国的文官制度也最终建立起来了。
二、西方文官制度的特点
(1)公开考试，择优录取
(2)政治中立和工作服务
(3)职务常任和论功晋升
三、西方文官制度建立的影响
(1)积极：①规范了西方国家政府行政部门事务官员选用
②实现了政治和管理区分
③吸收了大量人才
④有利于官员管理法制化与制度化
⑤有利于提高国家治理能力
(2)消极：文官制度未能触动资本主义制度，易滋生官僚习气
近代以来中国官员的选拔与管理制度：
一、晚清选官制度的变革
(1)裁减冗署冗官，改总理衙门为外务部
(2)学堂选官，留学毕业生选官
二、民国时期官员选拔制度
(1)南京临时政府(1912.1.1.-1912.4.2)：文官选拔基本停留在纸上，但对日后民国文官制度建立有较大影响
(2)北洋政府时期(1912.4-1928.12)：选拔官员以考试、甄别两种方式为主
(3)南京国民政府(1927.4-1949.9)：重新设计颁布了政府的人事制度，实行公务员制度
三、新中国时期：
(1)成立后：沿用民主革命时期干部制度
(2)改革开放后：①干部制度进入改革和进一步完善阶段，如废除领导干部终身制等。在干部管理体制上不断加强法制建设，初步建立起中国特色社会主义干部管理制度。
②1993，公务员制度开始推行
③2006，《中华人民共和国公务员法》，标志国家公务制度正式形成，公务员考录工作正式进入法制化轨道。

图4-10

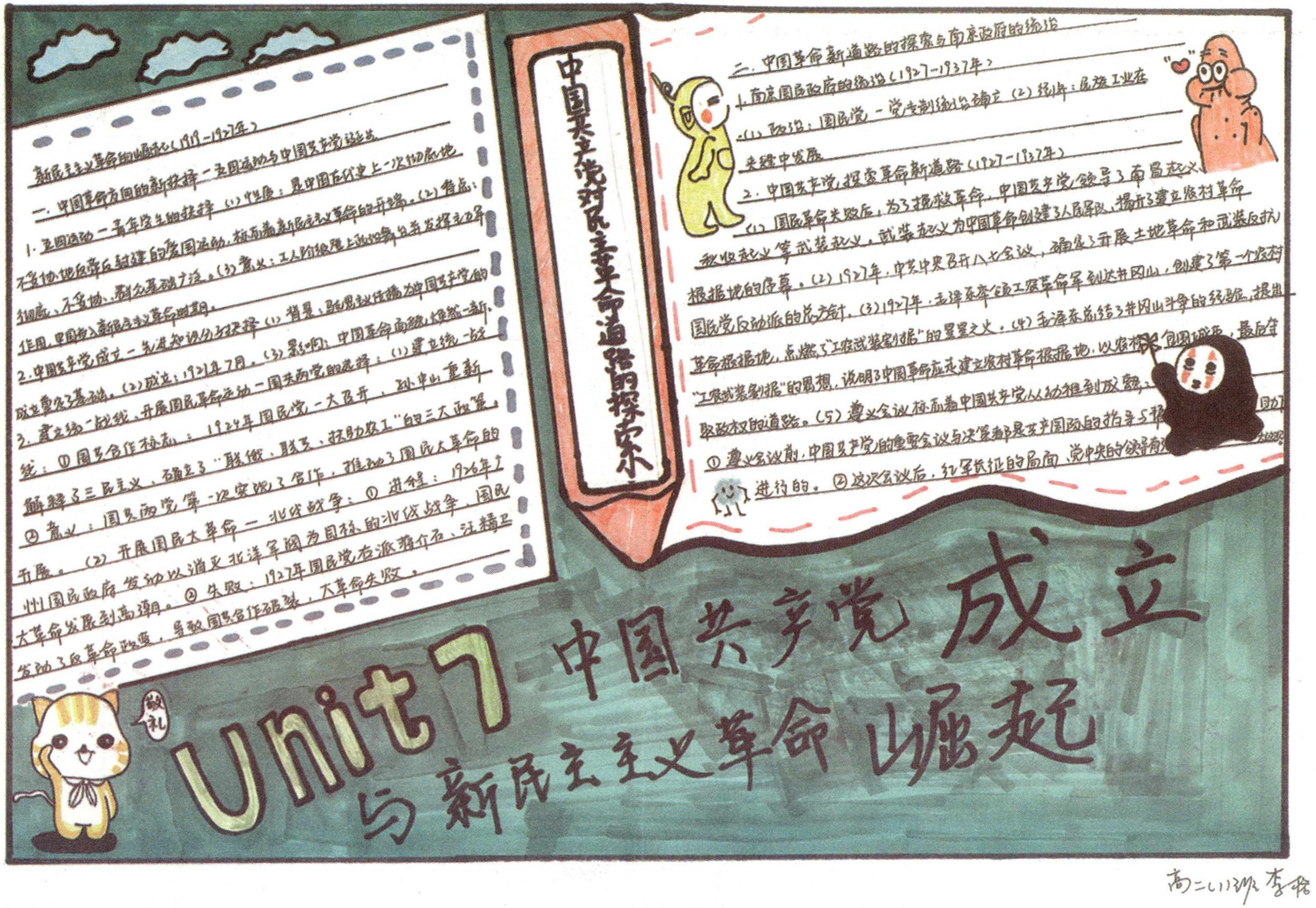
中国共产党对民主革命道路的探索
新民主主义革命的崛起（1919—1927年）
一、中国革命方向的新抉择
二、中国革命新道路的探索与南京政府的统治（1927—1937年）
1. 南京国民政府的统治（1927—1937年）
2. 中国共产党探索革命新道路（1927—1937年）
敬礼
Unit7 中国共产党成立与新民主主义革命崛起
高二(1)班 李

图4-11

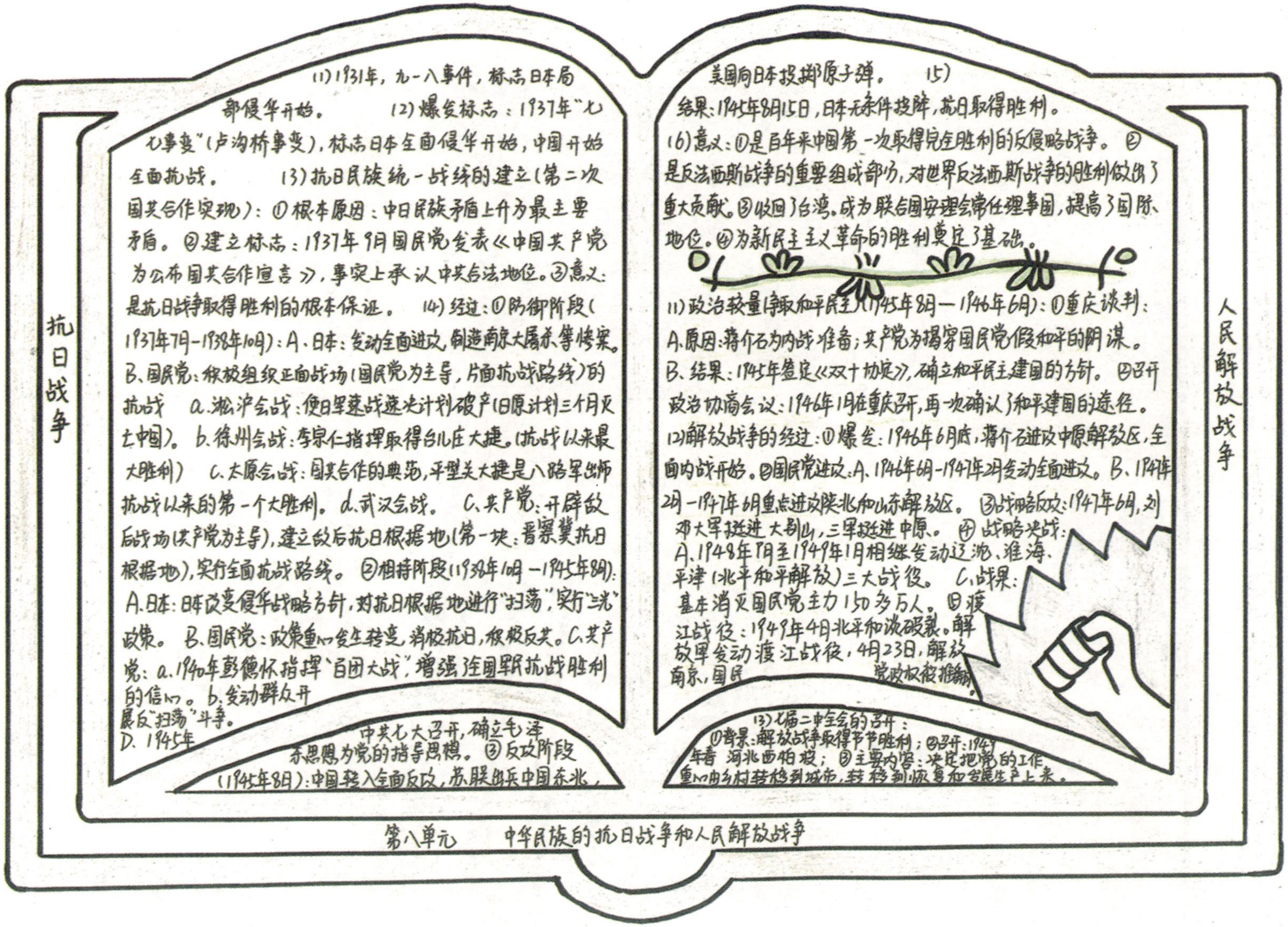
抗日战争
(1)1931年，九一八事件，标志日本局部侵华开始。
(2)爆发标志：1937年"七七事变"(卢沟桥事变)，标志日本全面侵华开始，中国开始全面抗战。
(3)抗日民族统一战线的建立(第二次国共合作实现)：①根本原因：中日民族矛盾上升为最主要矛盾。②建立标志：1937年9月国民党发表《中国共产党为公布国共合作宣言》，事实上承认中共合法地位。③意义：是抗日战争取得胜利的根本保证。
(4)经过：①防御阶段(1937年7月-1938年10月)：A、日本：发动全面进攻，制造南京大屠杀等惨案。B、国民党：积极组织正面战场(国民党为主导，片面抗战路线)的抗战 a.淞沪会战：使日军速战速决计划破产(日原计划三个月灭亡中国)。b.徐州会战：李宗仁指挥取得台儿庄大捷。(抗战以来最大胜利) c.太原会战：国共合作的典范，平型关大捷是八路军出师抗战以来的第一个大胜利。d.武汉会战。 C、共产党：开辟敌后战场(共产党为主导)，建立敌后抗日根据地(第一块：晋察冀抗日根据地)，实行全面抗战路线。②相持阶段(1938年10月-1945年8月)：A.日本：日本改变侵华战略方针，对抗日根据地进行"扫荡"，实行"三光"政策。B、国民党：政策重心发生转变，消极抗日，积极反共。C、共产党：a.1940年彭德怀指挥"百团大战"，增强全国军民抗战胜利的信心。b.发动群众开展反"扫荡"斗争。
D.1945年中共七大召开，确立毛泽东思想为党的指导思想。③反攻阶段(1945年8月)：中国转入全面反攻，苏联出兵中国东北，美国向日本投掷原子弹。
(5)结果：1945年8月15日，日本无条件投降，抗日取得胜利。
(6)意义：①是百年来中国第一次取得完全胜利的反侵略战争。②是反法西斯战争的重要组成部分，对世界反法西斯战争的胜利做出了重大贡献。③收回了台湾。成为联合国安理会常任理事国，提高了国际地位。④为新民主主义革命的胜利奠定了基础。
人民解放战争
(1)政治较量(争取和平民主)(1945年8月—1946年6月)：①重庆谈判：A.原因：蒋介石为内战准备；共产党为揭穿国民党假和平的阴谋。B、结果：1945年签定《双十协定》，确立和平民主建国的方针。②召开政治协商会议：1946年1月在重庆召开，再一次确认了和平建国的途径。
(2)解放战争的经过：①爆发：1946年6月底，蒋介石进攻中原解放区，全面内战开始。②国民党进攻：A、1946年6月-1947年2月发动全面进攻。B、1947年2月-1947年6月重点进攻陕北和山东解放区。③战略反攻：1947年6月，刘邓大军挺进大别山，三军挺进中原。④战略决战：A、1948年9月至1949年1月相继发动辽沈、淮海、平津(北平和平解放)三大战役。C、战果：基本消灭国民党主力150多万人。⑤渡江战役：1949年4月北平和谈破裂。解放军发动渡江战役，4月23日，解放南京，国民党政权被推翻。
(3)七届二中全会的召开：①背景：解放战争取得节节胜利；②召开：1949年春 河北西柏坡；③主要内容：决定把党的工作重心由乡村转移到城市，转移到恢复和发展生产上来。
第八单元 中华民族的抗日战争和人民解放战争

图4-12

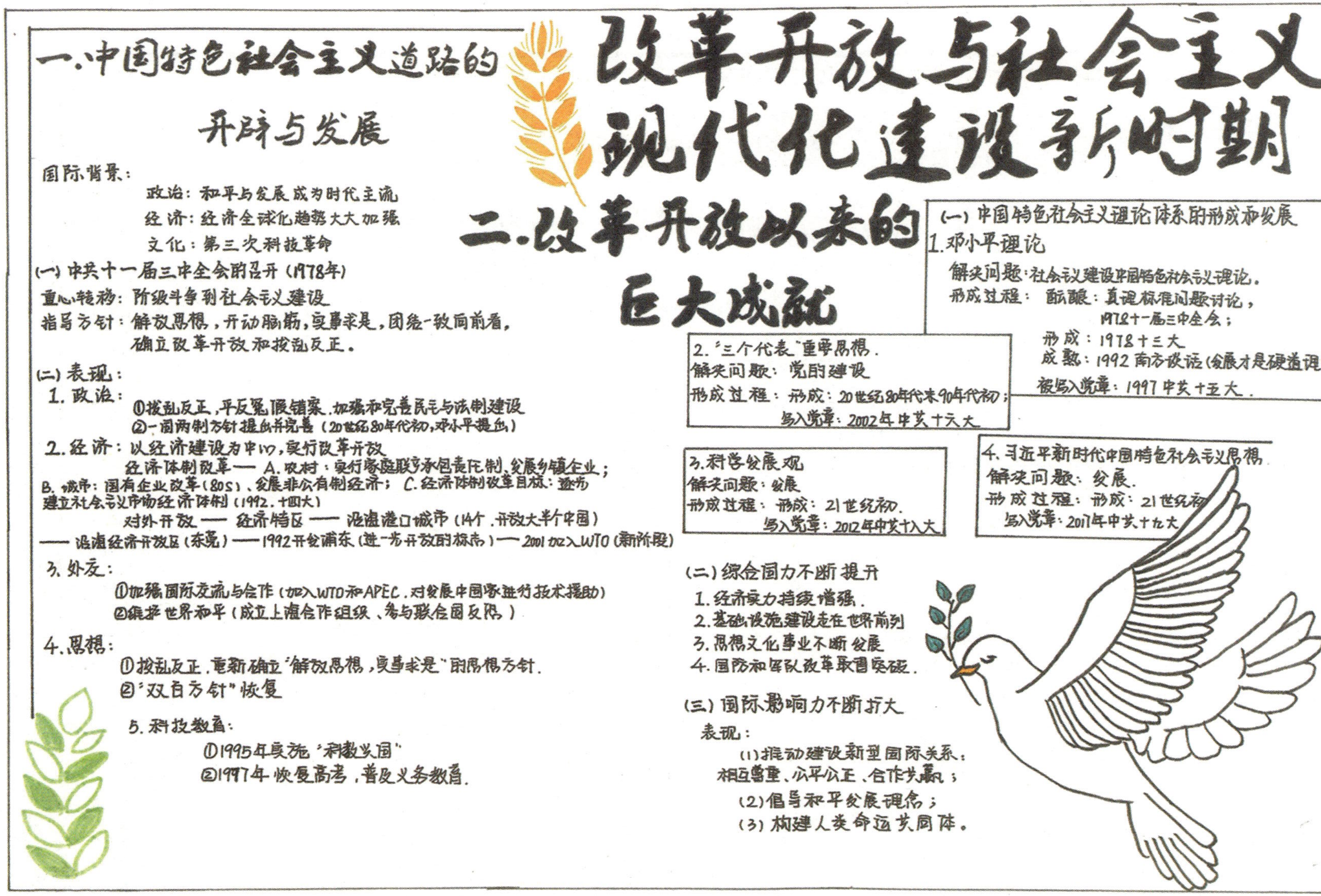
改革开放与社会主义现代化建设新时期
一、中国特色社会主义道路的开辟与发展
国际背景：
政治：和平与发展成为时代主流
经济：经济全球化趋势大大加强
文化：第三次科技革命
(一) 中共十一届三中全会的召开（1978年）
重心转移：阶级斗争到社会主义建设
指导方针：解放思想，开动脑筋，实事求是，团结一致向前看，确立改革开放和拨乱反正。
(二) 表现：
1. 政治：
①拨乱反正，平反冤假错案，加强和完善民主与法制建设
②一国两制方针提出并完善（20世纪80年代初，邓小平提出）
2. 经济：以经济建设为中心，实行改革开放
经济体制改革——A. 农村：实行家庭联产承包责任制，发展乡镇企业；
B. 城市：国有企业改革（80s）、发展非公有制经济；C. 经济体制改革目标：逐步建立社会主义市场经济体制（1992，十四大）
对外开放——经济特区——沿海港口城市（14个，开放大半个中国）
——沿海经济开放区（东莞）——1992开发浦东（进一步开放的标志）——2001加入WTO（新阶段）
3. 外交：
①加强国际交流与合作（加入WTO和APEC，对发展中国家进行技术援助）
②维护世界和平（成立上海合作组织、参与联合国反恐）
4. 思想：
①拨乱反正，重新确立“解放思想，实事求是”的思想方针。
②“双百方针”恢复
5. 科技教育：
①1995年实施“科教兴国”
②1977年恢复高考，普及义务教育。
二、改革开放以来的巨大成就
(一) 中国特色社会主义理论体系的形成和发展
1. 邓小平理论
解决问题：社会主义建设中国特色社会主义理论。
形成过程：酝酿：真理标准问题讨论，1978十一届三中全会；
形成：1978十三大
成熟：1992南方谈话（发展才是硬道理）
被写入党章：1997中共十五大。
2. “三个代表”重要思想。
解决问题：党的建设
形成过程：形成：20世纪80年代末90年代初；
写入党章：2002年中共十六大。
3. 科学发展观
解决问题：发展
形成过程：形成：21世纪初。
写入党章：2012年中共十八大
4. 习近平新时代中国特色社会主义思想
解决问题：发展。
形成过程：形成：21世纪初
写入党章：2017年中共十九大
(二) 综合国力不断提升
1. 经济实力持续增强。
2. 基础设施建设走在世界前列
3. 思想文化事业不断发展
4. 国防和军队改革取得突破。
(三) 国际影响力不断扩大
表现：
(1) 推动建设新型国际关系：相互尊重、公平公正、合作共赢；
(2) 倡导和平发展理念；
(3) 构建人类命运共同体。

图4–13

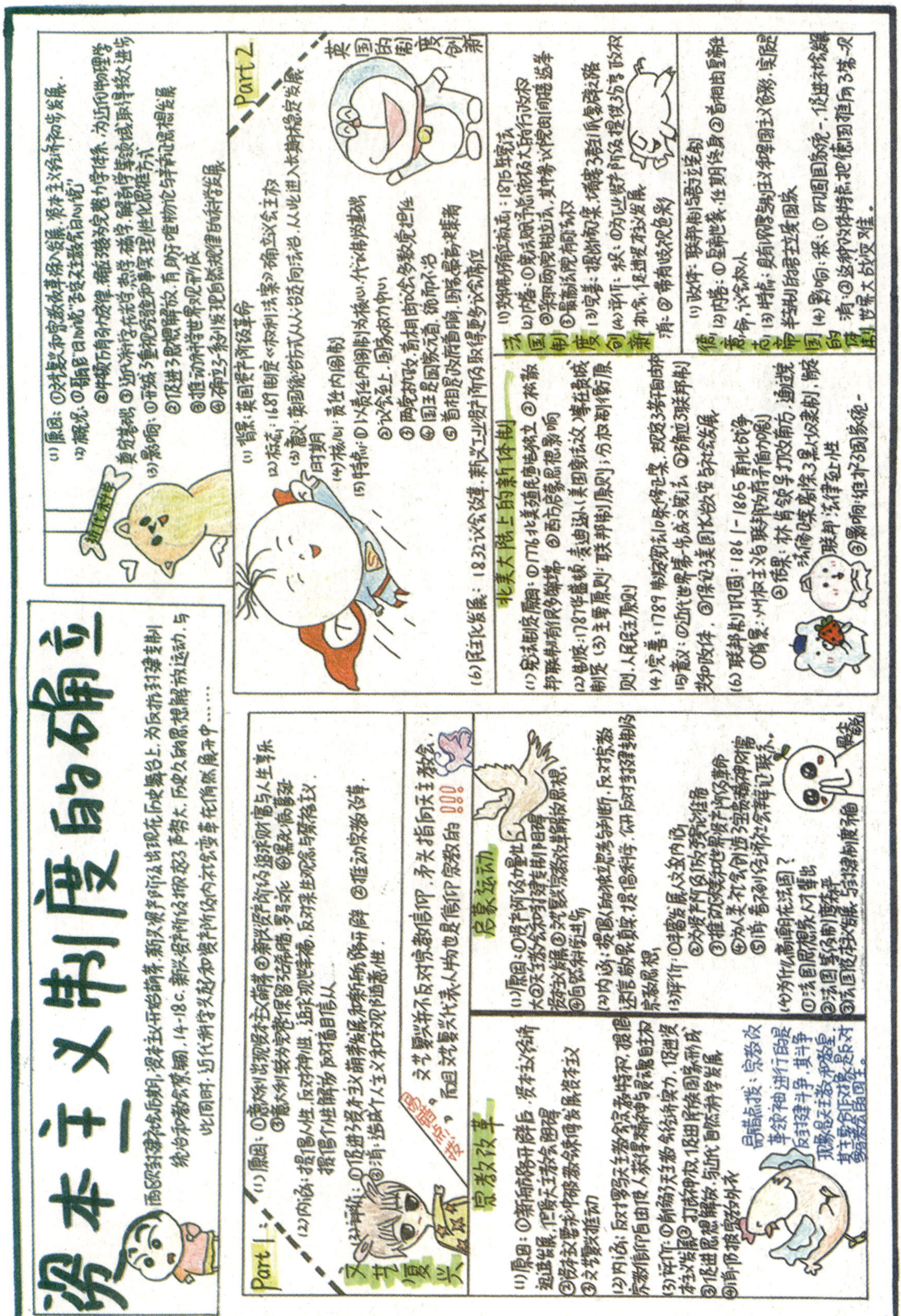
资本主义制度的确立
西欧封建社会后期，资本主义开始萌芽，新兴资产阶级出现在历史舞台上，为反抗封建专制统治和教会束缚，14-18c.新兴资产阶级掀起了声势大、历史久的思想解放运动，与此同时，近代科学兴起和资产阶级内社会变革在悄然展开中……
近代科学
(1)原因：①文艺复兴和宗教改革深入发展，资本主义经济初步发展。
(2)概况：①哥白尼"日心说"否定天主教会"地心说"
②牛顿万有引力定律，确立了经典力学体系，为近代物理学奠定基础 ③近代科学在化学、热学、磁学、解剖学等领域取得较大进步
(3)影响：①开始了重视实验和事实理性化思维方式
②促进了思想解放，有助于唯物论与辩证思想发展
③推动科学世界观形成
④确立了一系列发现自然规律的科学发展
Part 1
(1)原因：①意大利出现资本主义萌芽 ②新兴资产阶级追求财富与人生享乐 ③意大利较为完整保留了希腊、罗马文化 ④黑死病蔓延
(2)内涵：提倡人性，反对神性，追求现世幸福，反对来生观念与禁欲主义，提倡个性解放，反对蒙昧信从
(3)评价：①促进了资本主义萌芽发展和新航路开辟 ②推动宗教改革
②消：造成个人主义和主观随意性
文艺复兴
易错点拨：文艺复兴并不反对宗教信仰，矛头指向天主教会，而且文艺复兴代表人物也是信仰宗教的!!!
宗教改革
(1)原因：①新航路开辟后，资本主义经济迅速发展，但受天主教会阻碍
②资本主义要求冲破教会束缚发展资本主义
③文艺复兴推动
(2)内涵：反对罗马天主教会宗教特权，提倡宗教信仰自由使人获得精神与灵魂自主权
(3)评价：①削弱了天主教会经济实力，促进资本主义发展 ②打击神权，促进民族国家形成
③促进思想解放，与近代自然科学发展
④消：仍披宗教外衣
易错点拨：宗教改革领袖进行的是反封建斗争，其斗争现象是天主教和教皇，其主要矛头对象是反对罗马教会的国王。
启蒙运动
(1)原因：①资产阶级力量壮大 ②天主教会和封建专制阻碍资本主义发展 ③文艺复兴宗教改革解放思想
④自然科学进步
(2)内涵：提倡人的独立思考与判断，反对宗教迷信崇尚真知，提倡科学，公开反对封建专制与宗教思想
(3)评价：①丰富发展人文主义内涵
②为资产阶级预设论准备
③推动欧洲和世界资产阶级革命
④为人类社会创造了宝贵精神财富
⑤消：看不到经济社会辩证联系
(4)为什么高潮在法国？
①法国思想家人才辈出
②法国等级制度森严
③法国资本主义发展，与封建制度矛盾
Part 2
(1)背景：英国资产阶级革命
(2)标志：1689制定《权利法案》确立议会主权
(3)意义：英国统治方式从人治走向法治，从此进入长期稳定发展时期
(4)核心：责任内阁制
(5)特点：①以责任内阁制为核心，代议制为基础
②议会至上，国家权力中心
③两党执政，首相由议会多数党担任
④国王是国家元首，统而不治
⑤首相是政府首脑，国家最高决策者
(6)民主化发展：1832议会改革，新兴工业资产阶级取得更多议会席位
英国的制度创新
北美大陆上的新体制
(1)宪法制定原因：①1776北美殖民地独立 ②松散邦联制有很多弊端 ③西方启蒙思想影响
(2)制定：1787华盛顿、麦迪逊(美国宪法之父)等在费城制定 (3)主要原则：联邦制原则；分权制衡原则，人民主权原则
(4)完善：1789制定宪法10条修正案，规定了若干自由权
(5)意义：①近代世界第一部成文宪法 ②确立了联邦制共和政体，③保证了美国长治久安与社会发展
(6)联邦制巩固：1861-1865南北战争
①背景：州权主义与联邦政府矛盾加剧
②结果：林肯领导打败南方，通过宪法修正案废除了黑人奴隶制，维护联邦法律至上性
③影响：维护了国家统一
法国制度创新
(1)共和制确立标志：1875年宪法
(2)内容：①宪法赋予总统很大的行政权
②参众两院制立法，其中参议院由间接选举
③最高法院有司法权
(3)完善：提出修正案，确立了共和制的道路
(4)评价：积：①为工业资产阶级提供了参与政权机会，促进资本主义发展
消：②带有妥协色彩
德意志帝国的体制
(1)政体：联邦制与君主立宪制
(2)内容：①皇帝世袭，任期终身 ②首相由皇帝任命，议会权小
(3)特点：具有浓厚的专制主义和军国主义色彩，实质是半专制的君主立宪国家
(4)影响：积：①巩固国家统一，促进社会发展
消：②这种政体特点把德国推向了第一次世界大战灾难。
图4-14

彭丞妮
第七单元 世界大战、十月革命与国际秩序的演变（上）
第一次世界大战与战后秩序
一、第一次世界大战背景
1. 帝国主义各国经济政治发展不平衡，新老列强争夺霸权（根本原因）
2. 两大敌对的军事集团同盟国和协约国，同盟体系难平衡（现实原因）
3. 民族情绪助战争（直接原因）
4. 导火线：1914年6月28日，萨拉热窝事件。
二、第一次世界大战（经过）
1. 欧洲战场及交战双方：分为三条战线进行，英法军队与德军对峙西线，德奥联军与俄军在东线厮杀，奥军与俄军在南线战斗。西线是决定性战场
2. 战争阶段及重大战役（事件）
(1) 第一阶段（1914年）：马恩河战役，德军失败，标志其“速决战”破产。
(2) 第二阶段（1915-1916年）：凡尔登战役、索姆河战役和日德兰海战。
(3) 第三阶段（1917-1918年）：美国、中国参战，同盟国战败。
三、一战后的国际秩序（影响）
1. 在全球范围内建立了帝国主义的国际新秩序——凡尔赛—华盛顿体系。
2. 使亚非殖民地半殖民地人民的觉醒，推动了民族解放运动的发展。
3. 改变帝国主义力量对比，美日实力增强，以欧洲为中心的国际格局改变。
4. 改变人们的观念，反对战争、要求和平运动兴起。
十月革命的胜利与苏联的社会主义实践
一、列宁主义的形成
1903年，布尔什维克党的建立及其思想体系的产生，标志着列宁主义的诞生。
在20C俄国和世界革命进程中发挥了巨大而深远的指导作用。
二、十月革命的胜利：二月革命推翻沙皇，四月提纲指方向，七月流血抛幻想，十月革命现曙光。
三、苏联建设社会主义的实践（社会主义经济体制的建立）
1. 战时共产主义政策（1918年—1920年，三年卫国战争期间 列宁）
(1) 内容：最重要的是余粮收集制，规定农民按照国家规定的数量交售粮食和其他农产品。
(2) 评价：①积极：余粮收集制保证了前线的粮食供应，缓解了城市饥荒。
②消极：严重损害了农民的利益，导致战后的经济和政治危机。
2. 新经济政策（1921 列宁）
(1) 内容：重心是调整国家与农民的关系，通过粮食税等市场机制建立工农联盟，同时允许私营企业有一定程度的发展，允许租让制等形式在一些经济部门引入外资
(2) 评价：稳定和恢复了国民经济，巩固了苏维埃政权。
3. 斯大林模式——高度集中的计划经济体制（20C30s）
(1) 内容：①实行单一公有制，包括全民所有制和集体所有制。
②实行高度集中的经济管理体制。
③实行排斥市场的指令性计划经济。
④主要以行政手段管理经济。
(2) 评价：①积极方面：A：在较短时间里实现了经济的快速发展，实现了工业化，与西方国家的经济大危机形成鲜明对比。
B：开创了计划经济体制和新型工业化模式。
C：为后来取得卫国战争胜利创造了物质条件。
②消极方面：A：排斥市场经济，片面发展重工业，在农业集体化中采用强制手段，导致国民经济失调，农业和轻工业长期落后，消费水平较低。
B：二战后的社会主义国家大都照搬这种模式，产生消极影响
RUSSIA

图4–15

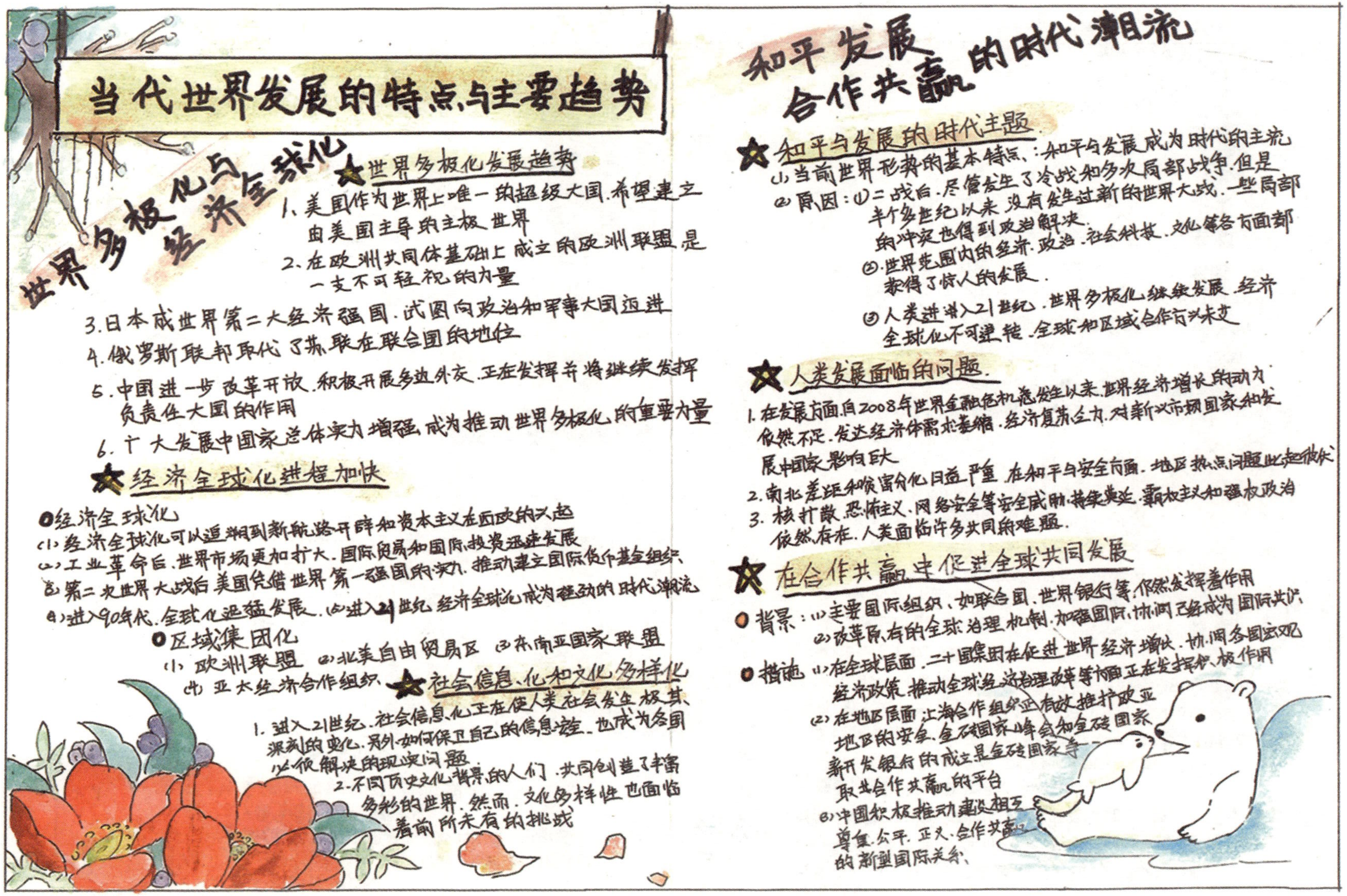
当代世界发展的特点与主要趋势
世界多极化与经济全球化
世界多极化发展趋势
1.美国作为世界上唯一的超级大国，希望建立由美国主导的单极世界
2.在欧洲共同体基础上成立的欧洲联盟是一支不可轻视的力量
3.日本成世界第二大经济强国，试图向政治和军事大国迈进
4.俄罗斯联邦取代了苏联在联合国的地位
5.中国进一步改革开放，积极开展多边外交，正在发挥并将继续发挥负责任大国的作用
6.广大发展中国家总体实力增强，成为推动世界多极化的重要力量
经济全球化进程加快
❶经济全球化
(1)经济全球化可以追溯到新航路开辟和资本主义在西欧的兴起
(2)工业革命后，世界市场更加扩大，国际贸易和国际投资迅速发展
(3)第二次世界大战后美国凭借世界第一强国的实力，推动建立国际货币基金组织、
(4)进入90年代，全球化迅猛发展 (5)进入21世纪，经济全球化成为强劲的时代潮流
❷区域集团化
(1)欧洲联盟 (2)北美自由贸易区 (3)东南亚国家联盟
(4)亚太经济合作组织
社会信息化和文化多样化
1.进入21世纪，社会信息化正在使人类社会发生极其深刻的变化，另外如何保卫自己的信息安全，也成为各国必须解决的现实问题
2.不同历史文化背景的人们，共同创造了丰富多彩的世界，然而，文化多样性也面临着前所未有的挑战
和平发展 合作共赢的时代潮流
和平与发展的时代主题
(1)当前世界形势的基本特点：和平与发展成为时代的主流
(2)原因：①二战后，尽管发生了冷战和多次局部战争，但是半个多世纪以来没有发生过新的世界大战，一些局部的冲突也得到政治解决
②世界范围内的经济、政治、社会科技、文化等各方面都获得了惊人的发展
③人类进入21世纪，世界多极化继续发展，经济全球化不可逆转，全球和区域合作方兴未艾
人类发展面临的问题
1.在发展方面自2008年世界金融危机爆发以来，世界经济增长的动力依然不足，发达经济体需求萎缩，经济复苏乏力，对新兴市场国家和发展中国家影响巨大
2.南北差距和贫富分化日益严重，在和平与安全方面，地区热点问题此起彼伏
3.核扩散、恐怖主义、网络安全等安全威胁持续蔓延，霸权主义和强权政治依然存在，人类面临许多共同的难题
在合作共赢中促进全球共同发展
❶背景：(1)主要国际组织，如联合国、世界银行等，仍然发挥着作用
(2)改革原有的全球治理机制，加强国际协调已经成为国际共识
❷措施 (1)在全球层面，二十国集团在促进世界经济增长、协调各国宏观经济政策、推动全球经济治理改革等方面正在发挥积极作用
(2)在地区层面，上海合作组织正有效地维护欧亚地区的安全，金砖国家峰会和金砖国家新开发银行的成立是金砖国家寻求共赢合作共赢的平台
(3)中国积极推动建设相互尊重、公平、正义、合作共赢的新型国际关系

图4-16

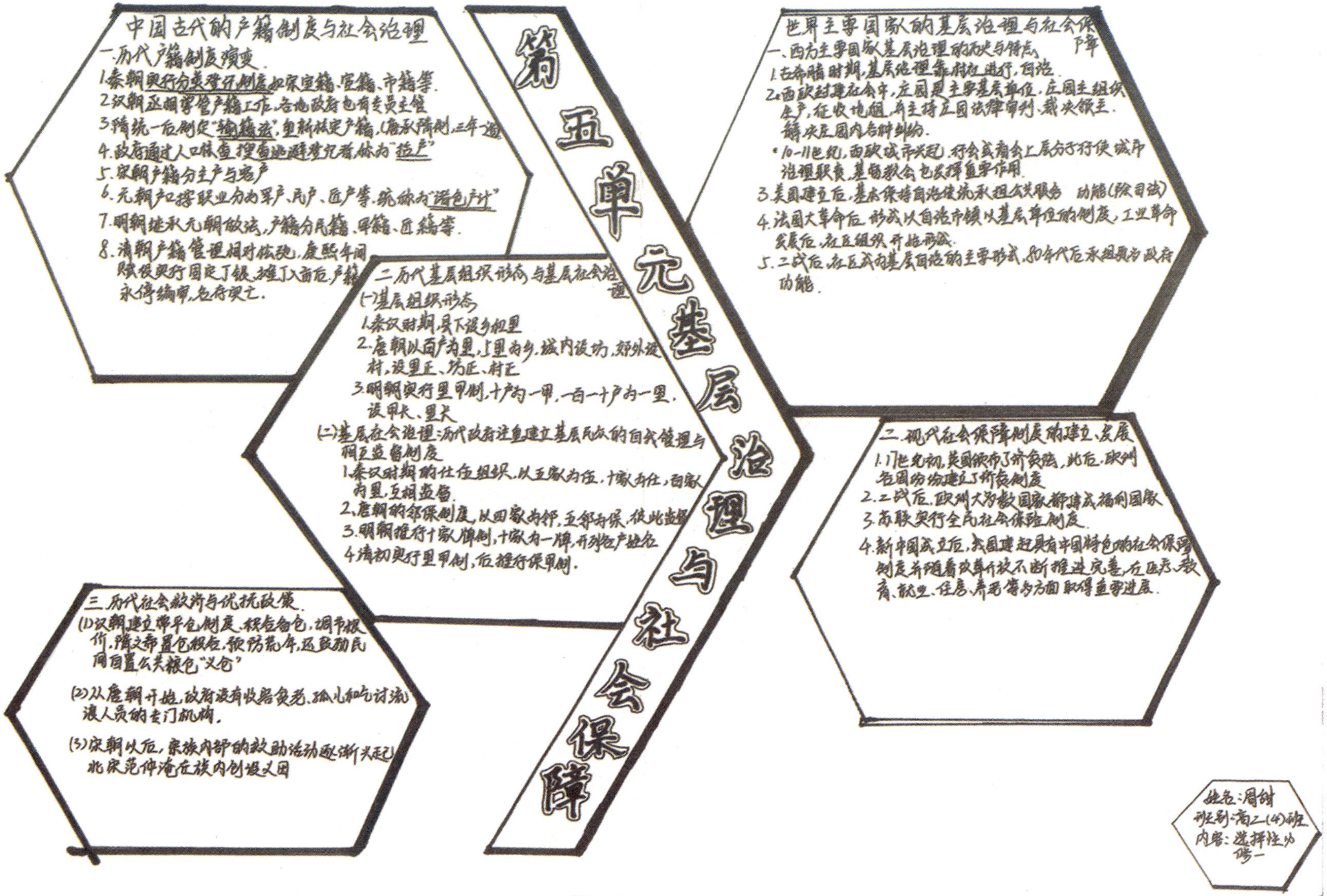
第五单元基层治理与社会保障
中国古代的户籍制度与社会治理
一.历代户籍制度演变
1.秦朝实行分类登记制度如宗室籍、宦籍、市籍等.
2.汉朝丞相掌管户籍工作.各地政府也有专员主管
3.隋统一后制定"输籍法",重新核定户籍.(唐承隋制,三年一造)
4.政府通过人口核查搜查逃避登记者,称为"括户"
5.宋朝户籍分主户与客户
6.元朝户口按职业分为军户、民户、匠户等.统称为"诸色户计"
7.明朝继承元朝做法,户籍分民籍、军籍、匠籍等.
8.清朝户籍管理相对松弛,康熙年间赋役实行固定丁银,摊丁入亩后,户籍永停编审,名存实亡.
二历代基层组织形态与基层社会治理
(一)基层组织形态
1.秦汉时期,县下设乡和里
2.唐朝以百户为里,五里为乡.城内设坊,郊外设村,设里正、坊正、村正
3.明朝实行里甲制,十户为一甲,一百一十户为一里.设甲长、里长
(二)基层社会治理:历代政府注重建立基层民众的自我管理与相互监督制度
1.秦汉时期的什伍组织.以五家为伍,十家为什,百家为里,互相监督.
2.唐朝的邻保制度,以四家为邻,五邻为保,彼此监督
3.明朝推行十家牌制,十家为一牌,开列各户姓名
4.清初实行里甲制,后推行保甲制.
三.历代社会救济与优抚政策.
(1)汉朝建立常平仓制度,积谷备仓,调节粮价.隋文帝置仓积谷,预防荒年,还鼓励民间自置公共粮仓"义仓"
(2)从唐朝开始,政府设有收容贫老、孤儿和乞讨流浪人员的专门机构.
(3)宋朝以后,宗族内部的救助活动逐渐兴起,北宋范仲淹在族内创设义田
世界主要国家的基层治理与社会保障
一、西方主要国家基层治理的历史与特点
1.古希腊时期,基层治理靠村社进行,自治.
2.西欧封建社会中,庄园是主要基层单位.庄园主组织生产,征收地租,并主持庄园法律审判、裁决领主、解决庄园内各种纠纷.
•10-11世纪,西欧城市兴起.行会或商会上层分子行使城市治理职责,基督教会也发挥重要作用.
3.美国建立后,基本保持自治传统承担公共服务功能(除司法)
4.法国大革命后,形成以自治市镇为基层单位的制度,工业革命发展后,社区组织开始形成.
5.二战后,社区成为基层自治的主要形式,80年代后承担更多政府功能.
二.现代社会保障制度的建立、发展
1.17世纪初,英国颁布了济贫法,此后,欧洲各国纷纷建立了济贫制度
2.二战后,欧洲大多数国家都建成福利国家
3.苏联实行全民社会保险制度.
4.新中国成立后,我国建起具有中国特色的社会保障制度并随着改革开放不断推进完善,在医疗、教育、就业、住房、养老等多方面取得重要进展.
班别:高二(4)班
内容:选择性必修一

图4–17

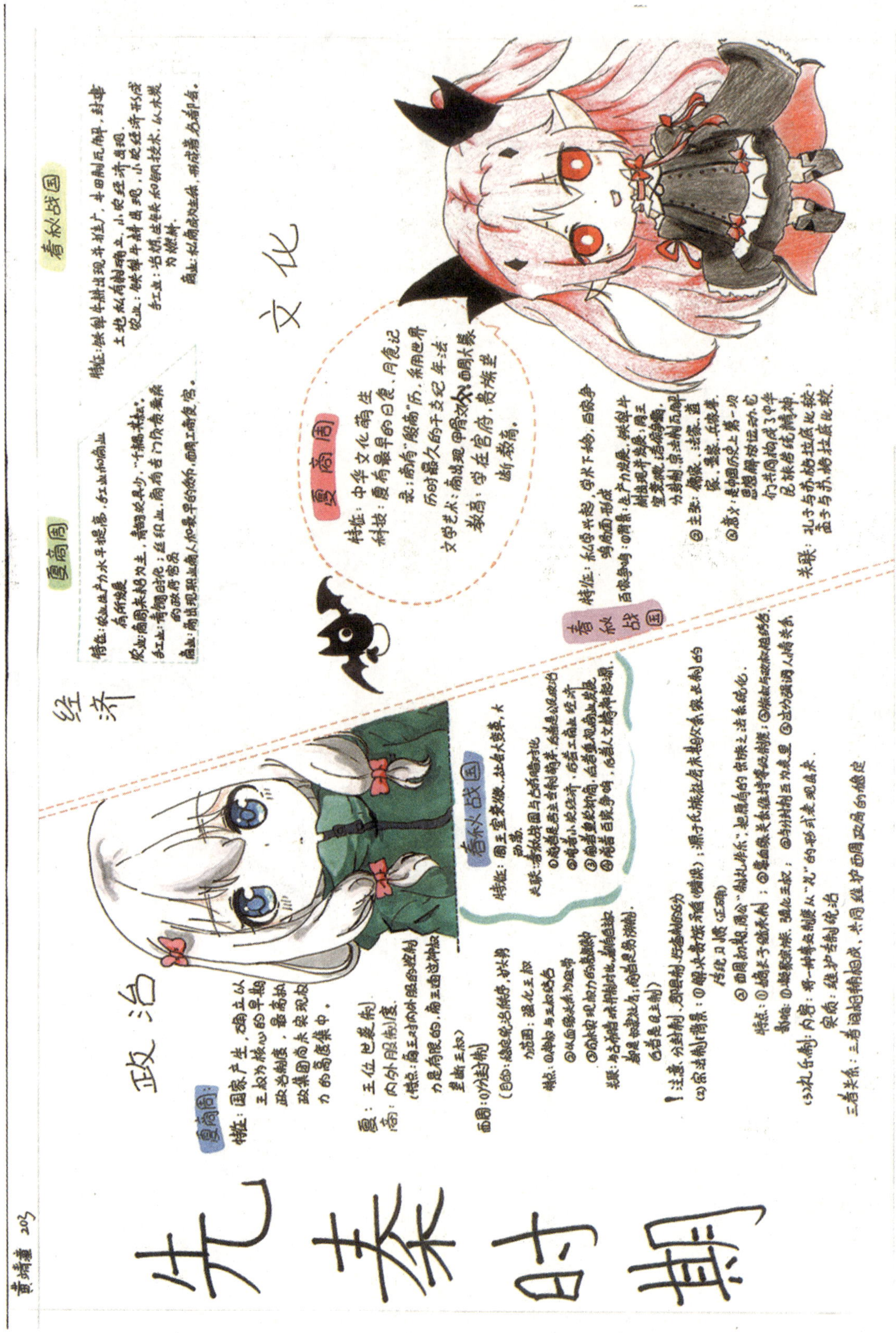

图4-18

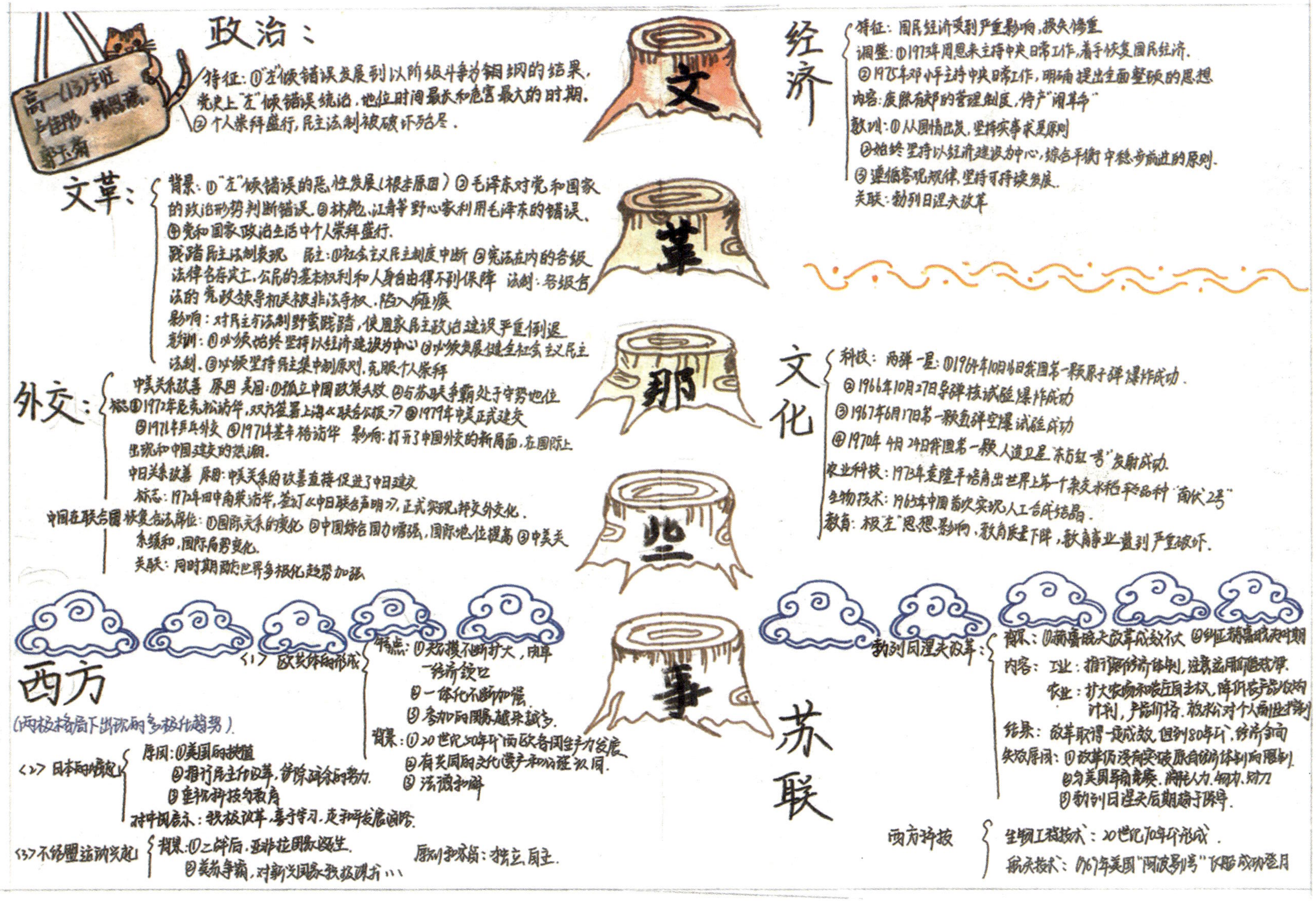
高一(13)班
卢佳彤、韩思涵、
郭玉菡
政治：
特征：①"左"倾错误发展到以阶级斗争为纲的结果，党史上"左"倾错误统治，地位时间最长和危害最大的时期。
②个人崇拜盛行，民主法制被破坏殆尽。
文革：
背景：①"左"倾错误的恶性发展（根本原因）②毛泽东对党和国家的政治形势判断错误。③林彪、江青等野心家利用毛泽东的错误、④党和国家政治生活中个人崇拜盛行。
践踏民主法制表现　民主：①社会主义民主制度中断 ②宪法在内的各级法律名存实亡，公民的基本权利和人身自由得不到保障　法制：各级司法的党政领导机关被非法夺权，陷入瘫痪
影响：对民主与法制野蛮践踏，使国家民主政治建设严重倒退
教训：①必须始终坚持以经济建设为中心 ②必须发展健全社会主义民主法制。③必须坚持民主集中制原则，克服个人崇拜
外交：
中美关系改善　原因　美国：①孤立中国政策失败 ②与苏联争霸处于守势地位
标志：①1972年尼克松访华，双方签署上海《联合公报》②1979年中美正式建交
③1971年乒乓外交 ④1971年基辛格访华　影响：打开了中国外交的新局面，在国际上出现和中国建交的热潮。
中日关系改善　原因：中美关系的改善直接促进了中日建交
标志：1972年田中角荣访华，签订《中日联合声明》，正式实现邦交正常化。
中国在联合国恢复合法席位：①国际关系的变化 ②中国综合国力增强，国际地位提高 ③中美关系缓和，国际局势变化。
关联：同时期西方世界多极化趋势加强
文
革
那
些
事
经济
特征：国民经济受到严重影响，损失惨重
调整：①1973年周恩来主持中央日常工作，着手恢复国民经济。
②1975年邓小平主持中央日常工作，明确提出全面整顿的思想
内容：废除有效的管理制度，停产"闹革命"
教训：①从国情出发，坚持实事求是原则
②始终坚持以经济建设为中心，综合平衡中稳步前进的原则。
③遵循客观规律，坚持可持续发展。
关联：勃列日涅夫改革
文化
科技：两弹一星：①1964年10月16日我国第一颗原子弹爆炸成功。
②1966年10月27日导弹核试验爆炸成功
③1967年6月17日第一颗氢弹空爆试验成功
④1970年4月24日我国第一颗人造卫星"东方红一号"发射成功。
农业科技：1973年袁隆平培育出世界上第一个杂交水稻高产品种"南优2号"
生物技术：1965年中国首次实现人工合成结晶。
教育：极左思想影响，教育质量下降，教育事业遭到严重破坏。
西方
（两极格局下出现的多极化趋势）。
〈1〉欧共体的形成
特点：①规模不断扩大，成为一经济领域
②一体化不断加强。
③参加的国家越来越多。
背景：①20世纪50年代西欧各国生产力发展
②有共同的文化遗产和价值认同。
③法德和解
〈2〉日本的崛起
原因：①美国的扶植
②推行民主化改革，铲除封建的势力。
③重视科技与教育
对中国启示：积极改革，善于学习，走和平发展道路。
〈3〉不结盟运动兴起
背景：①二战后，亚非拉国家诞生。
②美苏争霸，对新兴国家积极拉拢
原则和宗旨：独立、自主。
苏联
勃列日涅夫改革：
背景：①赫鲁晓夫改革成效不大 ②纠正赫鲁晓夫时期
内容：工业：推行新的经济体制，注意运用价值规律。
农业：扩大农场和农庄自主权，降低农产品收购计划，提高价格，放松对个人副业的限制
结果：改革取得一定成效，但到80年代，经济全面
失败原因：①改革仍没有突破原有的经济体制的限制。
②与美国军备竞赛，消耗人力、物力、财力
③勃列日涅夫后期趋于保守。
西方科技
生物工程技术：20世纪70年代形成。
航天技术：1969年美国"阿波罗11号"飞船成功登月

图4-19

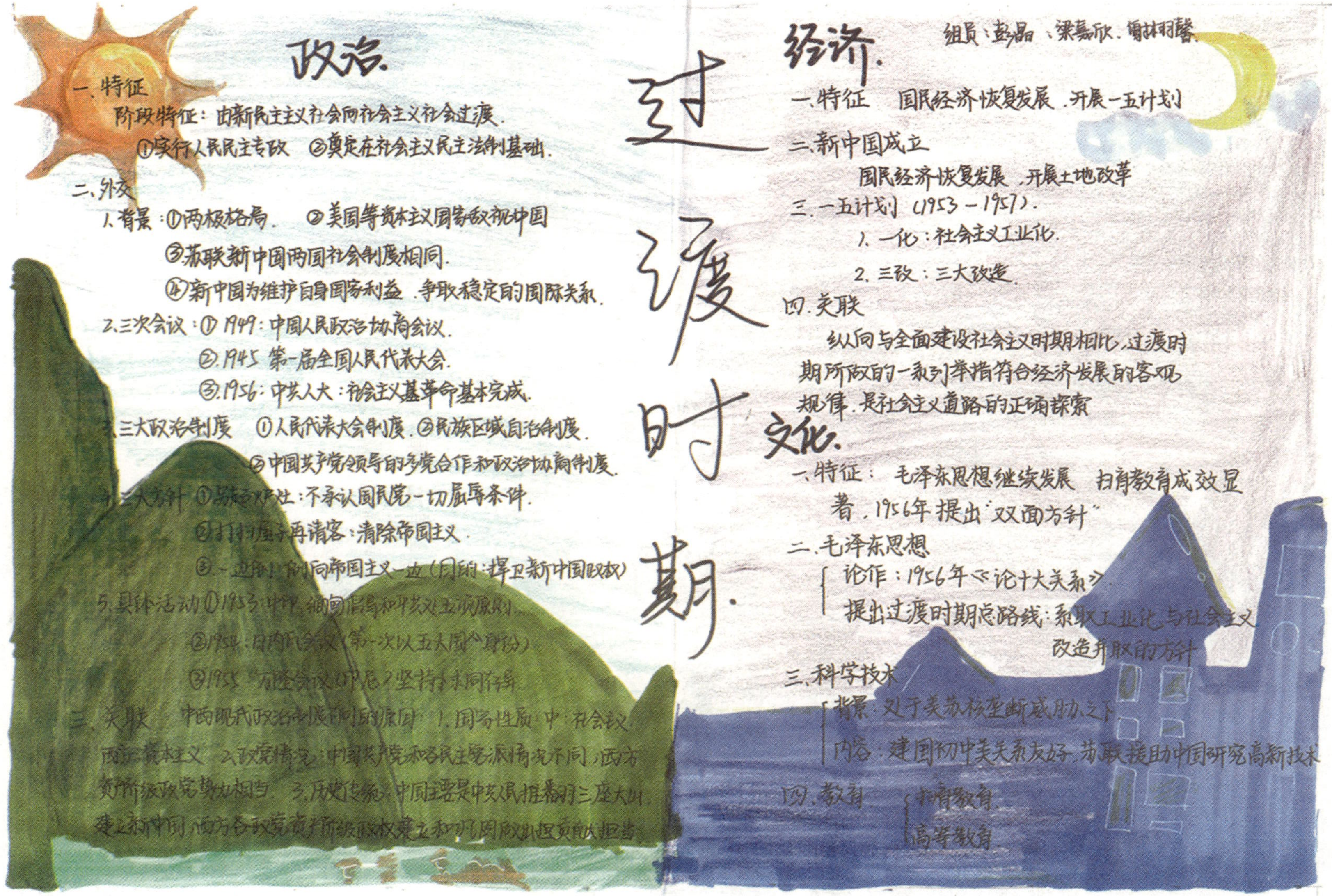
过渡时期
政治
一、特征
阶段特征：由新民主主义社会向社会主义社会过渡.
①实行人民民主专政 ②奠定在社会主义民主法制基础.
二、外交
1.背景：①两极格局. ②美国等资本主义国家敌视中国
③苏联新中国两国社会制度相同.
④新中国为维护自身国家利益，争取稳定的国际关系.
2.三次会议：① 1949：中国人民政治协商会议.
② 1945 第一届全国人民代表大会.
③ 1956：中共八大：社会主义革命基本完成.
3.三大政治制度 ①人民代表大会制度. ②民族区域自治制度.
③中国共产党领导的多党合作和政治协商制度.
组员：彭晶、梁慧欣、谢林阳馨
经济
一、特征 国民经济恢复发展，开展一五计划
二、新中国成立
国民经济恢复发展，开展土地改革
三、一五计划（1953－1957）.
1.一化：社会主义工业化.
2.三改：三大改造.
四、关联
纵向与全面建设社会主义时期相比，过渡时期所做的一系列举措符合经济发展的客观规律，是社会主义道路的正确探索
文化.
一、特征：毛泽东思想继续发展 扫盲教育成效显著，1956年提出“双百方针”
二、毛泽东思想
论作：1956年《论十大关系》.
提出过渡时期总路线：즉取工业化与社会主义改造并取的方针
三、科学技术
背景：处于美苏核垄断威胁之下
内容：建国初中苏关系友好，苏联援助中国研究高新技术
四、教育 扫盲教育
高等教育

图4–20

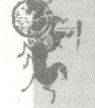

参考答案

高三历史二轮复习教学一体案参考答案

第 1 单元　先秦时期

三、(1) 西周：建立在分封制基础之上，建有宗庙和社稷；国人和野人均有一定政治权利，但身份不同；有城墙等防御设施。

古希腊：公民享有参政权；建有神庙、广场、城墙等设施；小国寡民，以城市为中心。

(2) 历史条件：多山多岛多港湾的自然地理环境；发达的海外工商业贸易；独立自治的传统。

(3) 影响：开发了边远地区，扩大了统治区域；奠定了多民族统一国家的基础，增强了中华民族的凝聚力；礼乐制度促进了儒家学说和中国古代主流思想的形成；为中国长时期政治结构的稳定发挥了重要作用。

四、1. 以嫡长子继承制为核心，把国与家结合起来。2. 两者互为表里，井田制是分封制的经济基础，分封制是井田制在政治上的表现，是上层建筑。

第 2 单元　秦汉及魏晋南北朝时期

三、(1) 背景：汉武帝采纳董仲舒建议，罢黜百家，独尊儒术；汉朝国家统一强盛；汉武帝为了巩固统治，重视思想文化。原因：河间献王保留下来的古文先秦旧书经过了考辨。

(2) 原因：空洞虚无，缺乏实事求是的精神。新内涵：善于怀疑、探索；不因循古人之成说，不妄加臆断；实事求是。

四、1. 地方：秦朝在全国推广郡县制，汉初实行郡国并行制，造成封国与朝廷对抗情况；汉武帝实行推恩令（补充教材：两汉外戚干政）。中央：秦朝设置三公九卿制，汉初设置中外朝。

2. 发展创新：从理论来源上看，汉代儒学吸收了阴阳家、黄老之学的思想；从内容上看，提出君权神授、天人感应等思想。继承：都结合当时社会环境对儒学拓展和发扬；都强调仁政；都服务于中央集权。

第 3 单元　隋唐时期

三、示例一：信息——汉代的州集中于黄河中下游地区，唐代的道南北分布大体平衡。

说明——汉唐间南方社会经济有了很大发展。

示例二：信息——汉代州名与唐代道名有很大不同。

说明——唐代“道”的划分更注重山川地理形势。

四、1. 中央方面，确立三省六部制，使中央决策和行政体系日臻完备；

选官方面，继承和完善科举制，使官员选拔变得更加公开和公平，扩大统治基础，加强中央集权；

赋税方面，实行两税法，保证国家财政收入，减轻政府对农民的人身控制。

2. 史实：玄奘西行、鉴真东渡、空海求法推动佛教的传入与外传；新罗、日本遣唐使来华加速文化交流，等等。

特点：交流空间范围广；交流内容广泛；双向交流；佛教在中外文化交流中占有特殊地位；中国是东西方文化交流的桥梁。

影响：为隋唐文化的繁盛奠基，扩大中华文化的影响力；为世界文化的多元作出贡献。

第 4 单元　宋元时期

三、(1) 不同：孔孟思想是仁政、民本、教化，而汉儒强调天人感应、君权神授、三纲五常。

发展：更加重视《论语》《孟子》，重视思辨，强调个人的修养与完善。

（2）共通：回归原典、回归孔孟，否定后人的附会、杜撰之说，主张探寻儒学的精神实质，借助儒学为现实服务。

（3）态度：应历史地看待孔子与儒学，不应盲目地肯定或否定；将真实的孔子与神圣化的孔子区别开来；取其精华，去其糟粕。

四、1. 宋代实行二府三司制，设参知政事分割宰相的行政权，设枢密使分割宰相的军权，设三司使分割宰相的财政权，而且还削掉了宰相的用人权和司法权。

2. 经济上，商品经济空前发达，坊市界限被打破，出现了夜市和草市；流通领域出现了最早的纸币“交子”。生活上，出现一日三餐制。思想上，宋明理学使儒学发展到一个新的阶段，更加思辨化和世俗化。科技上，出现了活字印刷术，指南针用于航海等，四大发明和外传基本在宋元时期。

第5单元　明清时期

三、（1）措施：设立专门机构；建立岁修、抢修制度；改修河道，筑堤束水；修减水坝和减水引河。效果：取得了一定成就，但未根治水患。

（2）特点：将保证人民生命财产安全放在首位；群众广泛支持、参与；统一领导、统筹规划，地区间团结合作；水利工程功能更广泛；制定了正确的方针政策。

意义：有效治理了水患；推动了国民经济恢复发展，为现代化建设创造了有利条件；体现了制度优势。

四、1. 统领六部，处理各种政务；参与决策，并负责朝廷日常事务；参与机要政务，但没有决策权；负责各地的军政事务。（提示：内阁和军机处的设置是皇权加强的产物，但是选择题中注意不要形成惯性思维，如明朝仁宣时期，内阁权力迅速膨胀。内阁与丞相的本质区别：是否限制皇权。）

2.（示例1）繁荣。理由：农耕经济高度发达，资本主义萌芽产生；出现明清进步思潮；传统科技位居世界前列；文学艺术异彩纷呈，承古萌新。

（示例2）悲歌。理由：政治上封建制度走向没落；小农经济仍占统治地位，资本主义萌芽发展缓慢；未产生近代科技；思想文化落后。（提示：运用辩证唯物主义全面看待历史现象。）

第6单元　古希腊古罗马时期

三、（1）同：建立了疆域广阔、人口众多的国家；制定了统一的法律；建立起行政管理制度。

异：汉朝郡县严格执行统一的制度法令，罗马帝国行省权力较大；汉朝实现了文字统一，罗马帝国未能实现语言文字的统一；汉朝强调教育、教化和伦理规范的作用，罗马帝国重视法律的作用；汉朝制度上对各地区民众同等对待，罗马帝国境内民族区别对待较明显。

意义：确立了中国的基本疆域；强化了民族认同；形成了追求统一的价值观；创立了中国古代治国理政的基本模式。

四、1. 民主与法制都具有时代性。古代的民主与法制是后世民主与法制的渊源。

2. 走向：古代中国走向专制主义中央集权制度，古代西方走向民主。原因：无论是古希腊的城邦民主，还是中国的专制主义中央集权制度，他们都各自适应了当时当地的历史和地理条件，是制度演进的客观结果，而不是人们主观选择的结果。先秦时期各国变法图强，法律的权威地位逐渐确立；宗法观念的影响；儒家伦理思想的影响；小农经济；中国是大河文明，适合农耕。古希腊工商业相对繁荣；城邦民主政治高度发达；各种社会思潮活跃。

第7单元　资本主义萌芽时期

三、（1）背景：新航路开辟，早期殖民扩张；荷兰海外贸易快速发展，与东方的贸易利润巨大；明末战乱，中央政府无暇他顾。

目的：建立殖民据点；扩大对中国的殖民贸易，攫取高额利润；与西班牙进行殖民贸易竞争。

（2）方面：维护国家领土完整；实行祖国大陆政治、文化制度；接受移民，进一步密切了两岸的往来和联系；增强了民族、文化认同。

四、1. 形成过程：16—18 世纪，世界市场开始出现雏形；第一次工业革命时期，世界市场初步形成；第二次工业革命时期，世界市场最终形成。影响：对世界，全球联系加强，各大洲从彼此孤立到连为一体。对资本主义社会，促进资本主义经济发展，欧洲通过殖民等方式获得充足原料及充分市场。对亚非拉等被殖民国家，经济严重破坏，形成经济依赖，丧失大量劳动力，带来灭顶灾难；但同时带来先进生产方式及先进生产技术，为之后反殖民斗争打下基础。

2. 从生产力与生产关系看，14—15 世纪，欧洲资本主义萌芽产生，出现最早的工商业城市，如热那亚、威尼斯、佛罗伦萨等，推动了社会发生变化，出现了文艺复兴运动。资本主义萌芽和文艺复兴为新航路开辟奠定了经济基础，新航路开辟促进世界市场出现雏形，全球化由此启动。

第 8 单元　工场手工业时期

三、示例：不同之处——世界近代史开端不同。目录 A 以 17 世纪英国资产阶级革命为开端，目录 B 以 16 世纪的世界为开端。

原因分析：从教材出版时代角度分析。目录 A 编于 20 世纪 70 年代初的中国，当时正是“文化大革命”期间，历史研究和教学重视革命和阶级斗争的历史主导作用。这种对世界近代史开端的认识，反映了当时时代的特征。目录 B 编于改革开放之后，思想领域拨乱反正，与外部世界的交流增多，历史研究的视野更加开阔，从更宏观的角度认识世界近代史开端。目录 B 反映了 21 世纪初中国史学界的认识水平。

四、1. 中国未突破旧体制框架，仍处在农耕文明，而西方已经转向了工业文明。

原因：中国在政治上，专制主义中央集权制度得到强化；经济上，仍是小农经济占主导；政策上，重农抑商，闭关锁国；思想上，文化专制，鄙薄科技；科技上，处在总结阶段，未产生近代科技。

西方在政治上，资本主义制度确立；思想上，文艺复兴、宗教改革、启蒙运动解放了人们的思想；经济上，工业革命提高了生产力，为最终战胜封建社会奠定了物质基础；政策上，实行重商主义政策；科技上，近代自然科学产生并发展。

2. 影响：对欧洲来说，是欧洲历史上一次资产阶级反封建的思想解放运动；丰富和发展了人文精神的内涵，把反封建和反宗教神学的斗争推进到反对封建专制制度、建立资产阶级政治制度的高度；为资产阶级革命做了舆论准备，推动了欧美和世界资产阶级革命。对中国来说，推动了中国近代的民主革命如维新变法、辛亥革命、新文化运动。

第 9 单元　工业革命时期

三、(1) 局限：观点一夸大了工业革命的局限性，忽视了工业革命的进步性；观点二忽视了工业革命的局限性，夸大了工业革命的进步性。看法：工业革命的进步性主要体现在促进城市化，提高民众的教育水平和生活水平，推动了政治民主化，其主要的局限性体现在加剧了贫富分化。

(2) 历史意义：推动社会生产力的进步，使人类进入“蒸汽时代”；促使工业资产阶级和无产阶级成为社会两大阶级；促进了世界市场的初步形成，使得东方从属于西方；工业革命破坏了生态环境。

四、

国家		英国	美国	法国	德意志帝国
政体类型		议会制君主立宪制	总统共和制	议会共和制	半专制君主立宪制
国家元首	名称	国王	总统	总统	皇帝
	产生方式	世袭	人民间接选举	议会选举	世袭
	职权	统而不治	最高行政长官，三军总司令，国家权力中心	国家元首。与参、众两院共有创议法律之权，经参议院同意可解散众议院，可任命内阁部长	拥有国家最高权力。有权任命首相、召集和解散议会、统率军队

续上表

国家		英国	美国	法国	德意志帝国
议会	名称	上议院、下议院	参议院、众议院	参议院、众议院	联邦议会、帝国议会
	职权	有立法权，选举并监督内阁，是国家权力中心	有立法权，行政监督权，宪法修改权，对总统、副总统及其他联邦政府官员的弹劾权	选举总统、制定法律、监督政府等	有立法权、批准预算权，但皇帝对议会通过的法案有否决权
政府首脑	名称	首相	总统	总理	首相
	产生方式	议会选举	民选	由总统任命，对议会负责	皇帝任命

第 10 单元　第二次工业革命时期

三、示例：见解——自然进程与人文进程的发展不一定总是同步。

理由：20 世纪自然进程快速发展，相对论和量子论的建立，构成了现代物理学的两座大厦，推动了物理学自身的进步，并且开阔了人们的视野，改变了人们认识世界的角度和方式。但 20 世纪爆发了两次世界大战，尤其第二次世界大战使用了原子弹等武器，新式武器的运用使战争规模扩大升级，死伤惨重，经济严重衰退，给世界人民带来灾难。这是人文进程中的退步。

四、①科技是第一生产力，新成果的取得都是对此前成果的进一步深化与发展。我们要大力发展科技，实行科教兴国。②科技是一把双刃剑。如克隆技术带来伦理问题等。

第 11 单元　中国开始沦为半殖民地半封建社会

三、主要变化：在西方冲击下海禁政策失效，政府被动参与海洋利用；海洋权益的各方面都受到西方列强的干预控制；通商口岸增加，海外贸易拓展；对海洋重要性的认识逐步深入；海洋管理机构逐步建立，试图建立有效的海防力量；海外移民、留学成为重要现象，对国内的影响加深。

启示：加强海洋领土及海权意识；开发利用海洋资源。

四、沉沦：西方列强侵略，清王朝腐败；中国社会日益沦为半殖民地半封建社会。

上升：中国人民通过不断探索和斗争，最终赢得了反帝反封建斗争的胜利；建立了新中国，实现了民族独立和人民当家作主。

因素：经济上，民族资本主义的发展。政治上，资产阶级和无产阶级队伍壮大（或答国民党、中国共产党的建立），民主革命运动蓬勃发展。

第 12 单元　中国正式沦为半殖民地半封建社会

三、示例：启示——市场、资金、技术和资源的有效配置是工业化成功之路。

说明：汉阳铁厂陷入困境，盛宣怀接手后，招商引资，改进设备，使汉阳铁厂发展为第一家近代化钢铁企业。1949 年新中国成立后，经过三大改造，民族工业重新焕发出生机。1978 年十一届三中全会确立改革开放的伟大战略，我国逐步摆脱计划经济的束缚，引进外资，改进技术，使我国经济建设取得巨大成就。

综上所述，市场、资金、技术和资源的有效配置是工业化成功的必由之路。

四、1. 主要依据是民族工业获得进一步发展，民族资产阶级开始登上政治舞台，掀起政治运动，真正开始了向资本主义方向的发展。民族资产阶级为挽救民族危亡，发动了维新变法、辛亥革命、新文化运动等一系列救亡图存运动。

2. 特点：从地域上看，主要分布在沿海沿江城市，内地薄弱。从行业上看，主要集中在轻工业部门。原因：是由近代中国半殖民地半封建社会性质决定的。

第 13 单元　中国半殖民地半封建社会深化

三、变迁：清政府学习西方进行改革，但仍坚持“中体西用”，1904 年学制中儒学地位有所下降，但分量仍很重；1912 年封建帝制被推翻，中华民国成立，倡导民主共和，取消读经讲经课；新文化运动倡导民主科学和新道德，五四运动反帝爱国，1922 年新学制改修身课为公民课。

四、1. 辛亥革命推动了中国的近代化。①政治：推翻了封建君主专制制度，建立了资产阶级共和国，颁布了资产阶级共和国性质的宪法《中华民国临时约法》。②经济：为民族资本主义的发展创造了有利条件。③文化：民主共和观念深入人心。④社会生活：促进了近代社会生活的变迁。

2. ①由于工业文明的冲击，外国列强开始倾销工业产品并掠夺原料，中国开始卷入资本主义世界市场。②在工业文明冲击下，小农经济开始解体，近代民族工业产生。③引发了社会关系变革，中国各阶级救亡运动此起彼伏。④社会生活发生变迁，如中国戊戌变法学习西方君主立宪制、社会生活的西化等。

第 14 单元　中共成立与国民大革命时期

三、(1) 背景：①中国处于内忧外患之中；②十月革命爆发；③五四运动爆发；④马克思主义广泛传播；⑤中国共产党成立。

(2) 原因：①资本主义不能解决中国问题；②能够消除资本主义固有矛盾，推动生产力的发展，实现人的解放。

四、差异：中国的革命道路是农村包围城市，武装夺取政权；俄国的革命道路是以城市为中心。造成差别的根本原因是由于中俄两国的基本国情不同。俄国是资本主义，工人阶级队伍强大。而中国则是半殖民地半封建社会，资本主义发展水平低，无产阶级力量较小。中国的反动势力在城市，在农村的力量弱。

第 15 单元　国共十年对峙时期

三、状况：军阀割据；国民党在南方建立革命根据地。斗争：国共联合发动北伐战争。结局：动摇了（或基本推翻）北洋军阀统治；国民党右派叛变革命，国民革命失败（或第一次国共合作破裂）。

四、1. 根本原因：中国是一个由几个帝国主义国家间接统治的政治经济发展极端不平衡的半殖民地半封建的大国。具体原因：①国民革命的影响；②全国革命形势的继续向前发展；③相当力量的正式红军的存在；④共产党组织的坚强有力和各项政策的正确贯彻执行。

2. 主要依据是中共第一次独立自主地、妥善地处理了党内分歧和矛盾。其他依据：①遵义会议后，中共对国际国内形势的判断更加准确，正确分析了“左”倾错误，正确判断了国内主要矛盾是民族矛盾。②遵义会议后，中共在处理国共关系上更加灵活和务实。③遵义会议后，中共在处理与共产国际的关系时不再盲从。④遵义会议后，中共开始形成了以毛泽东为核心的党的第一代领导集体，处理党内关系更加理智。

第 16 单元　抗日战争时期

三、建议：增加淞沪会战一目。

理由：淞沪会战是抗战初期中、日双方的重大战役，中国军队顽强抵抗日军侵略，粉碎了日军三个月灭亡中国的企图，抗日战争是全民族的抗战，正面战场和敌后战场都是其重要组成部分，应予增加，才能反映出抗战全貌。

四、1. 中共：在抗日战争中积极倡导、促成、维护抗日民族统一战线，提出了持久抗战的战略思想，对抗战胜利发挥了重要作用。中国通过游击战开辟敌后战场，建立抗日根据地，为抗战的战略反攻准备了条件。中共是夺取抗战胜利的民族先锋。

国民党：实行片面抗战路线，但国民党领导的正面战场，对抗战的胜利做出了重要贡献。在抗战防御阶段，国民党积极抗战；在相持阶段，实行片面抗战，制造反共摩擦；在战略反攻阶段，虽然仍坚持抗战，但对抗战胜利的作用十分有限。

2. 日本全面侵华战争的破坏及对沦陷区野蛮的经济掠夺；官僚资本的压榨；民族工业先天不足，后天畸形。

第 17 单元　解放战争时期

三、代表农民利益：进行土地改革。农民全力支持解放思想战争：农民积极参军参战，支援前线。

四、影响：政治方面，促进无产阶级壮大，为新民主主义革命奠定阶级基础。思想方面，有利于马克思主义的传播，为新民主主义革命奠定思想基础。经济方面，是一种先进的经济成分，但遭受双重压迫，不能独立、正常地发展。

第 18 单元　两次世界大战期间

三、(1) 扩展到全球，成立众多反战组织；与反帝、支持民族独立结合；转向反法西斯；采取直接反战行动。

(2) 原因：一战的惨痛教训；法西斯对外侵略的威胁；反战和平组织的推动。

作用：广泛传播和平反战呼声；动员人们与法西斯势力进行斗争。

四、1. 从现代化角度上看，俄国在现代化（尤其是工业化）方面取得了重大成就，成为欧洲工业强国，实现了俄罗斯民族数百年没有实现的梦想；十月革命开创了新的制度和新的生活方式，是列宁和俄国为人类提供了一种新选择，甚至在某种意义上说挽救了自由资本主义。但是后来苏维埃体制竟然演变成了高度集权的专制体制，并全面影响世界无产阶级革命运动和其他社会主义国家的政权建设。

2. 共同之处：①背景方面，都面临经济困难、社会动荡。苏俄三年战争结束后，面临战时共产主义政策造成的政治和经济危机；而中国十年“文革”使经济濒临崩溃，社会一片混乱。②内容方面，都进行了农村经济体制改革。苏俄以粮食税代替余粮收集制，中国推行家庭联产承包责任制；都利用市场和货币关系发展经济。③作用方面，都使经济得到恢复，社会得到稳定。

第 19 单元　二战后至 20 世纪 60 年代时期

三、(1) 趋势：美国的产量长期稳步增长，到 70 年代中后期出现下降现象。日本的产量在 50 年代中期到 60 年代末增长迅猛，70 年代放缓。苏联的产量稳步增长，70 年代中后期放缓。中国的产量快速增长。原因：美国采取大力干预经济政策促进经济发展，受滞胀影响。日本采取引进技术等方式促进经济高速发展，70 年代在经济滞胀冲击下，经济发展减速。苏联则是由于国家优先发展重工业，经济发展逐渐停滞。中国重视发展重工业。

四、1. (1) 国家：加大国家对经济的干预，实行国有化，建立国营企业；制定经济计划，指导经济发展；扩大政府开支，政府直接采购以及利用税收等财政政策调节社会生产；建立完善的社会福利制度。(2) 企业：经营方式的改变——“人民资本主义”和“经营者革命”。

2. 消极：(1) 造成世界被分裂成两部分；(2) 使世界处于核战争威胁，严重破坏世界和平。

积极：(1) 两强势均力敌，避免了新的世界大战爆发；(2) 推动了第三次科技革命的发展。

第 20 单元　两极格局下的多极化趋势

三、原因：越南战争的沉重负担；国内经济危机的加深；美苏争霸中美国处于守势；中国崛起成为制约美国的一极力量；世界多极化趋势发展。

四、1. 主要因素：国家利益是影响大国关系的根本因素；国际格局的变化是影响大国关系的重要因素；意识形态和社会制度的异同在特定条件下影响大国关系。

2. 关系：区域经济集团化和经济全球化是对立统一的辩证关系。区域经济集团具有排他性，一定程度上阻碍了全球化。区域经济集团也具有开放性，区域经济集团化是实现经济全球化的必经之路，而经济全球化是区域经济集团化发展的最终结果。

第 21 单元　跨世纪的世界格局

三、参考示例：欧盟由三大支柱组成。第一支柱涉及经济、社会等政策，第二支柱涉及外交、军事等政策，第三支柱涉及司法等政策。二战后，西欧国家普遍衰落。为摆脱美国的控制和苏联的威胁，西欧国家意识到只有联合起来，方可保障自身的安全与发展。在此背景之下，1951 年签订《巴黎条约》。欧洲煤钢共同体的建立标志欧洲经济一体化的开始。1967 年成立欧洲共同体，大大增强了西欧国家的经济实力，冲击了美国的霸主地位。在欧洲经济一体化的过程中，欧洲加强外交和安全政策的一体化，采取成员国之间的合作、共同立场和措施，进一步加强了政治上的联合，冲击了两极格局，推动多极化趋势的发展。

冷战结束后，两极格局解体，地方冲突和恐怖主义日益威胁地方安全。在此背景下，欧盟国家发挥一体化优势，加强司法和内务合作，打击恐怖主义，为欧洲乃至世界的和平与发展发挥极大的作用。欧洲一体化从经济领域逐渐扩大到政治、军事、外交、司法与内务等领域，建立起共同的管理协调机制，使欧盟成为当今世界的一支重要力量，极大地提高了自身的安全保障和国际地位。

四、1. 同：都是协调国际贸易的机构。异：关税与贸易总协定（简称 GATT）是临时的协定机构，通过的协定不具有法律效力，对成员国没有约束力。世界贸易组织是正式的国际机构，通过的协定对成员国有约束力。

2. 机遇：有利于扩大对外开放，更大范围内地融入经济全球化，更快更好地参与国际竞争，促进经济发展；有利于扩大出口贸易；有利于公平客观合理地解决与其他国家的经贸摩擦，从而为我国经济贸易的发展营造良好的外部环境。挑战：对国内的民族工业造成巨大冲击；中国进入世界贸易组织需要承担相应的义务。

第 22 单元　过渡时期

三、（1）变化：中国与民主德国从交往密切到降温、冷淡，与联邦德国从对立到实现关系正常化。

原因：20 世纪 50 年代，在冷战格局下，中国和民主德国同属社会主义阵营，联邦德国外交依附美国；中苏关系恶化，民主德国紧跟苏联；中国与美国关系逐步走向正常化，联邦德国调整对中国的政策。

四、1. 现代化史观：形成了具有中国特色的民主政治，一五计划为社会主义工业化奠定了初步基础。全球史观：中国主动加强与世界各地区的交往，提出和平共处五项基本原则，成为国与国之间的基本准则。文明史观：物质文明、精神文明和政治文明共同发展。革命史观：完成了新民主主义革命遗留任务和社会主义革命任务。

2. 成就：政治上，成立新中国，颁布 1954 年宪法，建立三大有中国特色的政治制度；外交上，一边倒，抗美援朝，参加日内瓦会议和亚非会议，提出和平共处五项基本原则；经济上，实施一五计划，初步奠定社会主义工业化基础，完成三大改造，确立社会主义制度；文化上，提出“双百方针”，促进社会主义文化繁荣。

第 23 单元　全面建设社会主义时期

三、背景：二战后，美国挑起了冷战，资本主义与社会主义两大阵营尖锐对抗；1955 年，美苏两极格局形成；太空军备竞赛。

成就：1970 年，“东方红一号”人造地球卫星发射成功；1975 年，第一颗返回式遥感卫星发射成功；1999 年以来，我国多次成功发射“神舟号”宇宙飞船；2003 年“神舟五号”载人宇宙飞船发射成功；长征系列火箭；探月工程；宇宙空间站。

四、1. 原因：根本原因是“左”倾错误的影响。具体原因是缺乏建设社会主义经验，脱离了国情，集中体制、国际形势、传统经验的影响。

表现：制定了社会主义建设总路线，发动了人民公社化运动和“大跃进”运动。

2. 社会主义建设必须正确认识国情，尊重客观规律，坚持实事求是的思想路线，不能急于求成，不可片面追求高速度；生产关系的变革必须与生产力水平相适应；必须坚持以经济建设为中心；必须坚持民主集中制和集体领导原则。

第 24 单元　“文化大革命”时期

三、原因：政治运动的干扰；经济社会条件不具备。

条件：实行高度集中的计划经济体制。

四、(1) 从“文化大革命”发生的原因看，民主法制不健全是其发生的重要原因，在高度集中的政治体制下，党内个人崇拜和个人专断逐步发展，党的民主集中制以及集体领导被削弱和破坏。

(2) 从“文化大革命”对民主法制践踏的后果来看，民主与法制遭到空前践踏，人民权利丧失殆尽，生命财产安全毫无保障，社会秩序极端混乱，国家法律形同虚设，国家及党的政治生活极不正常。破坏的后果说明了民主法制建设的必要性，民主法制的破坏也使民主法制建设变得异常艰巨。

(3) 民主法制建设的艰巨性还在于我国长期存在的封建专制传统，缺乏民主意识，长期的经济落后造成人民群众民主法制意识淡薄。世界民主化建设的潮流也使我国的民主法制建设显得更加必要。

2. (1) 必须始终坚持以经济建设为中心。

(2) 必须发展健全社会主义民主法制。

(3) 必须坚持民主集中制原则，克服个人崇拜。

第 25 单元　改革开放新时期

三、(1) 新内容：突出科学技术是第一生产力，重视高科技。

背景：已实行改革开放；科技水平与西方仍有较大差距；科技对生产力的推动作用巨大。

(2) 贡献：科技领域中的拨乱反正，推动科技体制改革；促进科技振兴和发展，推进现代化建设；进一步强调科技的地位和作用，丰富和发展了马克思主义理论。

四、1. 改革与开放相辅相成。改革对内，开放对外。对内改革为对外开放提供坚实的后盾，对外开放可以引进外资和先进的技术，为国内改革提供丰富的经验。二者的有机结合才能完成复兴中华民族的伟大事业。

2. 国际上，综合国力的竞争取决于科技，科技依靠教育，教育具有基础性的地位。在国内，我国的经济增长方式还未根本改变，主要依靠人口红利，劳动者的素质和技术创新能力不高，科技创新只有依靠教育，中华民族才能自立于世界民族之林。

高考真题（2011—2021 年全国卷及部分省份自主命题）参考答案

专题一　24 题题型研究——先秦

1—10　ADDDB　BBDAC；11—20　ADAAA　CBBAC；21—29　BCCBA　CACD

专题二　25 题题型研究——秦汉大一统

1—10　BABCC　DCCDD；11—20　BBCCC　DDBCA；21—28　CDCCD　CCC

专题三　26 题题型研究——唐宋变革

1—10　BCDAC　BCBAA；11—20　CBCCA　ABCCC；21—29　DAADB　BCCB

专题四　27 题题型研究——明清社会转型

1—10　DBBAB　DADCC；11—20　BDDBA　BBBAB；21—32　BABBA　DCCBD　DCB

专题五　28 题题型研究——中国近代千年未有之变局（1840—1894 年）

1—10　ACCCA　DBDBC；11—20　DDABD　CBCDA；21—30　DBCBC　ABBDD

专题六　29 题题型研究——中国近代晚清后期至民国前期（1895—1927 年）

1—10　CABAB　BABBC；11—20　CCABB　CADDC；21—30　BCCBB　DCAAA

专题七　30 题题型研究——中国近代民国后期

1—10　DBAAC　BDCCB；11—20　DAACB　DBDDD；21—32　BBCAD　BDAAB　AC

专题八　31 题题型研究——中国现代新中国成长历程（1949 年至今）

1—10　BAADB　ADADD；11—20　BACCC　BAAAD；21—31　BCDDA　ADCDB　C

专题九　32 题题型研究——世界古代史（世界文明的源头）

1—10　CDCCA　DBCCD；11—20　CBBDC　ACDCC；21—30　CBDAA　CBBDD

专题十　33 题题型研究——世界近代史（欧洲中心的形成时期）

1—10　CBBCA　ACDAC；11—20　AAADA　CBAAD；21—31　BBACD　DBDCC　D

专题十一　34 题题型研究——世界现代史（两次世界大战期间）

1—10　CCBBB　AADBB；11—20　BCDCA　BBDBA；21—29　DCCAD　ACBA

专题十二　35 题题型研究——世界现代史（战后世界格局的调整）

1—10　ADDCC　BDAAA；11—20　BAADA　ADAAC；21—32　ADABB　CCCBB　CA